Hartmut Kaelble
Wege zur Demokratie

Hartmut Kaelble

Wege zur Demokratie

Von der Französischen Revolution
zur Europäischen Union

DEUTSCHE VERLAGS-ANSTALT
STUTTGART MÜNCHEN

Die Deutsche Bibliothek – CIP-Einheitsaufnahme
Ein Titeldatensatz für diese Publikation ist bei
Der Deutschen Bibliothek erhältlich.

© 2001 by Deutsche Verlags-Anstalt, Stuttgart München
Alle Rechte vorbehalten
Umschlaggestaltung: zabriskie, Berlin
Coverfoto oben: ullstein bild/Vario Press;
Coverfoto unten: ullsteinbild/BPA
Satz und Layout: BK-Verlagsservice, München
Druck und Bindung: Clausen & Bosse, Leck
Printed in Germany
ISBN 3-421-05484-3

Inhalt

Einleitung   7

**Teil 1 Wendepunkte der Demokratisierung
der europäischen Nationalstaaten**   15

1789: Die Französische Revolution und Europa   21
1848: Viele nationale Revolutionen oder eine
europäische Revolution?   33
1918/19: Die gescheiterte Demokratisierung Europas   49
1945-57: Befreiung und Demokratisierung Europas   61
1989-91: Ein europäischer Umbruch zur Demokratie   71

**Teil 2 Demokratisierung und die supranationale
europäische Integration seit 1950**   91

Supranationalität in Europa seit dem Zweiten
Weltkrieg: Historische Deutungen   94
Die Epochen der Demokratisierung und des
Demokratiedefizits in der Europäischen Union   109
Europäische und nationale Identität seit dem
Zweiten Weltkrieg   133
Der besondere Charakter der europäischen
Öffentlichkeit   160
Die Unionsbürgerschaft   180
Die europäische Zivilgesellschaft   192

Zusammenfassung   205

Anmerkungen   214
Kommentierte Bibliographie   215

Einleitung

Zwei Demokratisierungen in Europa

In Europa gab es zwei Demokratisierungen. Sie sind ganz gegensätzlich verlaufen, berühren uns aber in gleicher Weise: auf der einen Seite die Demokratisierung der europäischen National-staaten in den großen gemeinsamen Ereignissen und Demo-kratieschüben des 19. und 20. Jahrhunderts, die das politische Grundverständnis der Europäer bestimmen und das Rückgrat des europäischen Modells nach innen gegenüber dem politi-schen Extremismus und nach außen gegenüber anderen Zivili-sationen sind; und auf der anderen Seite die zögernde, immer noch defizitäre Demokratisierung der Europäischen Union, die allmählich seit den 1950er Jahren entstand. Europa lebt daher mit zwei Demokratisierungen in der eigenen Brust: einer glorreichen gemeinsamen Geschichte der Demokratie, die zwar nach dem Ersten Weltkrieg in eine tiefe Krise stürzte, aber seit 1945 einen einzigartigen Triumphzug erlebte, und einem grauen, unvollkom-menen Demokratietorso in den Institutionen der Europäischen Union. Wie entstand dieser Widerspruch und warum gibt es ihn weiterhin? Warum setzten die Europäer ihr eigenes Demokratie-modell im eigenen Haus, in der Europäischen Union, nicht ein-fach durch? Gab es Tendenzen zur Abmilderung und Auflösung dieses Widerspruchs oder steht hier eine ungelöste Aufgabe in der Zukunft an?

Dieses Buch möchte in einer historischen Analyse zur Ant-wort auf diese Fragen beitragen. Es befaßt sich mit drei Themen.

Erstens wird die europäische Geschichte der gemeinsamen Demokratisierung der Nationalstaaten in den fünf großen Umbrüchen vom späten 18. bis zum späten 20. Jahrhundert behandelt. Die Durchsetzung der Demokratie wird nicht wie in der Geschichtsschreibung üblich als eine Serie singulärer natio-naler Demokratiedurchbrüche dargestellt, die mit den Englischen

Revolutionen von 1642/49 und 1689 begann und mit der Amerikanischen Revolution von 1776, mit der Französische Revolution von 1789, mit der Revolution von 1848 weiterging. Dieses Buch behandelt die Durchsetzung der Demokratie vielmehr als gemeinsame europäische Durchbrüche. Damit sollen und können nicht die nationalen Geschichten der Demokratie ersetzt werden. Aber die Geschichte der Demokratie sollte daneben auch mit einem gesamteuropäischen Blick gesehen werden.

Allerdings kann diese europäische Geschichte der Demokratiedurchbrüche nicht einfach als eine Geschichte der Stufen zum Erfolg, eine Art via triumphalis der Demokratie betrachtet werden. Zu dieser Geschichte gehört auch das andere Gesicht Europas, die zähe und oft gewalttätige Machterhaltung der demokratiefeindlichen politischen Eliten, die Demokratiekrisen, die Diktaturen mit ihrer Beseitigung der Menschenrechte und ihren Völkermorden, auch die stille Schwächung der Demokratie durch Nepotismus und Korruption. Die meisten Demokratiedurchbrüche enthielten deshalb immer auch die Geschichte dieses anderen Gesichts Europas, schon die Französische Revolution und die Revolution von 1848, am stärksten der gescheiterte Demokratiedurchbruch von 1918/19, am wenigsten die Demokratiedurchbrüche von 1945-57 und – jedenfalls bisher – von 1989-91.

Zweitens möchte das Buch das Verhältnis zwischen diesen gemeinsamen nationalen Demokratiedurchbrüchen und der defizitären Demokratie in den europäischen supranationalen Institutionen seit den 1950er Jahren behandeln. Dieses Verhältnis besteht nicht einfach in einem Widerspruch, in einem uneingelösten Anspruch. Zwischen nationalem Demokratiedurchbruch und supranationalem Demokratiedefizit entstand gleichzeitig auch eine vielfältige Symbiose, die erst einmal nüchtern zu konstatieren und analysieren ist, bevor die Chancen einer weiteren Demokratisierung der supranationalen europäischen Institutionen abzuschätzen sind.

Diese Symbiose hat mehrere Seiten. Man muß sehen, daß die erfolgreiche Durchsetzung der Demokratie in Westeuropa seit dem Zweiten Weltkrieg auch zum Demokratiedefizit in den supranationalen Institutionen beitrug, daß sie dieses Defizit erhielt und die Demokratisierung der supranationalen Europäischen Union, die Durchsetzung eines mächtigen Europa-Parlaments und eines kompetenten verfassungsrechtssprechenden Gerichtshofs, einer europäischen politischen Kultur und Zivilgesellschaft auch behinderte. Die Errungenschaften der nationalen Demokratie erschienen vielen Europäern zu kostbar und die schwere Krise der Demokratie zwischen den 1920er und 1940er Jahren noch zu nahe, als daß sie die oft noch junge Demokratie für eine ungewisse supranationale europäische Demokratie in Brüssel schwächen wollten. Symbole nationaler Demokratie wie das britische Parlament, die französischen republikanischen Symbole oder das deutsche Bundesverfassungsgericht wurden deshalb von vielen Briten, Franzosen und Deutschen nachhaltig und zäh gegen ein europäisches Parlament, gegen attraktive europäische Symbole, gegen einen starken europäischen Gerichtshof in Luxemburg verteidigt. Bürgerverantwortlichkeit und Bürgersolidarität läßt sich – so wurde argumentiert – nur auf nationaler Ebene entwickeln. Diese Verteidiger nationaler demokratischer Kulturen waren sicher nicht die einzigen Gegner der supranationalen Europäischen Union, gehörten aber zu den entschiedensten Opponenten ihrer Weiterentwicklung und ihrer Vertiefung.

Gleichzeitig hat der unerwartete, enorme Erfolg der Demokratie in den westeuropäischen Staaten seit dem Zweiten Weltkrieg viel zur Durchsetzung der europäischen Integration beigetragen. Ohne die breite Demokratisierung Europas nach 1945 wären die supranationalen Institutionen nicht entstanden. In den oft unvollkommenen Demokratien des 19. und frühen 20. Jahrhundert waren solche Institutionen schwer denkbar und wurden auch so gut wie nie vorgeschlagen. Eine Europäische Union vor 1914, zu der die französische Dritte Republik, die liberale Schweizer Republik und gleichzeitig das deutsche Kaiserreich und die Habsburger Monarchie gehört hätten, wäre schwerlich funktionsfähig gewesen. Überhaupt nicht vorstellbar war in der Zwischenkriegszeit eine Europäische Union, zu der die französische Dritte Republik, die britische Monarchie, das faschistische

Italien, das NS-Regime gehört hätten. Genauso wenig denkbar war nach dem Zweiten Weltkrieg eine supranationale Europäische Union aus westeuropäischen Demokratien, kommunistischen Ländern und dem spanischen Franco-Regime. Allein unter sich waren auch weder kommunistische Regime noch autoritäre und faschistische Länder Europas fähig, in freier Übereinkunft supranationale Institutionen zu schaffen. Nur Demokratien waren in der Lage, supranationale europäische Institutionen im Konsens und ohne Hegemonie einzurichten. Erst seit der allmählichen Durchsetzung der Demokratie in Europa nach dem Zweiten Weltkrieg hatte daher eine Europäische Union eine Chance.

Zu der Symbiose zwischen nationaler Demokratie und europäischer Integration gehört schließlich aber auch, daß die europäischen supranationalen Institutionen entscheidende Mithilfen bei der Durchsetzung und Stabilisierung der Demokratisierung in Europa leisteten. Die europäischen Institutionen setzten in den 1960er und 1970er Jahren die spanische und portugiesische Regierung unter einen heilsamen Demokratisierungsdruck, da sie darauf bestanden, daß ohne die Durchsetzung der Demokratie in diesen Ländern an eine Aufnahme in die damalige EG nicht zu denken sei. Den gleichen Demokratisierungsdruck üben sie heute auf die Beitrittskandidaten im östlichen Teil Europas aus. Seit dem Maastrichter Vertrag, jüngst wieder im Vertrag von Nizza, hat darüber hinaus die Europäische Union Vorkehrungen für den Fall getroffen, daß in einem Mitgliedsland der Europäischen Union die Demokratie bedroht sein sollte. Stabilität der Demokratie in Europa war und ist eine der vorrangigen Zielsetzungen der Europäischen Union.

Diese supranationale europäische Demokratisierungpolitik stützt sich auch auf gegenteilige europäische Erfahrungen in der ersten Hälfte des 20. Jahrhunderts. In der Zwischenkriegszeit fehlte in Europa eine solche effiziente internationale Politik der Demokratiestabilisierung. Im Gegenteil wurden damals eine ganze Reihe von europäischen Demokratien nicht durch innere Schwäche, sondern von außen zerstört. Vor allem in den katastrophalen Jahren zwischen 1938 und 1948 wurde durch Intervention von außen die Demokratie in der Tschechoslowakei, in Frankreich, in den Niederlanden, in Belgien, in Dänemark, in Norwegen durch die NS-Besatzung, danach in Polen, in Ungarn, wiederum in der Tschechoslowakei, in Ostdeutschland durch die UdSSR beseitigt. Ebenso wäre die Weimarer Republik, die vor allem aus innerer Schwäche zusammenbrach, stabiler gewesen, wenn sie auch von einer internationalen Politik der Solidarität der Demokratien getragen worden wäre, wie sie 1918 von Woodrow Wilson vorgetragen und in der zweiten Hälfte der 1920er Jahre von Aristide Briand praktiziert wurde. Was damals weitgehend fehlte, war eine dauerhafte und verläßliche internationale europäische Demokratiepolitik, und zwar schon in den Anfängen der europäischen Erosion der Demokratie während der 1920er und frühen 1930er Jahre, nicht erst 1938, als es zu spät war. Die heutige Demokratiepolitik der Europäischen Union ist dabei, die Lehre aus dieser Erfahrung zu ziehen.

Drittens möchte dieses Buch verfolgen, warum das nationale Modell der europäischen Demokratien nicht ohne weiteres auf die supranationalen europäischen Institutionen übertragen werden konnte, sondern in einigen Aspekten – beileibe nicht durchgängig – besondere, supranationale Demokratieformen entwickelt werden mußten oder noch müssen. Es gehört einerseits zu den erfolgreichen Grundprinzipien Europas, daß dort wo Macht entsteht, diese Macht auch kontrolliert werden muß. In Brüssel konzentriert sich immer mehr Macht. Noch stärker als bisher sollten daher die in Jahrhunderten in Europa erfolgreich entwickelten Instrumente der Machtkontrolle durch Parlamente, durch Gerichte, durch eine Zivilgesellschaft auch auf die Europäische Union angewandt werden. Nicht nur diese Instrumente der Machtkontrolle, sondern auch die unkontrollierte Macht sind Teil der europäischen Geschichte mit verhängnisvollen Folgen besonders im 20. Jahrhundert. Es gehört daher zu den Lehren auch aus den dunklen Seiten der europäischen Geschichte, daß Machtkontrollen unverzichtbar sind.

Auf der anderen Seite sieht die Machtkontrolle in Brüssel anders aus als in den europäischen Nationalstaaten. Die Macht selbst wird anders ausgeübt, von zwei Instanzen, die es in den Nationalstaaten so meist gar nicht gibt: Die eine Machtzentrale ist die Europäische Kommission, eine nach außen ungewöhnlich abgeschlossene, auch relativ kleine Bürokratie, die mächtiger ist als die meisten nationalen Bürokratien. In produktiver Konkurrenz dazu steht die zweite Machtzentrale, der Europäische Rat aus den nationalen Regierungschefs bzw. der Ministerrat der nationalen Minister. Der Europäische Rat ist auf den ersten Blick den föderalistischen Ländern wie Deutschland nicht ganz so fremd wie vielen zentralstaatlichen europäischen Ländern, etwa Frankreich oder Großbritannien. Aber er besitzt unvergleichlich mehr Macht als die föderalistischen Kammern, ist mit diesen letztlich doch nicht vergleichbar. Er ist zudem eine ambivalente Institution. Er ist nicht allein eine Machtzentrale sondern kontrolliert gleichzeitig auch die Macht der Europäischen Kommission. Die Kontrolle der Macht in Brüssel besteht in beträchtlichem Ausmaß in der Konkurrenz zwischen Europäischer Kommission und Europäischem Rat. Daneben bestanden für die Kontrolle dieser beiden Machtzentralen seit Beginn der europäischen Integration die klassischen europäischen Instrumente der Machtkontrolle, das noch recht machtlose europäische Parlament und der europäische Gerichtshof, in noch schwachen Ansätzen auch eine europäische Zivilgesellschaft. Sie entstanden allerdings unter völlig anderen Bedingungen als in den europäischen Nationalstaaten, in einem anderen Demokratiekontext, zu dem vor allem die Supranationalität, der andere Charakter der europäischen Identität, die andere Öffentlichkeit und Zivilgesellschaft, die andere Genese der Grundrechte gehören. Eine weitere Durchsetzung der Demokratisierung der Europäischen Union kann daher nicht einfach die nationalen Instrumente der demokratischen Machtkontrolle nachahmen, sondern muß neue Wege suchen. Ohne Kenntnis der Geschichte dieser anderen Bedingungen der Demokratisierung der Europäischen Union läßt sich das Demokratiedefizit in der EU nur schwer verstehen und abbauen.

Die eng verflochtene und gleichzeitig gegensätzliche Geschichte der Durchsetzung der beiden europäischen Demokratien, der

Demokratie in den europäischen Nationalstaaten und der noch defizitären Demokratieansätze in den supranationalen Institutionen der Europäischen Union, soll in diesem Buch analysiert und dabei soll um mehr Verständnis für die besonderen Bedingungen der Demokratie in den Institutionen der EU geworben werden.

Demokratisierung war und ist ein breiter, nicht nur politischer, sondern auch sozialer und kultureller Prozeß. Zur Demokratisierung gehörte im engeren politischen Sinn die Durchsetzung einer Verfassung, in der die Gewaltenteilung, die Kontrolle der Regierung durch das Parlament, Wahlen und die Autonomie der Gerichte geregelt ist. Demokratisierung besitzt darüber hinaus auch vier weitere wesentliche, eher soziale und kulturelle Elemente: die Entstehung einer »citizenship«, einer Staatsbürgerschaft, gesicherte bürgerliche, politische und soziale Grundrechte, die in die Werte und Normen der Bürger aufgenommen sind; eine demokratische Identifizierung der Bürger mit ihrem Land, die auf demokratischen Inhalten, nicht bloß auf Abgrenzung gegenüber äußeren Feinden oder ethnischen Merkmalen beruht; die Entwicklung einer Zivilgesellschaft aus Verbänden, Vereinen, Clubs, sozialen Netzen; schließlich die Entwicklung einer Öffentlichkeit, die die Kritik an der Macht im täglichen Gespräch, in Versammlungen und öffentlichen Debatten, in den Medien, durch Organisationen und Verbände, im Parlament führt, allerdings – das muß man hinzufügen – auch gleichzeitig der Präsentation der Machthaber dient. Diese verschiedenen Elemente der Demokratisierung entwickelten sich allmählich, fielen nicht vom Himmel. Vor allem die Entstehung der sozialen und kulturellen Seiten der Demokratisierung brauchte oft Zeit. Sie bekamen in bestimmten Phasen der europäischen Geschichte auch eine zweideutige Rolle, wurden von Demokratiegegnern genutzt und gehörten dann eher zur Rückentwicklung der Demokratisierung.

Im ersten, kürzeren Teil des Buches wird die Durchsetzung der modernen Demokratie in den Nationalstaaten im 19. und 20. Jahrhundert mit europäischem Blick verfolgt. Demokratisierung wird nicht aus den individuellen nationalen Bedingungen erklärt, sondern es werden die europaweiten transnationalen Tendenzen zur Durchsetzung der Demokratie, aber auch die transnationalen Widerstände analysiert. Die Demokratiegeschichte der einzelnen europäischen Länder geht darin nicht auf. Es gehört zu den Eigenarten Europas, daß dieser Prozeß in starkem Maß in Sprüngen nach vorn und zurück, nicht selten in Revolutionen, in großen Umbrüchen, aber auch in gescheiterten Ansätzen und tiefen Krisen ablief. Wie europäisch dieser Prozeß war, läßt sich deshalb besonders gut an der Geschichte seiner Umbrüche festmachen. Die Geschichte der gescheiterten und erfolgreichen europäischen Demokratieumbrüche wird im ersten Teil dieses Buches verfolgt, in dem die Revolutionen und Umbrüche von 1789, von 1848, von 1918/19, von 1945-57 und von 1989-91 mit europäischem Blick behandelt werden.

Der zweite, längere Teil des Buches behandelt die Tendenzen zur Demokratisierung der Europäischen Union. Dieser Prozeß würde ohne Analyse des besonderen Charakters der Europäischen Union und der besonderen Bedingungen ihrer Demokratisierung unverständlich. Deshalb werden nicht so sehr die Praxis der Machtkontrolle, sondern die Demokratiebedingungen, der Charakter der europäischen Supranationalität, das europäische Selbstverständnis und seine Identität, die europäische Öffentlichkeit, die Grundrechtsentwicklung und die europäische Zivilgesellschaft in der Europäischen Union und ihren Vorläufern verfolgt. Erst in dieser breiten Analyse wird erkennbar, welche Tendenzen zur Demokratisierung der supranationalen Europäischen Union bereits bestanden und wo das Demokratiedefizit der Europäischen Union liegt.

Teil 1

Wendepunkte der Demokratisierung der europäischen Nationalstaaten

Große spektakuläre Demokratiedurchbrüche werden aus mehreren Gründen in das Zentrum gestellt. Erstens muß man es als eine historische Besonderheit Europas ansehen, daß sich die Demokratie in einer ganzen Reihe von großen Umbrüchen durchsetzte, die meist nicht nur Erfolge, sondern auch viel Scheitern einschlossen, und nicht in einem einzigen großen Durchbruch wie in den USA oder in Indien oder ganz ohne spektakulären Umbruch wie etwa in Kanada, Australien, Neuseeland. Zudem stehen wir immer noch unter dem Eindruck des Umbruchs von 1989-91. Wir erlebten, wie tief ein solcher Umbruch geht, wie sehr er eine eigene Dynamik entfaltet und wie stark er auch die Zeit danach bestimmt, das Denken der Bürger ebenso wie die zurückschauende Analyse der Historiker. Nach dieser Erfahrung erscheint es richtig, spektakulären Ereignissen wieder einen größeren Platz in der Geschichte einzuräumen und nicht ohne weiteres den langsamen, stillen, unmerklichen und unbemerkten Prozessen den Vorrang zu geben.

Zweitens spielen die Demokratieumbrüche für den europäischen Blick eine besonders bedeutsame Rolle. Ob die großen Demokratiedurchbrüche, die eine hohe symbolische Bedeutung in der Geschichte besitzen, auch europäisch gesehen werden können, ist für diesen Blick sehr wichtig. Wenn es gelingt, diesen europäischen Blick an den spektakulären Ereignissen überzeugend vorzuführen, kann man danach mit der europäischen Analyse der langsamen, unmerklichen Prozesse fortfahren und sich fragen, ob auch sie sich unter diesem Aspekt betrachten lassen.

Drittens führt gerade die Analyse der großen Umbrüche deutlich vor Augen, daß sich ihr Charakter im Verlauf des 19. und 20. Jahrhunderts grundlegend verändert hat. Sie waren im langen 19. Jahrhundert wirkliche Revolutionen. Zur Französischen

Revolution, zur Revolution von 1848 und zur Revolution von 1918/19 gehörten auf Regimeumbruch ausgerichtete Massenbewegungen, grundlegende Regimewechsel, der Aufstieg neuer politischer Eliten, Gewalt, auch gewalttätige Gegenrepression. Die Demokratiedurchbrüche seit der Mitte des 20. Jahrhunderts haben dagegen einen anderen Charakter. Der Umbruch nach dem Zweiten Weltkrieg war keine Revolution, erzeugte keine repressive Gegenreaktion, blieb gewaltfrei, war gleichzeitig der erfolgreichste und folgenreichste Demokratiedurchbruch der europäischen Geschichte. Der Umbruch von 1989-91 hatte schon eher Merkmale einer Revolution, aber letztlich nur in wenigen Ländern, blieb anders als die Revolutionen des 19. Jahrhunderts so gut wie gewaltfrei, führte auch kaum zu repressiven Gegenreaktionen und ist bisher in einer ganzen Reihe von Ländern erfolgreich. Diese grundsätzliche Veränderung der Durchbrüche von Demokratie genauer zu betrachten lohnt sich. Von dieser Veränderung der Demokratieumbrüche muß man sicher auch ausgehen, wenn das Demokratiedefizit der Europäischen Union im zweiten Teil dieses Buches analysiert wird. Die Revolution des 19. Jahrhunderts ist kein Rezept für Beseitigung des Demokratiedefizits der Europäischen Union am Beginn des 21. Jahrhunderts.

Nicht alle Wendepunkte der Demokratie des 19. und 20. Jahrhunderts werden im folgenden behandelt. Nur am Rande wird auf zwei Umbrüche eingegangen, die von manchen Historikern für die Demokratisierung der europäischen Nationalgesellschaften für wichtig angesehen werden: die 1860er Jahre und die 1960er Jahre. Für die 1860er Jahre hat kürzlich Charles Maier ein beeindruckendes und überzeugendes Plädoyer geschrieben. Er argumentiert, daß diese Epoche nicht nur in Europa, sondern weltweit ein wichtiger Umbruch in der Territorialisierung der Nationalstaaten und damit auch ihres Verhältnisses zur Bevölkerung war. Es ist allerdings durchaus im Sinn seines Arguments, daß dieser Umbruch kein wirklicher Demokratisierungsschub war, höchstens sehr indirekt im Sinn einer passiven Mobilisierung von Bürgern. Die 1960er Jahre werden noch häufiger als Demokratisierungsschub interpretiert, ähnelten tatsächlich manchmal auch den revolutionären Ereignissen des langen 19. Jahrhunderts. Es gab jedenfalls Barrikaden, Straßenkämpfe, blutige Gewalt. Die 1960er Jahre waren vor allem auch europäische und atlantische Ereignisse. Sie bleiben hier trotzdem unberücksichtigt, weil sie erheblich weniger grundlegende Umbrüche waren als die anderen hier behandelten Ereignisse. In keinem Fall brachten sie eine Diktatur zu Fall. Immer fanden sie in bereits existierenden Demokratien statt, die sie ohne Zweifel veränderten, in denen sie aber nicht einen völligen Austausch der Eliten, neue Verfassungen, wirklichen Regimewechsel bewirkten. Aus diesem Grund wurden sie nicht in die gleiche historische Kategorie aufgenommen wie die fünf großen spektakulären Demokratiedurchbrüche.

Wenn die spektakulären Wendepunkte der europäischen Demokratisierung so stark in den Mittelpunkt gestellt werden wie die Revolutionen zwischen 1789 und 1919 in diesem Teil, sollten zwei Dinge nicht übersehen werden: Die Demokratisierung war in Europa genauso auch ein unspektakulärer Prozeß in kleinen Schritten. In manchen europäischen Ländern wie etwa Schweden oder Dänemark fehlen die spektakulären Ereignisse im Prozeß der Demokratisierung weitgehend. Darüber hinaus war die Demokratisierung keine von Ereignis zu Ereignis voranschreitende Vorwärtsbewegung, sondern ein widersprüchlicher, auch zwischen den Wendepunkten manchmal rasch vorankommender, manchmal zurückfallender Prozeß, keine lineare Entwicklung zu immer mehr Demokratie. An den spektakulären Wendepunkten lassen sich daher oft nicht nur Demokratisierungsfortschritte, sondern auch das Scheitern von Demokratiehoffnungen ablesen.

Ohne Zweifel hat die Reichweite der fünf großen Demokratiedurchbrüche auch geographische Grenzen in Europa. Nicht alle europäischen Länder sind von ihnen so stark geprägt, daß man wirklich auch von einem nationalen Durchbruch sprechen kann. Spanien und Portugal haben sich nach der Französischen Revolution von dieser europäischen Entwicklung weitgehend abgelöst. Ihre Geschichte hat teilweise ganz andere große Wendepunkte, vor allem die 1810er und 1820er Jahre mit den neuen Verfassungen und die späten 1960er und frühen 1970er Jahren mit der Ablösung der Diktaturen und dem Durchbruch der modernen Demokratie. Aber ganz ohne Wirkung auf diese Länder blieben die fünf großen Umbrüche doch nicht. Großbritannien und die skandinavischen Länder waren von diesen Umbrüchen zwar tangiert, aber Umbrüche im vollen Sinn des Wortes waren die fünf Ereignisse in diesen Ländern nicht. Für die große Mehrzahl der Europäer waren dagegen diese fünf Umbrüche doch ein tiefer Einschnitt in der Geschichte ihres Landes. Deshalb werden sie hier als europäische Umbrüche angesehen.

Bei jedem der fünf Wendepunkte gilt es zwei Aspekte zu behandeln: Im Vordergrund steht die Frage, ob es sich wirklich um einen europäischen Wendepunkt, nicht nur eine zufällige Koinzidenz von nationalen Wendepunkten handelte. Darüber hinaus ist bei jedem Wendepunkt einzuschätzen, welche Bedeutung er für die Demokratisierung Europas besaß, wieviel Erfolg und wieviel Scheitern er brachte. Vor dem Hintergrund dieser langen, in den Erfolgen und Mißerfolgen höchst dramatischen Geschichte der Demokratisierung der europäischen Nationalstaaten wird danach ausführlich die damit eng verbundene, aber doch ganz andere Geschichte der Demokratisierung der Europäischen Union seit 1950 analysiert.

1789: Die Französische Revolution und Europa

Die Französische Revolution war als Wendepunkt der Demokratisierung Europas von Anfang an umstritten, sie wurde einerseits schon früh als europäischer Wendepunkt der Demokratisierung angesehen, da sie in ihrer anfänglichen, liberalen Phase nach dem Sturm auf die Bastille 1789 und vor dem Beginn der massenhaften Hinrichtungen 1793 die wesentlichen Elemente einer demokratischen Kultur hervorbrachte. Sie entwickelte in der Assemblée Nationale ab 1789 das erste moderne mächtige Parlament Europas. Sie verabschiedete 1789 mit der Erklärung der Menschenrechte die erste europäische Grundrechtscharta. Erst zwei Jahre später wurden ähnliche Grundrechte, die stichwortartig schon in der amerikanischen Unabhängigkeitserklärung aufgeführt worden waren, in die Verfassung der USA aufgenommen. Die Französische Revolution gab sich 1791 und dann nochmals 1793, 1795 und 1799 erste moderne Verfassungen, die in Europa weiterwirkten. Sie erfand in einer breiten Volksbewegung und in zahlreichen Symbolen, Festen und Riten einen weit akzeptierten demokratischen Konsens und eine neue politische Sprache und stellte in diesen Symbolen und Riten die wichtigsten demokratischen Tugenden der Toleranz, der Gleichheit, der Solidarität, des Kosmopolitismus dar. Aus allen diesen Gründen war sie ein Modell einer demokratischen säkularen Republik in einem modernen europäischen Flächenstaat. Die Französische Revolution war sicher auch deshalb ein europäischer Wendepunkt, weil sie sich in dem damals größten und reichsten europäischen Land ereignete. Es wäre ungefähr so, wie wenn heute nach einer schweren Krise des Westens eine Revolution in den USA stattfände. Wäre 1789 nur in fünf kleineren europäischen Ländern, sagen wir in Dänemark, Polen, Portugal, Preußen und Savoyen nach denselben Prinzipien nur eine Reform durchgeführt worden, spräche man kaum von einem europäischen Wendepunkt.

Die Französische Revolution wird andererseits aus ganz unterschiedlichen Gründen als europäischer Wendepunkt der Demokratisierung abgelehnt. Sie wird vor allem wegen der massenhaften Hinrichtungen von über 16 000 Menschen 1793/94 und wegen des blutigen Feldzugs gegen die Royalisten in der Vendée 1793/94 als Paradebeispiel für revolutionäre Schreckensherrschaft, für willkürliche politische Morde vor einer durch eine Ideologie verführten Öffentlichkeit, als warnendes Muster für verblendete Anführer einer aus der Kontrolle geratenen Massenbewegung angesehen. Aus einem anderen Blickwinkel wurde die Französische Revolution kritisiert, weil sie als Symbol für eine einseitige Verherrlichung der Revolution als dem einzigen Weg zur Demokratie gilt und andere, nichtrevolutionäre, reformerische Wege an den Rand drängt, die in Europa ebenfalls erfolgreich beschritten wurden. Sie wurde schließlich weniger als historisches Ereignis, sondern als Mythos kritisiert, der die Wirklichkeit des historischen Ereignisses verfälschte: als Mythos für eine sozialistische Revolution, die sie nur ganz am Rande war; als Mythos für die erste Stufe in einem Stufenmodell von der bürgerlichen zur sozialistischen Revolution, ein Modell, in das sie nicht paßte; als Mythos für eine kosmopolitische Revolution, die sie nur kurze Zeit war, bis ihre Ideen für die Errichtung einer nationalen französischen Hegemonie in Europa mißbraucht wurden; als Mythos für eine erfolgreiche Revolution, die sie ebenfalls nicht war.

Ein ausschließlich erfolgreicher Wendepunkt der Demokratisierung in Europa war die Französische Revolution sicher nicht. In ihr spiegelt sich der höchst widersprüchliche, zeitweise vorankommende, dann wieder zurückfallende Prozeß der Demokratisierung in Europa wider. Sie läßt die großen Entwürfe und ihre schwierige, ambivalente Realisierung beispielhaft erkennen. Zugleich zeigt sich in der Epoche der Französischen Revolution auch die Vielfalt der europäischen Tendenzen zur Demokratisierung, unter denen es nicht immer leicht ist, den für Europa gewichtigsten Trend herauszuschälen.

Die Französische Revolution wird in der Regel als die Geschichte einer Revolution in Frankreich geschrieben. Dafür spricht viel. Die großen symbolischen Ereignisse der Revolution waren rein französische Ereignisse. Die Erklärung der Menschenrechte, das große Ereignis der anfänglichen liberalen Phase der Revolution, wurde vom französischen Parlament beschlossen. Der Sturm auf die Bastille, das wichtigste Symbol für die Beteiligung der Volksmassen in der liberalen Phase, blieb einmalig. Die Absetzung und die Hinrichtung des Königs ereignete sich damals nur in Frankreich. Nur außerhalb Europas, in den USA entstand zu dieser Zeit aus einer Volksbewegung eine Republik. Die Guillotine blieb ein Symbol für die Phase der Schreckensherrschaft in der Französischen Revolution. Die Französische Revolution war das einzige revolutionäre Ereignis in ihrer Zeit, nicht einfach Teil einer Kette von europäischen Revolutionen wie die französische Februarrevolution von 1848. Um 1789 fehlte noch ein transnationales Modell der Demokratisierung durch Revolution. Die Leichtigkeit der transnationalen Kommunikation, die 1848 durch die Eisenbahn und den Telegraphen möglich wurde, war noch nicht vorhanden. Selbst die Geschichtsschreibung der Französischen Revolution, die heroische Interpretation von Jules Michelet, die skeptische Interpretation von Hypolite Taine, die sozialistische Interpretation von Jean Jaurès und Albert Mathieu, die strukturalistische Interpretation von Georges Lefevbre, die liberale Interpretation von François Furet, stammt ausschließlich von französischen Historikern.

Trotzdem war die Französische Revolution gleichzeitig auch ein europäisches Ereignis. Schon Zeitgenossen sahen das so. Ein Enthusiast wie der deutsche Jakobiner Georg Friedrich Rebmann sah in ihr »die größte Begebenheit unserer Tage [...] Jeder, der nicht bloß für seine Existenz Sinn hatte, nahm auf irgendeine Art an dieser großen Erscheinung Theil.«[1] Auch Gegner der Französischen Revolution wie Ernst Moritz Arndt erkannten sie gleichermaßen als ein europäisches Ereignis an. »Auch das hat die fürchterliche französische Revolution, die wir jetzt unsere, die europäische Revolution nennen müssen, uns heller als das Sonnenlicht gezeigt, daß der alte Zustand Europas vergangen ist, daß wir in den Vorhallen einer neuen Zeit stehen.«[2] Unter den Historikern war dieser europäische Blick sicher nicht vorherrschend, wurde aber von Anfang an immer wieder gewählt. Lorenz von Stein drückte ein halbes Jahrhundert nach der Französischen Revolution diese Dimension vielleicht am besten aus: »Es ward plötzlich klar, daß es neben dem System des politischen Gleichgewichts der Staaten, noch ein zweites, vielleicht viel mächtigeres Band, eine gewaltige Solidarität in dem ganzen neueren Leben der Völker gebe: die Gleichartigkeit der Gesellschaft der europäisch-germanischen Welt. [...] Die Geschichte Europas hatte in ihrer Bewegung endlich das Element ergriffen, durch welches sie die Gemeinschaft der Völker auf immer hervorrief – den Boden der gesellschaftlichen Zustände. Und ehe daher die Constituante ihr Werk beendete, hatten sich schon die privilegierten Stände in ganz Europa, in England, in Deutschland, Italien, Spanien dem unprivilegierten dritten Stande gegenüber als Ganzes zu Schutz und Trutz verbündet, während sich die Glieder des letzteren nicht minder durch ganz Europa die Hände reichten.«[3] In den weit auseinanderlaufenden Interpretationen der Französischen Revolution wurde sie im 19. und 20. Jahrhunderts immer wieder unter europäischem Blick interpretiert, in Frankreich etwa von Albert Sorel, Georges Lefebvre, Jacques Godechot, in den USA von R. R. Palmer, in Deutschland von Heinrich Sybel, nach dem Zweiten Weltkrieg von Martin Göhring. In jüngster Zeit arbeiteten zahlreiche Historiker an den Details der europäischen Bedeutung der Französischen Revolution. Eine überzeugende Gesamtdarstellung fehlt allerdings noch.

Tatsächlich war die Französische Revolution stärker als die Englischen Revolutionen von 1642/48 und 1689 auch ein europäisches Ereignis. Sie bliebe ohne den europäischen Kontext unverständlich. Sie entstand aus einer gemeinsamen europäischen Ideenwelt, der Aufklärung, und aus einer gemeinsamen europäischen Krise des Ancien Régime. Als sie ausgebrochen war, wurde sie von den Europäern in den anderen Ländern intensiv beobachtet, kommentiert und aufgenommen. Sie hatte massive Auswirkungen auf andere europäische Länder, sei es durch das direkte Miterleben von Europäern, die in Paris dabei waren, sei es durch Übernahme und Transfers von Ideen und Symbolen der Revolution in andere europäische Länder, sei es durch die napoleonische Eroberung Europas und die Neuordnung einer ganzen Reihe von europäischen Staaten nach Ideen der Französischen Revolution. Die Französische Revolution war schließlich für viele Europäer des 19. Jahrhunderts und des 20. Jahrhunderts ein Symbol der Durchsetzung der Demokratie, gleichzeitig allerdings für andere Europäer auch der Beginn eines europäischen Konzepts der transnationalen Bekämpfung der Demokratie. Von 1789 an hatte Europas beides: ein Modell für eine revolutionäre Erkämpfung von Demokratie und ein Modell für die Niederschlagung der Demokratie.

Die Aufklärung ist von Historikern immer als eine herausragende kultur- und mentalitätsgeschichtliche Voraussetzung für die Französische Revolution angesehen worden, gleichgültig ob sie sie eher skeptisch oder eher wohlwollend interpretierten. Sie hat in sehr vielschichtiger Weise die Revolution vorbereitet. Schon die großen Autoren wie Voltaire, Montesquieu, Diderot und Rousseau haben ganz unterschiedliche Wirkungen auf die Revolution ausgeübt. Voltaire hat eher einer aufgeklärteren Monarchie, Montesquieu einer wirkungsvollen Verfassung und einem starken Parlament, Rousseau einer selbstbewußten Volksbewegung vorgearbeitet. Wichtiger war die kultur- und mentalitätsgeschichtliche Vorbereitung der Revolution: die Entstehung der aufgeklärten Zivilgesellschaft, der Salons, Lesegesellschaften, der Freimaurerlogen, später auch der Clubs, die zur vorrangigen Organisation der Revolution wurden; die Veränderung der Mentalitäten, die Entsakralisierung der Kirche und der Monarchie, die Aufwertung der öffentlichen Meinung und des Publikums als Instanz der Orientierung, die neue Rolle der Intellektuellen als Meinungsbildner, die stärkere Verbreitung des Lesens, die Politisierung der Öffentlichkeit, die hohe Priorität der individuellen

Freiheiten nicht nur in den Oberschichten, sondern auch in den städtischen und ländlichen Mittelschichten.

Entscheidend für den europäischen Kontext der Französischen Revolution war, daß die Aufklärung ein europäisches Phänomen war. Sie entstand in einem Kommunikationsraum Europa, in dem die Aufklärer durch intensives Reisen und wechselseitige Besuche, durch Korrespondenz, durch Lektüre von internationalen Zeitschriften, durch Übersetzen und als Käufer in einem internationalen Buchmarkt in engem Kontakt miteinander standen. Man blättere nur die Anmerkungen des »Esprit des Lois« von Montesquieu durch, um zu sehen, wie intensiv er neben den antiken Klassikern Autoren aus anderen europäischen Ländern zitiert. In diesem Europa der Aufklärung spielte Frankreich sicher eine führende Rolle, aber ohne die Aufklärung in England, Schottland, in der Schweiz, in den Niederlanden, in Italien und Deutschland wäre die französische Aufklärung nicht verständlich und hätte sich anders entwickelt. Durch die Aufklärung stand daher die Französische Revolution in einem europäischen kulturellen Kontext. Die französischen Aufklärer teilten mit den anderen europäischen Aufklärern auch im Ganzen dieselben Grundwerte: die individuelle Freiheit, die politische Verantwortlichkeit, der Kosmopolitismus, die Bildung für die Gebildeten und für die Masse der Bevölkerung, die Entsakralisierung von Monarchie und Kirche, die Emanzipation von der Ordnung des Ancien Régime, besonders die Emanzipation der Leibeigenen, der Juden, der Frauen. Sicher führte die Aufklärung keineswegs zwingend zu einer Revolution. Die Wahrscheinlichkeit war sogar eher gering, denn in der Mehrzahl der Länder der europäischen Aufklärung fand keine Revolution statt. Aber die große Sensibilität und Empfänglichkeit der Europäer für die Ereignisse der Französischen Revolution wäre ohne die gemeinsame europäische Aufklärung nicht zu verstehen.

Die wirtschaftliche, soziale und politische Krise des Ancien Régime gehört ebenfalls zu diesem europäischen Kontext der Französischen Revolution. Die sozialen und wirtschaftlichen Ursachen von 1789 wurden von den Historikern des 20. Jahrhundert besonders intensiv untersucht. Die Revolution baute auf vielfältigen Entwicklungen auf, auf einer Mischung aus der Verschlechterung der Situation einiger Schlüsselgruppen und der Verbesserung der Situation und steigenden Erwartungen anderer; auf der Durchsetzung der Marktwirtschaft in der Landwirtschaft und der stärkeren Verbreitung der Marktgebundenheit des Landwirts, auf dem steigenden Selbstbewußtsein und der wachsenden Bildung des Bürgertums, auf der Unzufriedenheit von Teilen des Adels mit der monarchischen Politik, und vor allem auch auf der wachsenden Unzufriedenheit der städtischen Unterschichten. Alle diese Prozesse waren aber keine besonders französischen Prozesse, sondern fanden sich auch in anderen Varianten im Großteil Europas: Das Bürgertum wurde gebildeter und selbstbewußter. Städtische Unterschichten nahmen in den meisten europäischen Ländern zu, ohne daß die wirtschaftliche Modernisierung schon stark genug war, um ihre soziale Lage zu verbessern. Die Bauern wurden ebenso in anderen europäischen Ländern stärker in den Markt eingebunden, in England und den Niederlanden sogar stärker als in Frankreich. Der Adel befand sich auch in andern europäischen Ländern in einer Krise. Diese Krise des Ancien Régime war daher eine europäische Krise. Sie bestand nicht einfach aus zufälligen nationalen Parallelentwicklungen, sondern wurde von den Zeitgenossen auch so wahrgenommen und international diskutiert.

Man kann darüber streiten, ob der tiefe Umbruch des späten 18. und frühen 19. Jahrhunderts im Großteil Europas – Reinhart Kosseleck hat sie in seiner Interpretation als Sattelzeit bezeichnet – ein grundlegenderer Umbruch war und die Französische Revolution nur eine Variante, nur eine der verschiedenen Formen des europäischen Umbruchs, nicht einmal die dominierende. In Großbritannien und Skandinavien gab es einen ganz ähnlichen Umbruch, der allerdings nicht in den Formen einer Revolution wie in Frankreich ablief. Man kann dem wiederum entgegenhalten, daß die Französische Revolution teils durch direkte Verbreitung und Transfers ihrer Konzepte, teils durch die von oben durchgesetzten Reformen der napoleonischen Besatzung, teils über die Modernisierung gegen die französische Vorherrschaft diesen Umbruch entscheidend Weise beschleunigte.

Die Französische Revolution war auch europäisch, weil sie eine außergewöhnlich starke Auswirkungen auf die Öffentlichkeit in anderen Ländern besaß. Sie unterschied sich darin von den beiden englischen Revolutionen des 17. Jahrhunderts. Die Französische Revolution führte aus mehreren Gründen zur massiven Mobilisierung der europäischen Öffentlichkeit und zu einer Erweiterung der europäischen politischen Kultur. In großen Teilen Europas entstand durch sie eine Welle der Publizistik. Die Manifeste, Aufsätze, Broschüren, Bücher, die in Frankreich während der Revolution veröffentlicht wurden, wurden im übrigen Europa viel gelesen, auch viel übersetzt. Sie enthielten enthusiastische wie skeptische Schriften. Dabei war die Wahrnehmung der Französischen Revolution in anderen europäischen Ländern durchaus selektiv. In Deutschland etwa wurden überwiegend die Publikationen der Liberalen, viel weniger die frühsozialistischen Sansculotten gelesen. Daneben entstand eine lebhafte Publizistik der Autoren des jeweiligen Landes selbst, teils für, teils gegen die Revolution eingestellt.

Es entstanden in der Folge der Französischen Revolution auch neue Formen der Öffentlichkeit. Festriten wie etwa der Freiheitsbaum oder Formen der Vergesellschaftung wie der politische Club kamen in vielen Ländern auf, teils in Nachahmung der Französischen Revolution, teils aus eigenen parallelen Traditionen des Landes. Eine neue politische Sprache mit neuen Begriffen entstand. Neue soziale Schichten wurden in vielen Ländern mobilisiert. Das Publikum war nicht mehr nur die meist französisch sprechende Oberschicht, sondern auch die Mittelschicht. In Großbritannien reichte die Politisierung sogar in die ländliche Gesellschaft. Der moderne Intellektuelle entwickelte sich in Europa im Einflußbereich der Französischen Revolution. Er wurde in der Reaktionszeit danach zum Hauptziel der Bekämpfung der Demokratisierung.

Ohne Zweifel hatten die europäischen Auswirkungen der Französischen Revolution auch klare Grenzen. In den internationalen diplomatischen Beziehungen und Konflikten spielte sie in den ersten Jahren nur eine begrenzte Rolle. Die anderen europäischen Regierungen faßten sie lange Zeit nicht als vorrangige Bedrohung der Monarchien auf, sondern sahen die Französische Revolution als eine willkommene Kaltstellung und Immobilisierung der größten Macht auf dem Kontinent. Darüber hinaus waren die französische Sprache und Frankreich für die Europäer des späten 18. Jahrhundert ein Symbol für Hofkultur, für Aristokratie, überhaupt für das Ancien Régime, so daß es ihnen oft schwer fiel umzudenken und die gleiche Sprache als Symbol für Demokratisierung anzusehen. Die Leichtigkeit, mit der antiliberale und antifranzösische Argumente zusammengebracht werden konnten, kann auch durch diese tiefsitzende Gleichsetzung von französischer Kultur und Ancien Régime erklärt werden. Schließlich und vor allem hat die Eroberung Europas durch Napoleon der demokratisierenden Auswirkung der Französischen Revolution Grenzen gesetzt, weil dieser Krieg nicht nur als ein missionarischer Feldzug zur Verbreitung der Revolutionsideen aufgefaßt wurde, sondern auch ein klassischer wirtschaftlicher Ausbeutungskrieg mit seinen Grausamkeiten gegenüber der Bevölkerung und mit seiner wirtschaftlichen Ausblutung der betroffenen Länder und Städte war. Diese Ambivalenz der napoleonischen Eroberungen führte zu einer scharfen antifranzösischen Ausrichtung der liberalen Nationalbewegung der eroberten Länder, die zwar manchmal die Sprache der Revolution, etwa den Ausdruck »Befreiung« übernahmen, aber oft nicht nur die napoleonische Herrschaft, sondern gleichzeitig auch Ideen der Revolution ablehnten. Aber trotz dieser Grenzen war sie nicht nur wegen ihres europäischen Kontextes, sondern vor allem wegen ihrer massiven Auswirkungen auf die europäische politische Öffentlichkeit und auf die Zivilgesellschaft der Zeit und wegen ihrer Langlebigkeit als politisches Symbol in der Geschichte des 19. und 20. Jahrhunderts eine europäische Revolution und nicht nur eine Revolution in Frankreich.

Was bedeutete die Französische Revolution für die Durchsetzung der Demokratie in Europa? Die Antwort ist nicht einfach. Drei völlig verschiedene und gegensätzliche Folgen wurden der Französischen Revolution zugeschrieben: die Französische Revolution als Anschub für die europäische Demokratie des 20. Jahrhundert vor allem durch die frühe liberale Phase der Revolution; die Französische Revolution als Vorstufe der kommunistischen Oktoberrevolution von 1917 vor allem in den Forderungen der Sansculotte in der radikalen Phase der Revolution ab 1793; die Französische Revolution als Vorbereitung des politischen Terrors der Diktaturen des 20. Jahrhunderts vor allem durch den »Terreur« 1793/94, aber auch durch die Sprache der Revolution. Diese kontroverse Einordnung muß zu denken geben, auch wenn die Kontinuitäten zur kommunistischen Oktoberrevolution von 1917 oder zur NS-Diktatur völlig überzogen sind und die Intentionen Lenins oder Hitlers weit ab von den Intentionen Robbespierres oder Dantons lagen.

Die Französische Revolution läßt sich trotzdem nicht nahtlos in die Geschichte der Demokratisierung Europas als eine Art erster, nicht gelungener, aber doch mit der heutigen Demokratie völlig konformer Anlauf einordnen. Zwei Gründe sprechen gegen eine solche naive Interpretation. Sie war erstens alles andere als ein dauerhafter Demokratieerfolg, jedenfalls weit weniger als die amerikanische Revolution. In Frankreich selbst endete sie schon nach zehn Jahren in einer plebiszitären Diktatur und nach einem Vierteljahrhundert sogar in einer Restauration, in einer Rückkehr der Bourbonenkönige. Erst rund neunzig Jahre nach der Revolution entstand mit der Dritten Republik eine dauerhafte liberale Republik nach den Intentionen der Frühphase der Französischen Revolution. Auch außerhalb Frankreichs war in den von Napoleon eroberten Gebieten auf den ersten Blick nur wenig von einer Demokratisierung zu sehen. Dort war nach der Vertreibung Napoleons zwar nichts mehr wie zuvor. Das territoriale Antlitz Europas war gründlich verändert. Die Verwaltungen waren zentralisierter, napoleonische Gesetzesreformen wurden oft nicht rückgängig gemacht, die Säkularisierung der Kirchengüter blieb erhalten, die Politik wurde mit anderen Mitteln geführt. Aber von den demokratischen Ideen der Französischen Revolution blieb nach dem Ende der napoleonischen Ära nur wenig hängen.

Gegen eine naive Vereinnahmung der Französischen Revolution als erste Phase einer europäischen Demokratisierung spricht auch, daß die Gründe für ihr Scheitern, für die Machtübernahme Napoleons und den Abbruch der Demokratie nicht nur in den äußeren Umständen, sondern auch in ihr selbst liegen. Sie hat durch drei Fehler an Glaubwürdigkeit verloren und dadurch ihre Anhänger im eigenen Land gelähmt: durch den Krieg, den sie 1792 ohne zwingende Notwendigkeit begann und dann nach einigen trügerischen Anfangssiegen wie etwa die Kanonade von Valmy auch ohne Erfolg führte; durch die Nichtrespektierung der individuellen Freiheit und Menschenwürde in der Terreurphase und auch durch das Fehlen einer funktionierenden repräsentativen Demokratie der Parteien, der Verbände, der Vertretung der verschiedenen Interessen von Berufen, Sozialmilieus, Regionen und Minderheiten, die in der Sprache und Logik des »öffentlichen Interesses« und der »volonté générale« zu sehr abgewertet wurden und in dieser Art der Demokratie keinen Platz mehr fanden. Sie hat sich auch zu wenig darum bemüht, republikanisch gesinnte Experten heranzubilden, die zu einer solchen repräsentativen Demokratie gehören. Die entscheidenden Reformen stammen erst aus der napoleonischen Ära und der Dritten Republik. Der Französischen Revolution fehlten daher die Instrumente, einen großen Flächenstaat mit begrenzten Kommunikationsmitteln demokratisch und gleichzeitig effizient zu regieren und auf Dauer die Bevölkerung an sich zu binden und ihr gleichzeitig vorhersehbare Mitwirkungsmöglichkeiten zu geben.

Trotzdem war die Französische Revolution nicht einfach ein abgeschlossenes historisches Ereignis ohne Bedeutung und Wirkung auf die Demokratisierung des 19. und 20. Jahrhunderts. Die Französische Revolution war weder 1799 mit der Machtübernahme Napoleons noch 1815 mit der Rückkehr zum monarchischen Europa zu Ende. Überall blieben entweder Verfassungen bestehen oder die Erwartung der Öffentlichkeit auf Verfassungen blieb so virulent, daß in den 1820er und 1830er Jahren im Großteil Europas Verfassungen eingeführt wurden. Diese Verfassungen schlossen zwar in der Regel die Masse der Bevölkerung von einer normalen demokratischen Mitwirkung aus, schränkten aber doch die Macht der Monarchen ein, gaben Parlamenten und Gerichten eine gewisse Autonomie und setzen damit eine Art Gewaltenteilung durch.

Die Französische Revolution führte zudem zu einer dauerhaften Mobilisierung der europäischen Öffentlichkeit. Trotz der Restauration blieb diese gesellschaftlich breiter, mit einem neuen politischen Vokabular ausgerüstet und an anderen Grundwerten, auch an einer Entsakralisierung der Monarchen und der Kirchen orientiert. Die Französische Revolution lieferte den Europäern ein Modell für die Durchsetzung von demokratischen politischen Mitwirkungen. Man hatte erlebt, daß Monarchen absetzbar waren. Man hatte gesehen, was Volksbewegungen und Intellektuelle erreichen konnten. Man hatte in vielen Ländern erfahren, wie es ist, wenn zumindest die Besitzenden wählen. Mit der Revolution entstand ein Modell der Durchsetzung der Demokratie, auch wenn man aus der Perspektive des Historikers darüber streiten kann, ob dieser Weg wirklich effizient war.

Die Ära zwischen 1789 und 1815 war schließlich genau umgekehrt auch folgenreich für die Demokratieentwicklung, weil sie gleichzeitig auch ein Modell für die Bekämpfung von Volksbewegungen und für die Niederhaltung der Demokratie lieferte. Enge internationale Zusammenarbeit von Regierungen gegen die Demokratisierung, moderne Armeen, Geheimdienste, Zensur und Abwürgung der oppositionellen Öffentlichkeit, ein enger Schulterschluß mit einer damals noch traditionalen Kirche, Mobilisierung der traditionalen Landbevölkerung gegen mehr Demokratie, repressive, oft blutige Gegengewalt, auch die schöne ästhetische Präsentation des eigenen Regimes in der Öffentlichkeit erwiesen sich als erfolgreiche Instrumente gegen die Demokratisierung. Sie wurden erst seit der Revolutionszeit ausprobiert und erlernt.

1848: Viele nationale Revolutionen oder eine europäische Revolution?

Der zweite Wendepunkt der Demokratisierung in Europa war die Revolution von 1848/49. Sie ist nicht so heftig umstritten wie die Französische Revolution, wird in verschiedenen europäischen Ländern als ein Symbol der Demokratisierung oder zumindest der Demokratieerwartungen angesehen, allerdings von nachdenklichen Historikern auch als Wende zum Nationalismus. Gehört sie überhaupt in die Geschichte der Demokratisierung Europas? War sie tatsächlich eine europäische Revolution? War sie darüber hinaus auch ein erfolgreicher Wendepunkt der Demokratisierung Europas oder doch nur Musterbeispiel einer gescheiterten Revolution?

Der europäische Charakter der Revolution von 1848

Die Historiker sehen die Revolution von 1848 meist als eine Vielzahl von nationalen Revolutionen an, seltener dagegen als eine gemeinsame europäische Revolution. Der französische Historiker Charles Pouthas hat diese Sicht der Revolution von 1848 schon vor einem halben Jahrhundert pointiert formuliert, er sah in der Unterschiedlichkeit der Revolutionen von 1848 sogar den Grund für ihr Scheitern: »Ein Blick auf Europa, das vielleicht nie im Verlauf seiner Geschichte eine solche Gemeinsamkeit der Ereignisse gezeigt hat, läßt erkennen, daß den Revolutionen von 1848 schließlich nur die Tatsache der Revolution gemeinsam war. [...] In Wirklichkeit hatte jede [Revolution] eigene Ursachen und Zielrichtungen. [...] Ihre Unvereinbarkeit von einem Land zum anderen, und selbst in ein und demselben Land haben sie isoliert und durch ihre Widersprüchlichkeit so gut wie neutralisiert. Die Revolutionen von 1848 sind an ihrer Komplexität zugrunde gegangen.«[4] Die Revolutionen von 1848 wurden allerdings auch als eine gemeinsame europäische Revolution gesehen. Schon manche

Zeitgenossen sahen sie als ein europäisches Ereignis. Der französische Schriftsteller und Politiker Alexis de Tocqueville sagte in einer Rede vor befreundeten Politikern im Januar 1848: »Fühlen Sie nicht mit einer Art instinktiver Intuition, die nicht erklärt werden kann, aber untrüglich ist, daß der Boden Europas aufs neue erzittert? Merken Sie – wie sage ich? – den Revolutionssturm nicht, der in der Luft liegt?«[5] Auch einige Historiker vertreten diese Sicht. Eric Hobsbawm schrieb 1962 im ersten Band seiner mehrbändigen Geschichte Europas: »Niemals ist eine Revolution universaler vorausgesagt worden [...]. Ein ganzer Kontinent wartete, bereit jede Revolutionsnachricht fast sofort von Stadt zu Stadt über elektrische Telegraphen weiterzugeben. [...] 1848 brach die Explosion los.«[6] Roger Price gibt seinem vor wenigen Jahren erschienenen Buch über 1848 zwar den Untertitel »Kleine Geschichte der europäischen Revolutionen«; aber auch er möchte »dem Sinn einer Folge von Ereignissen, die einen ganzen Kontinent erfaßten, auf den Grund« gehen.[7] Eine ganze Reihe anderer Historiker sprechen ebenfalls zwar von den Revolutionen von 1848, behandeln sie aber de facto 1848 häufig als eine gemeinsame europäische Revolution.

Ein erstes Argument gegen eine einheitliche europäische Revolution von 1848: Diese Revolution blieb in wichtigen Teilen Europas aus. Sie fand weder in Großbritannien, noch in den Niederlanden oder Belgien noch in den skandinavischen Ländern noch in Spanien oder Portugal noch im damals größtenteils vom osmanischen Reich beherrschten Südosteuropa statt, auch nicht in dem schon unabhängigen Griechenland, schließlich auch nicht im Zarenreich. Man kann diese Länder nicht einfach als Ausnahmen von der europäischen Normalsituation deklarieren. Sie umfassen zu weite Teile Europas. Rund die Hälfte der Europäer wohnten damals in diesen Ländern. Vor allem aber kann man die Gründe für das Ausbleiben der Revolution in diesen Ländern nicht über einen Leisten schlagen. Sicher läßt sich für einen beträchtlichen Teil dieser Länder, für Spanien, für Rußland, für den osmanischen Teil Europas das Ausbleiben der Revolution auf besonders massive Repression zurückführen. Aber schon für diese Länder muß die Repression sehr verschieden gedeutet werden. In Spanien und Portugal steht sie am Ende der Einführung liberaler Verfassungen 1812 bzw. 1821 und am Ende von Bürgerkriegen, in Rußland und in Südosteuropa dagegen nicht. Großbritannien, das schon im 17. Jahrhundert seine Revolutionen erlebt hatte, war schon zu liberal für eine weitere liberale Revolution. Die skandinavischen Länder gingen in der Durchsetzung moderner Verfassungen grundsätzlich einen nichtrevolutionären Weg. Wie auch immer man das Ausbleiben der Revolution in allen diesen Ländern erklärt: Das Faktum bleibt, daß in wichtigen und völlig verschiedenen Teilen Europas, in dem wirtschaftlich modernsten Teil im Nordwesten Europas ebenso wie in dem bevölkerungsstärksten Land Europas im Osten und in den zurückgebliebensten, einer Fremdherrschaft unterworfenen Teilen im Südosten Europas, die Revolution von 1848 ausblieb. Sie war daher – so das Argument – in Europa nur ein regionales, kein wirklich europäisches Ereignis.

Ein zweites Argument ist der klassische Einwand gegen eine einheitliche europäische Revolution von 1848, den auch der soeben zitierte Pouthas vorbringt: Diese Revolution war in jedem europäischen Land eine andere Revolution, gemessen an ihrem Zeitablauf, ihren Zielen, ihren Trägern, an der Reaktion der Herrschenden und an ihren Folgen. Einige Länder wie Frankreich, Süditalien und die Schweiz waren unabhängig voneinander Startländer der Revolution; andere Länder wie Deutschland, Österreich, Ungarn, Tschechien, Polen waren dagegen Nachfolgeländer. Die Ziele der Revolution waren in jedem Land andere, trotz damals neuer internationaler Verkehrs- und Kommunikationstechniken, trotz der Eisenbahnen und des Telegraphen. Die sozialen Ziele reichten von der Ablösung der Feudallasten in Ungarn bis zur Arbeitsschutzgesetzgebung und Arbeitsbeschaffung für Industriearbeiter in Frankreich. Das politische Ziel der Errichtung eines Nationalstaates hatte in jedem Land eine andere Bedeutung. In Frankreich war dieses Ziel bedeutungslos, da ein Nationalstaat schon bestand. In der Schweiz wurde eine Föderation von Kantonen erfolgreich in einen Nationalstaat umgebaut.

In Deutschland ging es um die erfolglose Forderung des Umbaus eines Staatenbundes in einen Nationalstaat, dessen Grenzen allerdings schwer zu ziehen waren. In Italien fehlte der erfolglosen Forderung nach einem Nationalstaat die Voraussetzung eines Staatenbundes. In Ungarn, Polen, Tschechien, teilweise auch in Italien richtete sich die erfolglose Forderung nach einem Nationalstaat vor allem gegen die Habsburger Monarchie, auch unter diesen Ländern mit vielfältigen Unterschieden.

Weiter stieß die Revolution von 1848 auf völlig unterschiedliche Reaktionen der Herrschenden – vom blitzartigen Zugeständnis einer Verfassung in den Niederlanden, in Dänemark oder im Königreich Neapel bis zu erbarmungslosen standrechtlichen Erschießungen jedes Verdächtigen in Ungarn oder Baden. Die Revolution von 1848 führte daher zu ganz unterschiedlich intensiven Konflikten, kostete in der Schweiz mit Einschluß des Sonderbundskrieges rund hundert, dagegen allein in Ungarn – so wird geschätzt – über hunderttausend Menschen das Leben.

Die Revolution von 1848 hatte vor allem auch in jedem Land andere Folgen. Sie war in einigen wenigen Ländern ein Erfolg, erbrachte in Belgien ein etwas offeneres Wahlrecht, in den Niederlanden, in Dänemark und in der Schweiz eine liberalere Verfassung. In den meisten anderen europäischen Ländern war die Revolution von 1848 dagegen eher ein Mißerfolg, jedenfalls gemessen an den Forderungen der Anhänger der Revolution. Insgesamt glich – so das Argument – keine dieser zahlreichen europäischen Revolutionen der anderen. Daher kann man nicht von einer europäischen Revolution sprechen.

Ein drittes Gegenargument, das nirgends ausgesprochen, aber immer selbstverständlich vorausgesetzt wird: Die Revolution von 1848 war im strikten Sinne keine Revolution Europas, weil es überhaupt kein europäisches Machtzentrum, keinen europäischen Staat, keine europäische Monarchie gab, die man hätte revolutionieren können, auch keine europäische Hauptstadt, in der Ereignisse von europäischer Tragweite hätten stattfinden können. Im polyzentrischen Europa mit seinen vielen politischen Machtzentren konnte es 1848 nur viele Revolutionen geben.

Das war nicht nur eine Frage des damals bestehenden europäischen Staatensystems, sondern auch der Zukunftserwartungen. Während die nationale Einheit in vielen europäischen Revolutionen von 1848 eine zentrale Rolle spielte, verlangte kaum jemand nach einer europäischen Einheit im modernen supranationalen Sinn, nach einer mehr als nur deklaratorischen europäischen Menschenrechtscharta, nach einer europäischen Verfassung, die mehr als ein internationaler Vertrag war, nach einem europäischen Parlament mit den Kompetenzen eines normalen Parlaments, nach einem europaweiten unbegrenzten Wirtschaftsmarkt. Fast niemand übertrug die Forderungen, die an die damals bestehenden Staaten gestellt wurden, auf Europa. Auch die wenigen Europäer, die 1848 überhaupt europäische Einheitspläne entwickelten, die Franzosen Henri Feuquerai, Littré und Francisque Bouvet, der Schotte Charles Mackay, der Italiener Carlo Cattaneo und die Deutschen Arnold Ruge und Julius Fröbel, gingen über die Forderung nach einem europäischen Staatenbündnis nicht hinaus. Nur der französische Schriftsteller Victor Hugo, damals eine Ausnahme, veröffentlichte schon moderne, später viel zitierte Vorstellungen von einer europäischen Einheit, allerdings eher als ferne Zukunftsvision, nicht als Ziel der damaligen Tagespolitik, auch nicht sehr präzise in den Details.

Überhaupt fehlte es 1848 an einer entscheidenden Voraussetzung für die europäische Einheit, an der Vorstellung von einem gleichberechtigten modus vivendi zwischen den europäischen Nationen. Zwar war der Glaube an ein friedliches Zusammenleben von Republiken, an den Völkerfrühling, weit verbreitet. Aber die Revolution von 1848 war gleichzeitig tief von den Nationalismen des 19. Jahrhunderts und den Suprematien einiger europäischer Nationen über andere geprägt. Sie spalteten die Europäer und belasteten auch die Revolution von 1848 schwer mit nationalistischen Konflikten. Die deutschen Anhänger der Revolution beispielsweise erkannten die Autonomieforderungen der Dänen, Polen und Tschechen meist nicht an, die österreichischen Anhänger der Revolution meist nicht die Autonomieforderungen der Italiener, Ungarn, Polen und Tschechen, die ungarischen Revolutionäre nicht die Autonomie der Rumänen, Kroaten, Slowaken und Serben. Das Verhältnis zwischen den europäischen Nationen blieb häufig von Herrschaftsansprüchen der einen Nation über die andere bestimmt. Von einer europäischen Revolution von 1848 könnte man – so das Argument – nur sprechen, wenn es entweder schon einen europäischen Staat gegeben hätte oder wenn die Anhänger der Revolution wenigstens eine europäische Verfassung gefordert und dabei schon realisierbare Konzepte von einem gleichrangigen Zusammenleben der europäischen Nationen entwickelt hätten. Diese Argumente wirken sicher so überzeugend, daß man sich fragt, wie man überhaupt von einer gemeinsamen europäischen Revolution von 1848 sprechen kann. Aber auch die Sicht von einer europäischen Revolution von 1848 hat gewichtige Argumente für sich.

Es gab 1848 nicht zwei säuberlich voneinander getrennte Europas, ein revolutionäres Europa und ein von der Revolution unberührtes Europa. Auch der scheinbar unrevolutionäre Teil Europas wurde von dieser Revolution beeinflußt. Das Zarenreich und das osmanische Reich wurden zwar von den Ereignissen der Revolution von 1848 tatsächlich nur marginal tangiert. Aber deutlich spürbar war der Einfluß der Revolution von 1848 zumindest in den west- und südeuropäischen Ländern, die keine volle Revolution erlebten. In den Niederlanden gab es Aufstände in Amsterdam und Den Haag. Ohne den raschen Erlaß einer moderneren Verfassung vor allem unter Einfluß des Historikers und späteren Regierungschefs J. R. Thorbecke hätten 1848 wahrscheinlich auch die Niederlande zu dem revolutionären Teil Europas gehört. Belgien erhielt bereits bei seiner Entstehung 1831 eine der liberalsten europäischen Verfassungen und verwirklichte damit schon damals Forderungen der späteren Revolution von 1848. Trotzdem sah sich auch Belgien 1848 zu einer ganzen Reihe rascher politischer Reformen, darunter auch zu einer für Kontinentaleuropa recht offenen Wahlrechtsreform gezwungen, die zu einer breiten liberalen Mehrheit im Parlament führten. In Dänemark berief der König 1848 unter dem Eindruck der Revolution südlich des Landes eine liberale Regierung und erließ 1849 eine Verfassung. In Schweden sah sich die Krone gezwungen, zumindest eine liberale Regierung zu ernennen. Auch in Großbritannien hatte das Ausbleiben der Revolution von 1848 viel mit der für damalige Verhältnisse liberalen politischen Struktur, allerdings auch mit der Schwäche der Chartistenbewegung und mit dem frühen massiven Einsatz der Polizei gegen Unruhen zu tun. In Irland wurde 1848 ein Aufstand versucht, fand aber in der durch die Hungersnöte der 1840er Jahre demoralisierten Bevölkerung wenig Unterstützung und besaß wegen einer politischen Führungskrise im Land keine Kraft. In Spanien und Griechenland, wo die wichtigen Revolutionen in anderen Zeiträumen stattfanden, entstanden zumindest einzelne regional begrenzte Aufstände, die durch die übermächtige Armee niedergeschlagen wurden. Der französische Historiker Charles Pouthas spricht deshalb – wie schon erwähnt – für ganz Europa von einer »Gemeinsamkeit der Ereignisse«, der britische Historiker Eric Hobsbawm von »einer gemeinsamen Stimmungs- und Stillage, einer eigenartig romantisch-utopischen Atmosphäre und einer ebensolche Ausdrucksgebärde«, der deutsche Historiker Theodor Schieder von einem »allgemeinen Erregungszustand«.[8] Die Revolution stand als potentielle Drohung über ganz Europa, kam aber in manchen Teilen Europas durch Repression, in anderen Teilen durch rasche liberale Reformen der Monarchen, in wieder anderen Teilen Europas durch die Schwäche der Liberalen nicht zum Ausbruch.

Darüber hinaus nahm die Revolution von 1848 nicht in jedem Land eine völlig andere Entwicklung. Die Revolutionen von 1848 wiesen auch unverkennbare Gemeinsamkeiten auf. Trotz aller Komplexität und Vielfalt war 1848/49 ein gemeinsames Ereignis, gab es gemeinsame historische Ursachen, gemeinsame Ziele, eine gemeinsame, in sich verflochtene Trägerschicht, aber auch starke Verflechtungen der Gegner der Revolution, überhaupt eine starke Wechselwirkung zwischen den nationalen Ereignissen, schließlich auch ein gemeinsames, fast gleichzeitiges Scheitern.

Schon auf den ersten Blick ähnelten sich die Revolutionen von 1848/49 in ihrem Zeitablauf. Sie dauerten im Ganzen nicht viel länger als ein Jahr, waren damit weit kürzer als die Französische

Revolution. Sie begannen zwischen Januar und März 1848 mit Unruhen fast gleichzeitig überall in Europa, in Italien, Deutschland, Frankreich, Österreich, Belgien, Spanien, England. Sie endeten zwischen Mai und August 1949 mit der Erstickung der Revolution durch Armeetruppen gleichzeitig in Frankreich, in Sizilien, im Kirchenstaat, in Norditalien, in Deutschland, in Ungarn.

Die Revolutionen von 1848 besaßen zudem unverkennbare gemeinsame Hauptursachen: die Agrar- und Ernährungskrisen; der Vertrauensverlust der Regierungen vor allem im Bürgertum; die Krisenstimmung in der breiteren Bevölkerung, die durch den Verfall des Ancien Régime und durch die ersten Anfänge der Industrialisierung ausgelöst wurde; die seit der Französischen Revolution aufgestauten Erwartungen in Verfassungen und in die Sicherungen der Menschenrechte; die Hoffnungen der nationalen Bewegungen. Das gemeinsame Modell war die Französische Revolution von 1789. Allerdings war Europa im Vergleich zu 1789 durch das entstehende Eisenbahnnetz, durch die neuen Telegraphen, auch durch die weiter entwickelte Presse erheblich zusammengewachsen. Dadurch gewannen die gemeinsamen Ursachen in ihrer internationalen Wirkung noch an Gewicht.

Für alle europäischen Revolutionen war zudem wenigstens eine Trägerschicht als treibende Kraft wichtig: die Intellektuellen. Wegen ihrer Rolle in der Französischen Revolution von 1789 waren sie seit 1815 von den europäischen Regierungen mit großem Mißtrauen beobachtet und verfolgt worden, hatten mühsam eine wirtschaftliche Basis und eine öffentliche politische Rolle zu erreichen versucht, standen aber über die Staatsgrenzen hinweg oft in engem Austausch miteinander. Für sie war die Revolution von 1848 der große Aufbruch. 1848 war »eine Revolution der Intellektuellen«, wie Christoph Charle es mit Vorbehalten ausdrückt. »Zum erstenmal schaffen die Unruhen und der Legitimationsverlust einiger Mächte für kurze Zeit Raum für geistige und politische Freiheit auf europäischer Ebene.«[9]

Auch die Ziele der Revolutionen von 1848 waren ähnlich, teilweise aufgrund der Kommunikation unter den europäischen Intellektuellen. Vier grundsätzliche Ziele der Revolutionen 1848 wurden mit unterschiedlicher Gewichtung in allen Ländern verfolgt, wenn auch mit unterschiedlichen Prioritäten: die Forderung nach liberalen Verfassungen, nach freien nationalen Wirtschaftsmärkten, nach Nationalstaaten, auch schon nach sozialstaatlicher Sicherheit.

Schließlich gab es auch große europäische Gemeinsamkeiten in den Ursachen für das Scheitern der Revolution: in der Überlastung der Revolution mit zu vielen großen Zielen; in der Reformbereitschaft, aber Revolutionsabneigung breiter Teile des Bürgertums; in den für die Zeitgenossen unlösbaren Nationalitätenkonflikten; im Scheitern einer politischen Allianz zwischen Bürgertum und den städtischen wie ländlichen Unterschichten.

Insgesamt erscheint es überzeugender, von einer europäischen Revolution von 1848 zu sprechen, sie auf jeden Fall als ein internationales Ereignis anzusehen, in dem die Revolutionen in den einzelnen Nationalstaaten eng miteinander zusammenhingen und keine isolierten nationalen Ereignisse waren. Eine solche gemeinsame europäische Geschichte der Revolution von 1848 ist im übrigen kein imaginäres Zukunftsprojekt. Sie ist im Kern bereits geschrieben. Seit dem Jahrhundertjubiläum der Revolution vor fünfzig Jahren arbeiten einzelne Historiker daran. Dazu gehören auch international bedeutende Namen wie Pierre Renouvin, Jacques Godechot, Peter N. Stearns, Theodor Schieder, Roger Price, Dieter Langewiesche, Jonathan Sperber, Wolfgang Mommsen. Alle diese und andere, auch jüngere Historiker wie Charlotte Tacke sprechen zwar meist von den Revolutionen von 1848, präsentieren sie aber über weite Passagen als einen internationalen historischen Gegenstand, schreiben letztlich über die Revolution von 1848.

Die Revolution von 1848 und die Demokratisierung Europas

Nicht nur die europäische Dimension der Revolution von 1848, sondern auch ihre Bedeutung für die Demokratisierung Europas ist umstritten, wenn auch nicht so kontrovers wie die der Franzö-

sischen Revolution. Auch hierfür soll das Für und Wider vorgeführt werden, da wiederum die Argumente beider Seite gewichtig sind. Ich neige wiederum dazu, der Revolution von 1848
eine stärkere Bedeutung auch für die Demokratisierung Europas
zuzuschreiben, auch wenn man ihre negativen Auswirkungen
vor allem auf die Entstehung der nationalistischen Rivalitäten in
Europa nicht übersehen kann. Wiederum zuerst die Gegenargu-
mente.

Gegen eine säkulare Bedeutung der Revolution von 1848 für
die Demokratisierung Europas wird angeführt, daß die Revolution von 1848 für die säkularen Weichenstellungen der Demokratisierung in Europa keine zentrale Rolle spielte. Es wird
zwar anerkannt, daß Revolutionen wesentlich zu einer bestimmten politischen Phase Europas gehörten, in der das Ancien
Régime abgelöst und durch moderne politische Verfassungen und
moderne Wirtschaftsmärkte ersetzt wurde. Es wird auch eingeräumt, daß Revolutionen wahrscheinlich sogar eine welthistori-
sche Besonderheit Europas und des Westens waren, jedenfalls
im Westen erfunden, in anderen Teilen der Welt hingegen nur
nachgeahmt wurden, in Südamerika ebenso wie in China oder
Südostasien. Aber die Revolution von 1848 war in der welthistorisch bedeutsamen Ereigniskette von westlichen und europäischen Revolutionen nur ein Nebenschauplatz. Die entscheidenden Revolutionen waren die beiden englischen Revolutionen, und
dann vor allem aber die Amerikanische Revolution und die Französische Revolution. Diese Revolutionen haben die Menschenrechte, die Teilung der Macht zwischen Parlament und Monarch
bzw. Präsident, die Liberalisierung der Wirtschaft und den privaten Eigentumsschutz durchgesetzt, auch die ersten sozialstaatlichen Konzepte entwickelt. Nicht nur das: In der Französischen
Revolution von 1789 wurde auch schon vorgeführt, wie eine
solche Revolution unterdrückt werden kann. Gegenüber diesen
Revolutionen entwickelte die Revolution von 1848 keine grundsätzlich neuen Konzepte, war auch in ihrem Scheitern nicht
neuartig. Die großen vergleichenden Untersuchungen zu den
Revolutionen in der Welt oder in Europa behandeln daher 1848

entweder nur zweitrangig oder überschlagen es völlig wie etwa die klassische historische Analyse von R. R. Palmer in seinem »Age oft the Democratic Revolution« oder die klassische sozialwissenschaftliche Analyse von Theda Skocpol oder auch die jüngste Gesamtdarstellung der europäischen Revolutionen von Charles Tilly. Die Revolutionen von 1848 – so das Argument – sind kein zentrales Ereignis in der Kette der europäischen Revolutionen, sondern eher ein Nachklatsch der früheren großen Revolutionen in davon bisher unberührten Gebieten Europas, mit klaren Wirkungsgrenzen in noch weiter zurückgebliebenen Gebieten, in Rußland und im europäischen Teil des osmanischen Reichs.

Das zweite Argument gegen eine gewichtige Rolle der Revolution von 1848 bei der Demokratisierung Europas dreht sich eher um die Erinnerungskultur. Es ist nicht zu übersehen, daß es in der außerordentlich großen Zahl von Feiern und Interpretationen zur Revolution 1848 am Ende der 1990er Jahre nicht gelungen ist, sie als Symbol der europäischen Demokratisierung durchzusetzen. Zwar sind die nationalen Revolutionen von 1848 fester Bestandteil der nationalen Geschichtsinterpretationen und Erinnerungskulturen geworden. Vor allem in Deutschland, in der Schweiz, in Österreich, in Tschechien, in Ungarn ist die Einordnung der Revolution von 1848 zentral für das demokratische Selbstverständnis und seine Konstruktion der Geschichte. Symbole drücken das in manchen Ländern aus. In Ungarn wurde die wichtigste Persönlichkeit der Revolution von 1848, Lajos Kossuth, auf einen der Geldscheine aufgenommen. In Deutschland ist der Revolution von 1848 in der offiziellen Dauerausstellung zur deutschen Geschichte im Deutschen Dom am Berliner Gendarmenmarkt immerhin ein zentraler Raum zugewiesen worden. In der Interpretation der europäischen Geschichte besitzt die Revolution von 1848 dagegen bisher selten einen solchen Platz. Unter der Perspektive der europäischen Einheit werden andere Entwicklungen wie die Aufklärung des 18. Jahrhunderts, der Pazifismus und die Verständigungsdiplomatie der Zwischenkriegszeit, der europäische Widerstand gegen Hitler, die

Europabewegung nach dem Zweiten Weltkrieg, die Gründerzeit der europäischen Institutionen in den 1950er Jahren als Etappen einer Geschichte der europäischen Einheit herausgehoben. Die Revolution von 1848 gehörte dazu in aller Regel nicht. Man kann nur spekulieren, warum sie nicht Teil der europäischen Erinnerungskultur wurde: vielleicht weil sie scheiterte; vielleicht weil sie doch als Beginn der nationalen Zerklüftung Europas im 19. Jahrhundert angesehen wird; vielleicht einfach deshalb, weil sie nur in einem kleineren Teil, nur in vier der fünfzehn heutigen Mitgliedsländer der Europäischen Union stattfand.

Trotz dieser gewichtigen Einwände spricht doch viel dafür, die europäische Revolution von 1848 als einen Teil der Demokratisierung Europas anzusehen. Erstens und vor allem ist sie nicht einfach nur gescheitert. Obwohl die meisten Revolutionäre 1849 besiegt, getötet, eingesperrt und gewendet wurden oder emigriert waren, besaß die Revolution von 1848 eine Reihe von Weiterwirkungen für die Demokratisierung Europas. Sie hat in vielen europäischen Ländern zu einer dauerhaften Politisierung der Öffentlichkeit geführt und damit auch zu einem wachsenden Gewicht der Intellektuellen, die ihre oft romantisch-utopischen politischen Orientierungen nach der Erfahrung des Ausgangs der Revolution aufgegeben hatten. Sie hat ähnlich wie schon die gescheiterte Revolution von 1789 den politischen Verfassungen eine noch weitergehende Bedeutung verschafft und auf längere Sicht eine breitere Zulassung von Meinungs- und Pressefreiheit eingeleitet. Sie hat schließlich auch dazu geführt, daß die Masse der europäischen Bevölkerungen ein größeres Gewicht in der Politik erhielt. Alle diese Entwicklungen, die sich allmählich in der zweiten Hälfte des 19. Jahrhunderttzs durchsetzten, kann man zwar nicht ausschließlich auf die Revolution von 1848 zurückführen. Aber sie hat doch einen wichtigen Anteil daran.

Ein zweiter Grund für die Aufnahme der Revolution von 1848 in die Wendepunkte der Demokratisierung Europas, die allerdings nicht eine Serie von wirklichkeitsfremden, schönfärberischen Erfolgserzählungen sein können, sondern auch Mißerfolge jedes Wendepunkts aufschließen und analysieren sollten: Die

Revolution von 1848 wird in der Literatur über die Ereigniskette der großen europäischen Revolutionen unterschätzt. Sie war nicht einfach ein Abklatsch der Französischen Revolution auf Sparflamme, unoriginell, kürzer, rascher gescheitert. Zwar brachte 1848 für das Konzept der Menschenrechte, der Machtteilung zwischen Parlament und Monarch, des liberalen Wirtschaftsmarktes, der sozialstaatlichen Sicherung keine grundsätzlich neuen Ideen hervor. Es enthielt aber doch eine ganze Reihe von neuen Entwicklungen, von neuen Mißerfolgen wie von neuen Erfolgen für die Demokratisierung Europas. Es war weit stärker als die Revolution von 1789 eine internationale Revolution. 1848 war nicht mehr wie noch 1789 eine Revolution in nur einem Land mit großen europäischen Folgen, sondern umgekehrt eine europaweite internationale Revolution, die bisher allerdings meist in ihren nationalen Folgen gesehen wurde. 1848 war darüber hinaus von vornherein stärker als 1789 vom europäischen Nationalismus geprägt. Dieser Nationalismus war zumindest in Deutschland und in der Habsburger Monarchie ein entscheidender Faktor für ihr Scheitern. Die Französische Revolution von 1789 dagegen war zumindest in ihren Anfängen eine internationale Menschenrechtsrevolution. Auch wenn sie nach und nach vom französischen Nationalismus eingeholt und bestimmt wurde, begründete sie doch eine lange, bis heute weiterwirkende Tradition internationaler Menschenrechtsbewegungen. Die Revolution von 1848 war darüber hinaus nicht nur kürzer als die großen vorhergehenden Revolutionen. Sie markiert dabei auch das Ende der Serie von großen europäischen Revolutionen, die aus inneren sozialen und politischen Krisen, nicht am Ende von Kriegsniederlagen wie die Pariser Kommune, die Revolutionen von 1917 und 1918 entstanden und entweder die Umverteilung der Macht durch eine Verfassung erbrachten – dafür steht eher die französische Revolution von 1789 – oder die Durchsetzung eines Nationalstaates – dafür steht eher die Amerikanische Revolution. Das Ende der langen Kette der klassischen westlichen Revolutionen hat viele Gründe: Die allmähliche Auswirkung der Industrialisierung beendete die traditionellen Agrar- und Hungerzyklen, die auch noch für die

Revolution von 1848 ein Auslöser waren; der wachsende europäische Nationalismus, der die internationalen liberalen Bewegungen schwächte und zu einem der anerkannten Faktoren für das Scheitern der Revolution von 1848 gehört; die Lehren, die die Gegner der Revolution aus den Revolutionen von 1789 und 1830 gezogen hatten und die die Kürze der Revolution von 1848 gut erklären; die Erfahrungen der europäischen Intellektuellen, die nach 1848/49 zwar zunehmend Einfluß in der europäischen Öffentlichkeit gewannen, aber vor Revolutionen zurückschreckten; der Wandel der europäischen politischen Regime, in denen Massenorganisationen und Interessenverbände in den politischen Entscheidungsprozessen eine wachsende Rolle spielten und die daher offener erschienen als die meisten europäischen Staaten vor 1848. Gleichzeitig löste die Revolution von 1848 auf lange Sicht doch stärker als die französische Revolution von 1789 einen dauerhaften Schub bei der Durchsetzung der Kernfreiheiten einer funktionierenden politischen Öffentlichkeit, der Meinungs- und Pressefreiheiten aus. Auf die Französische Revolution von 1789 folgte eine Zeit der verschärften Meinungs- und Pressekontrolle. Nach der Revolution von 1848 hingegen erreichten die Intellektuellen in den meisten europäischen Ländern nach einer vorübergehenden Repressionszeit einen recht großen Entfaltungsspielraum. Trotz aller weiterbestehenden Bedrohungen und Einschränkungen der Meinungs- und Pressefreiheit war die Zeit nach 1848 die eigentliche Periode des Aufstiegs der Intellektuellen zu einem Faktor der Politik.

Es ist daher drittens auch nicht einzusehen, warum die Revolution von 1848 nur Kernbestandteil von nationaler Geschichtsinterpretation sein kann und warum sie die Historiker der europäischen Einheit bisher links liegen ließen. Auch für eine Geschichte Europas, die die Einheit Europas und das heutige europäische Selbstverständnis als Fluchtpunkt wählt, ist die Revolution von 1848 bedeutsam.

Eine Geschichte der europäischen Einheit kann nicht nur eine Geschichte von Einheitsschüben sein, sondern sollte auch diejenigen Perioden als Teil der europäischen Geschichte aufnehmen, in denen Gegentendenzen in Richtung auf ein geteiltes, zersplittertes, durch innere Konflikte geschlagenes Europa wirkungsmächtig sind. Nur aus solchen Perioden der Zersplitterung Europas lassen sich spätere Einheitstendenzen verstehen. Zudem verschwinden Einheitstendenzen niemals völlig. Auch im Zeitalter des Höhepunktes der Nationalstaaten blieb Europa eine Einheit als Zivilisation, und viele Europäer verstanden Europa in diesem Sinn auch als Einheit. Auch wenn die Revolution von 1848 in ihrer Wirkung im ganzen Europa eher weiter aufsplitterte, sollte sie doch stärker in den Kanon der europäischen Geschichte aufgenommen werden.

Die Revolution von 1848 war zwar in ihren Zielen ganz offensichtlich nicht europäisch. Die Einheit Europas war weder für die Anhänger noch für die Gegner der Revolution ein wichtiges Thema. Trotzdem ist damit auch unter dem Blickwinkel einer europäischen Einheit nicht alles über die Revolution von 1848 gesagt. Sie enthält andere, wichtige Tendenzen zu einer europäischen Einheit: Sie war die internationalste und damit auch europäischste unter den großen Revolution des 17. bis 19. Jahrhunderts. Die Revolution von 1848, wie ihre Gegenrevolution, fanden auf der europäischen Bühne statt. Sie war in ihren Zielen national, aber in ihrem Verlauf und in ihren Gemeinsamkeiten international und europäisch. Das ist wichtig, weil man die Geschichte Europas nicht nur als eine Serie von zielgerichteten europäischen Einheitsprojekten schreiben kann, sondern zu ihr auch die den Europäern oft gar nicht bewußten, zumindest von ihnen nicht unbedingt gewollten Gemeinsamkeiten gehören sollten. Europa war nicht nur eine geplante und gewollte, sondern oft auch eine gelebte Zivilisation. Das trifft auch für die Revolutionen von 1848 zu: Sie gehören zur Geschichte des gelebten Europa, nicht des gewollten Europa.

Die Geschichte Europas sollte sich schließlich nicht in der Geschichte einer gewollten oder gelebten europäischen Einheit erschöpfen, sondern auch eine Geschichte des europäischen Selbstverständnisses, seiner kurzen und langen Wurzeln, sein. Zum heutigen Selbstverständnis der Europäer von den Aufgaben

Europas gehören vor allem vier Elemente: innereuropäische Friedenssicherung, eine funktionierende Demokratie, ein liberaler Wirtschaftsmarkt und öffentliche soziale Sicherung. Die Revolution von 1848 hat sicher in der ersten dieser Zielsetzungen, in der innereuropäischen Friedenssicherung eher versagt, jedenfalls keine neuen realistischen Konzepte erbracht. Aber in den anderen Perspektiven des heutigen europäischen Selbstverständnisses hat sie wichtige Entwicklungsschübe eingeleitet. Sie hat in manchen Ländern direkt zu liberaleren Verfassungen geführt, in anderen Ländern zumindest die Erwartungen in Verfassungen, in eine bessere Sicherung der politischen Grundrechte und in eine Machtteilung zwischen Monarch, Parlament und Gerichten, verstärkt. Sie hat auch die Liberalisierung der europäischen Wirtschaft verlangt, im östlichen Teil Europas vor allem die Ablösung von feudalen Abhängigkeiten der ländlichen Unterschichten, in den westeuropäischen Gesellschaften eher die weitere Verbürgerlichung, die Gleichheit vor dem Recht, den Schutz des individuellen Eigentums weiter angemahnt. Sie hat schließlich besonders in Frankreich und Deutschland zu einer öffentlichen Debatte über die soziale Sicherung durch den Staat geführt. Sicher führte die Revolution von 1848 nur in wenigen Ländern zu klaren, einschneidenden, dauerhaften Entscheidungen in diesen Bereichen. Aber sie hat zumindest diesen Forderungen breiteres Gehör in der Öffentlichkeit verschafft, politische Erwartungen erzeugt und dadurch dazu geführt, daß spätere liberale, manchmal auch konservative Regierungen diese Forderungen allmählich umsetzten. Aus allen diesen Gründen sollte die Revolution von 1848 ihren Platz auch in einer Geschichte Europas haben, die nicht nur eine Addition von Nationalgeschichten, sondern auch eine Geschichte der europäischen Verflechtungen und Gemeinsamkeiten ist. Sie bekommt von zahlreichen Historikern diesen Platz auch schon eingeräumt.

1918/19: Die gescheiterte Demokratisierung Europas

Der dritte große Wendepunkt der Demokratie in Europa war der Umbruch von 1918/19. Auch dieser Umbruch ist in seiner historischen Bedeutung umstritten. Viele Historiker betrachten ihn mit Skepsis. Er gilt im allgemeinen nicht als ein glanzvoller Schritt zu mehr Demokratie in Europa, sondern als ein wenig aussichtsreicher, fast kläglicher, rasch gescheiterter Versuch der Demokratisierung Europas. Die Revolution von 1918/19 stand zudem nicht wie die Französische Revolution oder die Revolution von 1848 am Ende eines langen Prozesses der gründlichen öffentlichen Klärung von Demokratiekonzepten. Sie entstand vielmehr aus den Wirren des Ersten Weltkriegs, war vielfach spontan und unausgereift. Die neuen Demokratien krankten oft an ihren Geburtsfehlern. Dieser demokratische Durchbruch war überschattet von der spektakulären und international weit mehr Aufsehen erregenden Oktoberrevolution, die keine demokratische Revolution war, sondern im eigenen Land eine demokratische Revolution abwürgte, demokratische Revolutionen in anderen Ländern bedrohte, schwächte und sie teilweise sogar zur Zusammenarbeit mit Demokratiegegnern zwang. Der Umbruch von 1918/19 war auch anders als die Revolution von 1848 nicht durch die Idee des Völkerfrühlings, durch die internationale Solidarität der Demokratien, durch ein internationales Modell, sondern durch nationalistische Feindschaftskulturen, Gebietsansprüche und Reparationsforderungen auch zwischen Demokratien geprägt. Schließlich und vor allem anderen ist das Bild dieser Revolution von dem baldigen Ende der 1918/19 entstandenen Demokratien und von den äußerst grausamen Nachfolgeregimen verdüstert, die teilweise weit schlimmer gegen die Menschenrechte wüteten als die Reaktion nach 1848.

Trotzdem waren die Revolutionen und Umbrüche von 1918/19 wichtige Ereignisse in der Geschichte der Demokratisierung Europas, die bis in die Mitte des 20. Jahrhunderts immer ein Hin und Her zwischen Demokratieschüben und Rückschritten war.

1918/19 erschien den Zeitgenossen als ein Sieg der Demokratie, als eine vielversprechende neue Option. Auch die in der zweiten Hälfte des 20. Jahrhunderts entstandenen Demokratien zogen immer wieder Traditionslinien zurück zu den Demokratien von 1918/19. Man kann deshalb die Revolutionen und Umbrüche von 1918/19 nicht aus der Geschichte der europäischen Demokratie herausschneiden.

War aber der demokratische Umbruch von 1918/19 tatsächlich so verbreitet, daß man ihn als einen europäischen Wendepunkt ansehen kann oder war er noch mehr als 1848 nur ein mitteleuropäisches und deutsches Ereignis? Und wie sieht es mit den Auswirkungen dieses Umbruchs auf den Demokratisierungsprozeß in Europa aus? Ist diese demokratische Revolution nicht noch eindeutiger und sogar dramatischer gescheitert als die Revolution 1848 oder muß man sie doch als einen ersten Aufbruch der Demokratie im 20. Jahrhunderts sehen, auf der dann die Durchsetzung der Demokratie nach dem Zweiten Weltkrieg aufbaut?

Der europäische Charakter des Umbruchs 1918/19

Auch 1918/19 – so kann man ähnlich wie für 1848 argumentieren – war kein wirklich europäischer Wendepunkt der Demokratie. Auch hierfür sprechen mehrere Gründe. Ein erstes Argument: Die Revolution von 1918/19 war geographisch zu eng begrenzt als daß man von einem europäischen Umbruch sprechen könnte. An der Revolution von 1918/19 waren große Teile Europas nicht beteiligt, sogar noch größere Teile als in der Revolution 1848. Nicht nur Großbritannien, die skandinavischen Länder, Spanien, sondern auch Frankreich und Italien hatten 1918 anders als 1848 keine Revolution. Nur neun europäische Länder und damit nur knapp ein Drittel der europäischen Bevölkerung erlebten um 1918 eine Art demokratischer Revolution, die Ablösung eines autoritären oder nur halb demokratischen Regimes, die Durchsetzung einer Verfassung und einer parlamentarischen Regierung: Polen, die Tschechoslowakei, Finnland, Estland, Lettland, Litauen, Jugoslawien, Österreich und Deutschland. Portugal stand zwar in Verbindung mit dieser Revolution, hatte aber den Umbruch von der Monarchie zur einer höchst instabilen Republik schon 1910, also nicht erst in der Folge des Ersten Weltkriegs, vollzogen. Irlands Unabhängigkeit und Verfassung entstand zwar in engem Zusammenhang mit dem Ersten Weltkrieg, aber der Demokratisierungsschub war begrenzt, da das irische Wahlrecht nicht sehr verschieden vom vorhergehenden britischen Wahlrecht war. Sicher ereignete sich in dieser Zeit noch in anderen Ländern Europas eine Revolution. Rechnet man die Oktoberrevolution in Rußland und die Revolution Kemal Paschas in der Türkei hinzu, teilte doch die Mehrheit der Europäer, jedenfalls etwas mehr als die Hälfte, diese Erfahrung. Aber weder die russische noch die türkische Revolution führte zu einem demokratischen Umbruch. Man kann schlecht von einem revolutionären europäischen Durchbruch zur Demokratie sprechen, wenn nur eine Minderheit der Europäer um 1918 einen solchen Umbruch erlebte.

Ein zweites Argument gegen einen europäischen Umbruch von 1918/19: Jede der demokratischen Revolutionen von 1918 verlief anders. Man kann deshalb nicht einmal in dem Drittel von Europa, in dem diese Revolution stattfand, von einer einigermaßen einheitlichen demokratischen Revolution von 1918 sprechen. Nur in Deutschland hatte diese Revolution im Wesentlichen das Ziel, die unzureichende Demokratisierung eines vorher schon bestehenden Nationalstaats nachzuholen und eine parlamentarische Demokratie zu etablieren. In allen anderen Fällen fand diese Revolution in neugeschaffenen Staaten statt, die wiederum in ganz verschiedenem Ausmaß dem Muster eines Nationalstaates entsprachen oder davon abwichen. In Österreich ereignete sich dieser Umbruch in einem kleinen Land von sechs Millionen Einwohnern, das gewohnt war, das Zentrums eines Imperiums von fast zehnfacher Größe zu sein und nach seiner Identität suchte. Polen hatte für mehr als hundert Jahre drei verschiedenen Imperien angehört und mußte erst noch zu einer Nation zusammenwachsen. Die Tschechoslowakei und Jugoslawien waren neu gegründete Vielvölkerstaaten. Die meisten Revolutionen von 1918/19 waren Nationalstaatsgründungen in einer Region Europas, in der die verschiedenen Nationen nicht räumlich klar getrennt, sondern territorial vermischt zusammenlebten und deshalb das westeuropäische Modell der Verbindung von Nationalstaat und Demokratie schwierig zu übernehmen war.

Das dritte Argument gegen eine europäische Revolution von 1918/19: Die Masse der Zeitgenossen sah diese Revolution als eine Reihe nationaler Revolutionen, keineswegs aber als eine europäische Revolution an. Der Revolution von 1918 fehlte ganz ähnlich wie der Revolution von 1848 das Konzept eines europäischen Demokratieumbruchs fast ganz. Kaum jemand verstand die Kette von Revolutionen und Demokratisierung als ein gemeinsames europäisches Projekt zur Durchsetzung eines demokratischen Europa. Die Solidarität zwischen den europäischen Demokratien war wenig entwickelt, hatte gegen die Kultur des Hasses und der vom Weltkrieg hochgepeitschten Nationalgefühle keine Chance. Das große Manko der Revolution von 1848, kein europäisches Konzept des Zusammenlebens der europäischen Völker entwickelt zu haben, gilt in ähnlicher Weise auch für 1918, obwohl der Erste Weltkrieg allen Europäern vor Augen geführt hatte, wie zerstörerisch das Fehlen dieses Konzepts wirkte. Sicher gab es in der Zwischenkriegszeit wichtige Versuche zu einer besseren Kooperation auf europäischer Ebene. Mit dem Völkerbund wurde 1920 erstmals eine permanente internationale Organisation zur Regelung von Konflikten zwischen Nationen geschaffen. Der Schwerpunkt des Völkerbunds lag in Europa. Er löste auch einige Streitigkeiten zwischen kleineren europäischen Ländern. Aber er besaß anders als die Europäische Union kein Konzept zur Durchsetzung und Erhaltung von Demokratien. Eine Reihe von Mitgliedern waren Diktaturen, Italien ebenso wie die UdSSR. Eine wirkliche Solidarität der Demokratien entstand noch nicht, weder die Solidarität zwischen der älteren französischen und der jungen deutschen Demokratie noch die Solidarität zwischen der jungen deutschen und den jungen tschechischen und polnischen Demokratien. Wechselseitige

Ängste, Irridenta, Gefühlen der Niederlagen drängten gemeinsame europäische Demokratiewerte völlig an den Rand. In der Zeit direkt nach 1918 entstand zwar ein neues europäisches Selbstverständnis, aber es war im Wesentlichen nur ein Krisenbewußtsein ohne gleichzeitiges Konzept gemeinsamer europäischer politischer Werte und eines demokratischen Europa. Selbst dieses Selbstverständnis entwickelte nur eine Minderheit von Europäern. Wie 1848 gab es auch 1918 kein europäisches Machtzentrum, auf das eine Revolution von 1918 hätte bezug nehmen können. Die Revolution von 1918/19 besaß weder ein europäisches Konzept noch eine europäische Praxis der Zusammenarbeit.

Das sind alles schwerwiegende Argumente. Trotzdem wird man auch für diese Epoche von einem europäischen Demokratieumbruch ausgehen können. Mehrere Gründe sprechen dafür.

Erstens entstand diese Revolution aus einem gemeinsamen europäischen Kontext. Die meisten europäischen Länder gerieten in dieser Epoche in eine recht ähnliche, tiefe, soziale und politische Krise. Sie wurde vor allem durch die verhängnisvollen wirtschaftlichen Folgen des Ersten Weltkriegs und durch die im Ersten Weltkrieg entstandenen politischen Demokratieerwartungen ausgelöst. Sie war auch in Ländern spürbar, die nicht an diesem Krieg teilnahmen.

Diese Krise, die im Ersten Weltkrieg begann und für Westeuropa erst in den 1950er und 1960er Jahren und für Europa als Ganzes erst 1989-91 endete, hatte viele Seiten. Sie war der Beginn einer langen wirtschaftlichen Krise, die Europa immer mehr hinter die USA, auch hinter prosperierende lateinamerikanische und asiatische Länder wie Argentinien, Australien, Japan zurückwarf. Diese Krise war auch eine soziale Krise. Arbeitslosigkeit, Inflation, Verarmung und soziale Proteste nahmen in dieser Zeit überall in Europa massiv zu. Streiks erreichten fast überall einen Höhepunkt wie niemals zuvor oder danach. Die Krise war zudem der Anfang einer langen Agonie der europäischen Weltherrschaft, die sich seit dem Ersten Weltkrieg nicht nur in der Verschuldung gegenüber den USA, sondern auf die lange Sicht auch in einem allmählichen Zusammenbruch der Kolonialreiche und dem Ende

der informellen Beherrschung der Welt durch Europa nieder-
schlug. Hellsichtige Europäer sahen diese Agonie der europäischen Weltherrschaft schon bald nach dem Ersten Weltkrieg.
Es war schließlich auch eine tiefe Krise des europäischen Selbstverständisses. »Wir Kulturvölker, wir wissen jetzt«, schrieb Paul
Valéry 1919, »daß wir sterblich sind [...]und wir sehen jetzt, daß
der Abgrund der Geschichte Raum hat für alle. [...]. Ein Schauer
ohnegleichen hat Europa bis ins Mark durchbebt. [...]. Die militärische Krise ist vielleicht zu Ende. Die wirtschaftliche Krise ist
in voller Stärke sichtbar; aber die geistige Krise [...], sie läßt nur
schwer ihren wirklichen Grad, ihr Stadium erkennen«.[10] Schließlich war diese Krise auch eine politische Vertrauenskrise. Überall in Europa erwartete die Bevölkerung und die politische
Öffentlichkeit als Antwort auf die Entbehrungen des Kriegs
einen Abbau der politischen Privilegien der Oberschichten und
mehr Demokratie, eine Verfassung, eine umfasenderes Wahlrecht, mehr staatliche soziale Sicherung. Diese Krise war, bei allen
Variationen zwischen den einzelnen europäischen Ländern, ein
allgemeines europäisches Phänomen.

Zweitens stand fast überall in Europa, nicht nur in den genannten neun Ländern, die eine Revolution erlebten, in dieser Epoche ein Demokratisierungsschub an. Allerdings wirkten sich
diese je nach Land unterschiedlich aus. In den europäischen Ländern, in denen sich die Demokratie schon weit entwickelt hatte,
beschränkten sich die Veränderungen auf die politische Kultur,
ohne daß ein politischer Systemwechsel stattgefunden hätte. Das
Spektrum der Parteien, die an der Regierungsbildung beteiligt
waren, weitete sich oft entscheidend aus. Neue Parteienbünd-
nisse oder sogar neue Parteien entstanden. Die politische Elite
veränderte sich. Manchmal wurde das Wahlrecht verändert und
Sozialreformen durchgeführt. Frankreich erlebte seit 1917 bis in
die frühen 1920er Jahre trotz seines Siegs im Ersten Weltkrieg und
seines Aufstiegs zur kontinentalen Vormacht eine schwere soziale Krise mit einem massiven Anstieg der Streiks, einem Versuch
eines Generalstreiks 1920. Wahlrechtsreformen und begrenzte
Sozialreformen wurden durchgesetzt, die Einführung des Frau-

enwahlrechts scheiterte allerdings. Nach einem Nachkriegssieg des bürgerlichen »nationalen Blocks« errang 1924 eine Koalition von linken Parteien, die bisher unter Friedensbedingungen nie an die Regierung gekommen waren, einen Wahlsieg. Das politische Spektrum der Regierungsparteien erweiterte sich. In Großbritannien setzte nach dem Ersten Weltkrieg trotz des britischen Sieges ebenfalls eine schwere soziale Krise mit vielen Streiks und einem Generalstreik 1926 ein. Auch in Großbritannien führte diese Krise nicht zu grundlegenden Umbrüchen des politischen Systems. Aber auch hier erweiterte sich das Spektrum der Parteien, die an der Regierungsbildung beteiligt wurden, um die Labour Party, die 1924 erstmals die Regierung stellte. Gleichzeitig geriet das bisherige Parteiensystem in einen Umbruch. Die Karriere Winston Churchills, der während der 1920er und 1930er Jahre zweimal die Partei wechselte, spiegelt diesen Umbruch wider. In den Niederlanden entstand durch die verhängnisvollen wirtschaftlichen Folgen des Ersten Weltkriegs, an dem das Land nicht teilnahm, eine soziale und politische Krise mit sozialem Protest und Streiks. Das Wahlrecht wurde reformiert, das Zensuswahlrecht abgeschafft, das allgemeine und das Frauenwahlrecht eingeführt und eine Reihe von Sozialreformen beschlossen, allerdings anders als in den meisten anderen europäischen Ländern das Parteienspektrum bei den Regierungsbildungen nicht erheblich ausgeweitet. Schweden, das am Ersten Weltkrieg ebenfalls nicht teilnahm, machte in der unmittelbaren Nachkriegszeit ebenfalls eine Zeit schwerer Wirtschaftskrise, hoher Arbeitslosigkeit und eines in der schwedischen Geschichte einzigartigen Streikhöhepunkts durch. Neue Parteien und Parteiflügel entstanden in der Endphase des Ersten Weltkriegs. Die Sozialdemokratie war 1920 erstmals an einer Regierung beteiligt. Durch eine Verfassungsänderung wurde das Wahlrecht reformiert und die Volksabstimmung eingeführt. Ähnliche Sozialkonflikte, Verfassungs- und Wahlrechtsreformen gab es in den anderen skandinavischen Ländern.

In den anderen, schon genannten neun europäischen Ländern, in denen ein massives Demokratiedefizit bestand, führte diese Krise zu einem revolutionären Demokratiedurchbruch. Im Umbruch von 1918/19 wurde entweder wie in Deutschland eine Monarchie gestürzt und mit einer neuen Verfassung eine neue Demokratie eingerichtet, oder wie in den anderen neuen Demokratien nach dem Zusammenbruch transnationaler Monarchien neue Nationalstaaten als Demokratien gegründet.

In einer dritten Gruppe von Ländern, die ebenfalls wenig demokratisiert waren, führte die durch den Ersten Weltkrieg ausgelöste soziale und politische Krise nicht zu einem Demokratiedurchbruch mit gewalttätigen Auseinandersetzungen und politischem Systemwechsel, sondern zu Diktaturen und autoritären Regimes, mit denen der Durchbruch zur Demokratie verhindert werden sollte. In Spanien war die restaurative Monarchie, die seit 1875 bestand, schon vor dem Ersten Weltkrieg in eine Krise geraten und hatte 1908 einen Aufstand mühsam überstanden. Auch sie versank ab 1917 in einer schweren Krise, die teils aus einer kriegsüberhitzten Wirtschaft und massiven Streiks bestand, teils mit Protesten der Militärs und darüber hinaus mit dem katalanischen Nationalismus zu tun hatte. Diese soziale und politische Krise der Monarchie führte allerdings in Spanien nicht sofort in einen Demokratisierungsschub, da die demokratischen Kräfte zu schwach waren, sondern zuerst noch in die Diktatur Riveras, bevor sich 1931 die demokratischen Kräfte in einem Wahlsieg durchsetzten. Schon wenige Jahre später freilich endete diese spanische Demokratie im Bürgerkrieg und in der Franco-Diktatur. Auch das Zarenreich brach in der Krise der Endphase des Ersten Weltkriegs in sich zusammen. Die Februarrevolution 1917, die immer noch die Option einer demokratischen Revolution enthielt, entstand aus ganz ähnlichen Krisenmomenten wie in anderen europäischen Ländern, aus sozialen Protesten, Streiks, rapider Inflation und Verarmung, aus Erwartungen an eine Demokratisierung und an einen Sturz der Autokratie des Zarenreichs. Massiver als in den Ländern mit demokratischer Revolution entwickelte sich allerdings in Rußland zur gleichen Zeit eine radikal antidemokratische bolschewistische Richtung. Sie gewann auf Grund des völligen Zerfalls der öffentlichen und privaten Versorgung und der Zerstrittenheit und Inkompetenz der demokratischen Kräfte, aber auch aufgrund der Gefahr einer Diktatur der Armee nach und nach die Oberhand. Mit der Oktoberrevolution setzte sie sich durch. Damit war die Option einer Demokratisierung Rußlands vom Tisch.

Der europäische Umbruch von 1918/19 ist daher vieldeutiger und widersprüchlicher als die anderen Demokratieumbrüche. Der Umbruch enthielt einen nichtrevolutionären Demokratieschub, der erst im nächsten großen Demokratieschub nach dem Zweiten Weltkrieg zum vorherrschenden Weg wurde. Der Umbruch enthielt die klassische Form der demokratischen Revolution des 19. Jahrhunderts, auch mit den klassischen Gewaltritualen der Barrikaden, Straßenkämpfe, Erschießung von Revolutionären. Diese Form der demokratischen Revolution endete mit 1918/19 in Europa. Sie enthielt darüber hinaus zwei weitere Optionen: die klassische Reaktion des 19. Jahrhundert, des autoritären Regimes zur Verhinderung der demokratischen Revolution, der Sammlung der Demokratiegegner. Sie enthielt schließlich aber auch die neue und später nie mehr auftretende Option der nichtdemokratischen, kommunistischen Revolution. Der Umbruch von 1918/19 war daher schillernder als alle anderen Demokratiedurchbrüche des 19. und 20. Jahrhunderts. In diesen vielfältigen Optionen liegt ein wesentlicher Grund für sein Scheitern.

Eine dritte, bittere Gemeinsamkeit: Die revolutionären Umbrüche zur Demokratie waren in keinem europäischen Land – mit Ausnahme Finnlands – von Dauer. Eine neue Demokratie nach der anderen endete in einer Diktatur, nachdem 1921 in Italien die Demokratie zerstört worden war: 1926 Polen, 1926 Litauen, 1929 Jugoslawien, 1932 Portugal, 1933 Deutschland, 1933/34 Österreich, 1934 Lettland, 1936 Spanien, 1937 Estland. Nur in der Tschechoslowakei endete die 1918/19 entstandene Demokratie nicht durch inneren Verfall, sondern durch Zerstörung von außen, durch das NS-Deutschland. Diese Gemeinsamkeit des Scheiterns des revolutionären Durchbruchs war allerdings 1918/19 weniger augenscheinlich als 1848. Nicht eine europaweite, konzertierte Aktion von gegenrevolutionären Mächten liquidierte die Revolution, sondern die erst einmal erfolgreichen Demokratien wurden in jedem Land durch die inneren antidemokratischen Bewegungen zerstört. In jedem Land waren die Gründe etwas andere. Ob es überhaupt gemeinsame Gründe gab oder ob der Weg in die Diktatur in jedem Land gänzlich verschieden war, wird von der historischen Forschung noch zu klären sein.

1918/19 und die Demokratisierung Europas

Die Auswirkung des Demokratieschubs von 1918/19 ist wenig umstritten, aber gleichzeitig viel widersprüchlicher als die Wirkungen der Revolution von 1848.

Die Demokratie hatte 1918 in Europa bessere Chance als 1848. Demokratische Öffentlichkeiten, demokratische Parteien und Bewegungen waren 1918 weit stärker entwickelt als 1848. Die Unerfahrenheit und politische Naivität vieler Demokraten, eine wesentliche Ursache für das Scheitern der Revolution von 1848, mußte 1918 nicht mehr existieren. 1918 gab es, anders als 1848, eine Anzahl gut funktionierender, wenn auch noch mit sehr eingegrenztem Wahlrecht versehener Demokratien, von denen die neuen Demokratien lernen konnten. Demokratie war keine Utopie mehr wie 1848, sondern eine jahrzehntelange Praxis. Eine große Allianz von Demokratiegegnern, die die neuen Demokratien hätten von außen überwältigen und zerstören können, gab es 1918 anders als 1848 nicht mehr. Genau die Mächte die 1815 und 1848 ihre Armeen zur Bekämpfung der Demokraten einsetzten, verloren 1918 den Krieg und zerbrachen. Die Sieger des Ersten Weltkriegs waren ganz im Gegenteil Demokratien, Frankreich, die neue kontinentale Vormacht, und die beiden angelsächsischen Demokratiemodelle, die USA und Großbritannien. Die internationalen europäischen Voraussetzungen für die Gründung neuer Demokratien waren daher 1918 unvergleichlich günstiger als 1848.

Die neuen Demokratien von 1918/19 hielten in der Regel auch länger als die Demokratien von 1848. Die Weiterwirkungen der Revolution von 1848, die die jüngere Forschung zu Recht herausstellt, waren ausschließlich indirekte. Die Revolution von 1918/19 war dagegen dauerhafter. Besonders dauerhaft waren die Folgen der nichtdemokratischen Revolution in der UdSSR und der Türkei, die erst 1989/81 endeten bzw. bis heute bestehen. Aber auch die demokratischen Revolutionen hielten sich länger als 1848, wenigstens ein paar Jahre, in einem wichtigen Land wie Deutschland rund ein Jahrzehnt.

Schließlich wirkte die Revolution von 1918/19 über das Bestehen der neuen Demokratien hinaus weiter. In den meisten europäischen Ländern gehört sie heute zur Erinnerungskultur der Demokratie. In Polen, in Tschechien, in den baltischen Staaten ebenso wie in Österreich und Deutschland wird der demokratische Teil der Zwischenkriegszeit als Vorläufer der heutigen Demokratie angesehen. In Rußland werden die demokratischen Tendenzen vor der Oktoberrevolution positiver bewertet als vor 1991. Auch die neueren europäischen Geschichtsbücher bewerten den Aufbruch zur Demokratie im Europa von 1918 erst einmal positiv, auch wenn niemand über die Konstruktionsfehler und Kurzlebigkeit dieser Demokratien hinwegsehen will und die Gründe für ihren Untergang zu den vorrangigen Themen der historischen Forschung gehören.

Auf der anderen Seite führt auch kein Weg an dem Faktum vorbei, daß fast keine der neuen Demokratien von 1918/19 die 1930er Jahre überlebte und darüber hinaus auch die alten, in der Nachkriegszeit reformierten Demokratien in den dreißiger Jahren in gefährliche Krisen gerieten, die späte französische III. Republik ebenso wie die Niederlande oder Belgien, wenn sie nicht schon in den zwanziger Jahren Diktaturen wurden wie Italien. Der europäische Kalender des Eintritts in die Diktaturen wurde schon aufgeführt. Die Faktoren der Destabilisierung der Demokratie waren in Europa stärker: die lähmenden wirtschaftlichen Probleme der Zwischenkriegszeit und falsche nationale Wirtschaftspolitiken; das Fehlen einer internationalen Demokratisierungspolitik; das unverminderte Weiterleben der Haßkultur des Ersten Weltkriegs; die trügerischen Erfolge der Diktaturen, die erst in den 1930er und 1940er Jahren allmählich ihr wahres Gesicht zeigten; das brüchige und undurchdachte Friedenssystem von 1918/1919.

In der längeren Sicht endet sogar kein Wendepunkt der Demokratisierung Europas im 19. und 20. Jahrhundert in einem solchen Fiasko wie die europäischen Revolutionen von 1918/19. Zwanzig Jahre später, um 1940 gab es kaum noch Demokratien in Europa. Nur noch jeder sechste Europäer lebte in einer Demokratie, selbst dort bedroht durch die NS-Herrschaft über Europa, die die restlichen kontinentalen Demokratien in der Schweiz und Schweden jederzeit besetzen und beseitigen konnte und auch für Großbritannien eine gefährliche Bedrohung war. Nie sind im modernen Europa die Menschenrechte so massenhaft und brutal verletzt worden wie am Ende dieses Demokratiedurchbruchs. Die Demokratie war nur noch ein Randphänomen. Nach dem langsamen Dahinsiechen der Französischen Revolution und nach dem abrupten Scheitern der Revolution von 1848 blieben immerhin noch Tendenzen übrig, die die Demokratisierung Europas weiter vorantrieben. Um 1940 sah es so aus, als ob nichts von den demokratischen europäischen Traditionen übrig geblieben sei. Die Demokratie hatte verloren und schien in Europa fast auf dem Abfallplatz der Geschichte gelandet zu sein. Sicher sind die europäischen Wendepunkte der Demokratisierung im 19. und frühen 20. Jahrundert alle keine dauerhaften Erfolge gewesen. Sie haben alle die Demokratisierung in langer Sicht nur partiell vorangetrieben und gleichzeitig schwere Rückschläge erlitten. Trotzdem war unter allen Wendepunkten der Demokratisierung in Europa 1918/19 der ambivalenteste und erfolgloseste. Die Demokratisierung Europas, die mit der Aufklärung und der Französischen Revolution so hoffnungsvoll begonnen hatte, sah 1940 wie ein Auslaufmodell aus.

1945-57: Befreiung und Demokratisierung Europas

Um so erstaunlicher und unerwarteter kam der vierte große Wendepunkt der Demokratie in Europa. Er war keine Revolution. Die Nachkriegszeit nach dem Zweiten Weltkrieg war ganz im Gegenteil der erste große nichtrevolutionäre Demokratieschub in Europa, und gleichzeitig der nachhaltigste und erfolgreichste zumindest im europäischen Westen. Dieser Wendepunkt dauerte auch erheblich länger als die revolutionären Ereignisse von 1789, 1848 oder 1918/19. Er begann mit dem Ende des Zweiten Weltkriegs, der formal 1945 endete, allerdings de facto in beträchtlichen Teilen Europas schon früher, in Sizilien schon 1943, in Frankreich und Belgien schon 1944 zu Ende war. Dieser Wendepunkt endete 1955/57 mit der endgültigen Entscheidung über die internationalen Beziehungen im Westen, mit der Aufnahme der Bundesrepublik in die NATO 1955 und mit der Gründung der Europäischen Wirtschaftsgemeinschaft 1957. Alles das sind zwar nicht direkt Daten der Demokratisierung. Aber die europäische Demokratisierung in dieser Zeit läßt sich nicht mit einzelnen europäischen Jahreszahlen einfangen. Die genannten Daten markieren nur zentrale Vorbedingungen. Der Erfolg der Demokratisierung in Europa seit dem Ende des Zweiten Weltkriegs hing entscheidend davon ab, daß die NS-Besatzung in Europa 1945 endgültig beseitigt wurde und daß die westeuropäischen Demokratien in ein supranationales Sicherheitssystem, in die europäische Integration und das westliche Sicherheitsbündnis eingebunden waren. Der Einfachheit halber nenne ich diese Zeit die Nachkriegszeit.

Die europäische Dimension des Wendepunktes 1945-57

Auch dieser Wendepunkt war nicht überall in Europa gleich einschneidend und man kann wiederum bezweifeln, daß es sich um einen wirklich europäischen Wendepunkt handelte.

Man kann erstens einwenden, daß nur in einem begrenzten Teil Europas ein Umbruch zur Demokratie stattfand. In einem großen Teil Europas fand keine Wende statt, und zwar aus zwei ganz entgegengesetzten Gründen. Ein Teil Europas besaß schon vor 1945 ebenso wie nach 1945 eine stabile Demokratie und erlebte deshalb in dieser Zeit keinen tiefen Umbruch. Dazu gehören Großbritannien, Irland, Schweden und die Schweiz. Für diese Länder war die Epoche der Nachkriegszeit zwar nicht unwichtig. In Großbritannien, Schweden und Irland war sie eine Zeit grundlegender Reformen des Sozialstaats, in der Schweiz die Zeit der Etablierung des bis heute bestehenden Systems der Allparteienregierung. Aber ein grundlegender Umbruch war sie nicht.

Ein ganz anderer Teil Europas, in dem rund die Hälfte der Europäer wohnte, erlebte 1945 eine völlig andere Kontinuität, die Kontinuität von Diktaturen unterschiedlicher Art. Zu diesem Teil Europas gehören Spanien, Portugal, in anderer Weise aber auch die Türkei. Die Nachkriegszeit brachte für die spanische und portugiesische Geschichte nur wenig Änderungen. Ein wirklicher Umbruch zur Demokratie fand in Spanien und Portugal erst zwanzig Jahre später, im Ende der Franco-Ära und in der portugiesischen Revolution der Nelken in den frühen 1970er Jahren statt. In der Türkei verstärkten sich zwar die Anzeichen einer Demokratisierung, besonders mit der Verfassung von 1961, aber die antidemokratischen Kräfte verhinderten eine volle Entwicklung der Demokratie doch. In wiederum anderer Weise war auch die Sowjetunion von der Kontinuität der Diktatur geprägt. Für sie war zwar das Ende des Zweiten Weltkriegs ein wichtiger Einschnitt, ein Ende der deutschen Besetzung und der Kriegsgesellschaft mit ihren riesigen Verlusten an Menschenleben und ihrem Leid. Aber in der UdSSR begann eine wichtige Epoche des politischen Wandels erst später, erst in der Ära nach Stalin, und die Chance für einen Übergang zur Demokratie erst 1989/91 mit dem Ende der Sowjetunion, wobei der Ausgang bis heute unklar ist. In einem anderen Teil Europas war die Nachkriegszeit zwar ein tiefer Umbruch, aber nicht im Sinne eines Umbruchs zur Demokratie, sondern eines Umbruchs von einer Diktatur zur anderen, ohne einen Anlauf zur Demokratie, nicht einmal als eine kurze Zwischenphase. Zu diesen Ländern gehörten Rumänien, Bulgarien, Jugoslawien, die baltischen Staaten. Insgesamt war und blieb für fast zwei Drittel der Europäer die Nachkriegszeit eine Epoche der Diktatur, alter oder neuer Diktaturen, jedenfalls keine Epoche des Übergangs zur Demokratie.

Ein zweiter Einwand: Dieser Wendepunkt zur Demokratie war durch die Umstände der Nachkriegszeit außergewöhnlich stark verdüstert. Die Bewältigung oder Verdrängung der schweren materiellen Zerstörungen und der psychologischen und politischen Folgen des Zweiten Weltkriegs, einer Katastrophe einzigartigen Ausmaßes, prägten diese Epoche in ganz anderer Weise als frühere Wendepunkte zur Demokratie. Die Probleme der Massenmigrationen von vielen Millionen Europäern, Rückkehrern aus der Deportation, aus der Kriegsgefangenschaft, aus den KZs, Vertriebenen aus den Gebieten, die nach dem Krieg zu anderen Staaten geschlagen oder ethnischen Säuberungen unterworfen wurden, Rückkehrern und Zuwanderern aus den europäischen Kolonien in der nach dem Zweiten Weltkrieg beginnenden Epoche der Dekolonialisierung, setzten ebenfalls andere Prioritäten als in den früheren Wendepunkten der Demokratien. Auch diese Probleme standen in den meisten europäischen Staaten an, in der Sowjetunion ebenso wie in Großbritannien oder Belgien, in Italien ebenso wie in Deutschland und Frankreich.

Ein dritter Einwand in eine ähnliche Richtung: Die Nachkriegszeit läßt sich auch deshalb nicht als ein Umbruch zur Demokratie ansehen, weil die meisten Zeitgenossen ihre eigene Zeit ganz anders sahen. Entweder erlebten sie die Nachkriegszeit je nach Land völlig verschieden, nicht als eine gemeinsame europäische Epoche, oder die gemeinsame europäische Erfahrungen bestand für sie vor allem anderen in einer tiefen Krise Europas, in einem Niedergang, wie ihn der Kontinent zuvor noch nicht erlebt hatte, in einem moralischen Verfall, in einer Bedrohung von außen, in einer neuen Situation der eigenen Machtlosigkeit, die vor allem in der Dekolonialisierung und in der von außen aufgezwungenen Ost-West-Teilung sichtbar wurde. Stellvertretend für viele andere schrieb 1949 Klaus Mann über Europa: »Den Zusammenbruch der Zivilisation als möglich zu erwägen, ist etwas sehr anderes, als ihn sich wahrhaftig vollziehen zu sehen.«[11] Auch die französische Gesellschaft war in starkem Maß vom Krieg gezeichnet, erschöpft, ohne Zukunftsglauben. Jean Monnet empfand die Rückkehr in seine Heimat Südwestfrankreich 1945 so: »Das Elend, die Müdigkeit der Bevölkerung machte mir Herzbeklemmungen. Auf dem Weg nach Cognac, wohin ich bald fuhr, um meine Mutter und meine Schwester in die Arme zu schließen, sah ich das Ausmaß des Verfalls.«[12] Umfragen belegen noch in den frühen 1950er Jahren eine tiefe Gegenwartsskepsis.

Trotzdem gibt es gewichtige Argumente dafür, die Nachkriegszeit als einen europäischen Wendepunkt zur Demokratisierung anzusehen. In einem bedeutenden Teil Europas war die Nachkriegszeit tatsächlich eine grundlegende Wende. Überall dort, wo Demokratien durch die NS-Besetzung Europas beseitigt oder entmachtet worden waren, wie in Frankreich, in Belgien, den Niederlanden, in Dänemark und Norwegen, in der Tschechoslowakei, in Griechenland, wurden sie jetzt wieder durchgesetzt. Eine neue Chance der Demokratie wurde dieser Wendepunkt zudem in denjenigen europäischen Ländern, in denen während der Zwischenkriegszeit Diktaturen an die Macht gebracht worden waren: Italien, Deutschland, Polen, Österreich, Ungarn. Insgesamt lebte fast die Hälfte der Europäer, fast 260 Millionen, in diesen Ländern mit neuen, meist wiedergewonnenen Demokratien. Halb Europa demokratisch war ein wirklicher und überraschender Umbruch, nachdem nur wenige Jahre davor die europäische Demokratie in ihrer bisher tiefsten Krise gesteckt hatte. Zwar war auch dieser vierte Wendepunkt der Demokratie ähnlich wie die früheren nicht überall ein dauerhafter Durchbruch. In den ostmitteleuropäischen Ländern und im östlichen Teil Deutschland endete er nach wenigen Jahren in der jahrzehntelangen Einverleibung dieser Länder in das sowjetische Imperium. Aber die neue demokratische Hälfte Europas wurde doch in den darauffolgenden Jahrzehnten das Modell für das übrige Europa und stabilisierte im Laufe der Jahrzehnte höchst erfolgreich die Demokratie in ganz Europa. Damit neigte sich in Westeuropa die Waage erstmals in der Geschichte dauerhaft der Demokratie zu.

Für einen europäischen Wendepunkt spricht auch die ganz andere Entwicklung einer der beiden wichtigen Gegentendenzen zur Demokratie: Mit dieser Epoche waren die nationalsozialistischen und faschistischen politischen Richtungen in Europa vor allem durch den Völkermord und die Kriegsentfesselung des NS-Regimes auf Dauer politisch diskreditiert. Die Option einer rechtsextremen Regierung, die im Europa der Zwischenkriegszeit seit der Machtübernahme Mussolinis von nicht wenigen Europäern als Alternative zur Demokratie angesehen wurde, schied von der Nachkriegszeit an auf Dauer aus. Dadurch entstand eine neue Konstellation. Bis heute ist es dieser politischen Richtung – von einigen neofaschistischen Ministern in italienischen Kabinetten, von einigen rechtsradikalen Ministern im österreichischen Kabinett und einigen wenigen Bürgermeistern in Frankreich abgesehen – nicht gelungen, wieder an die Macht zu kommen. Ohne Zweifel erscheint das Ende dieser Option erst im Rückblick aus der Wende zum 21. Jahrhundert so eindeutig. Für die Zeitgenossen der Nachkriegszeit war dies sicher nicht so klar, da viele Wähler in Deutschland, Italien und anderswo mit dieser Option sympathisierten und zudem die Diktaturen in Spanien und Portugal damals schwer erschütterbar erschienen. Trotzdem liefen in der Nachkriegszeit die nationalsozialistische und die faschistische Option als realistische Möglichkeiten des Regierungsantritts aus. Das bedeutete eine wesentliche Stärkung der parlamentarischen Demokratie.

Eine wichtige gemeinsame europäische Voraussetzung der Stabilisierung der Demokratie war das außergewöhnliche Wirtschaftswachstum, das in der Nachkriegszeit begann und sich im Boom der 1950er und 1960er Jahre fortsetzte. Die hohen wirtschaftlichen Wachstumsraten traten in der unmittelbaren Nachkriegszeit noch nicht in allen europäischen Demokratien auf. Aber in so wichtigen Ländern wie Frankreich, der Bundesrepublik, Österreich, Dänemark, Italien, den Niederlanden, Norwegen, Schweden, lag das Wachstum des Bruttosozialproduktes im

Durchschnitt der Nachkriegsjahre bei mindestens fünf Prozent im Jahr. Auch in Westeuropa als Ganzem lag nach den Schätzungen Bairochs das durchschnittliche Wachstum schon vor der Epoche, die wir als Boom ansehen, also zwischen 1946 und 1950, bei fünf Prozent. Diese hohen Wachstumsraten gab es in Europa nie zuvor und nie mehr nach dem Boom, der in den 1970er Jahren endete. Es stiegen die Masseneinkommen, verbesserten sich die Arbeitsmärkte und sanken die Arbeitslosigkeitsraten, wuchsen die Staatseinnahmen und damit auch die Möglichkeiten, einen leistungsfähigen Wohlfahrtsstaat, öffentliche Sozialversicherungen, Gesundheitsdienste, Wohnungsbauförderung und Ausbildungsprogramme auszubauen. Keiner der vorhergehenden und nachfolgenden Wendepunkte der Demokratie verband sich mit einer so glanzvollen wirtschaftlichen Prosperität. Sicher erschien diese wirtschaftliche Prosperität in der unmittelbaren Nachkriegszeit noch nicht allen Zeitgenossen als neue Wohlstandsbasis, da sie noch nicht überall aus der Nahrungs- und Wohnraumnot, aus der Arbeitslosigkeit und aus den Kriegszerstörungen herausgeführt hatte. Aber im Verlauf der Nachkriegszeit zeichnete sich der Wirtschaftsboom doch deutlich ab. Diese rund ein Vierteljahrhundert dauernde wirtschaftliche Prosperität ließ den Europäern genügend Zeit, um Institutionen der sozialen Sicherung aufzubauen, die auch die lange Phase der wirtschaftlichen Schwierigkeiten von den 1970er Jahren bis zur Gegenwart überdauerten und anders als in der Zwischenkriegszeit die wirtschaftliche Destabilisierung der Demokratie verhinderten. Auch das war eine gemeinsame europäische Entwicklung.

Der Umbruch zur Demokratisierung in der Nachkriegszeit hatte zudem einen internationaleren und europäischeren Charakter als frühere Umbrüche. Er war nicht allein eine Kette von nationalen Demokratisierungen, sondern ein international besonders stark verflochtener, gewollter und durchgesetzter Umbruch. Er war in der Nachkriegszeit in vielen europäischen Ländern auch mit einem Schub im längerfristigen Wandel vom klassischen, souveränen, nach außen abgegrenzten europäischen Nationalstaat zum begrenzt souveränen, gegenüber internationalen Entwicklungen offeneren europäischen Nationalstaat verbunden, der in ein System der Friedenssicherung durch wechselseitige Kontrolle der Nationalstaaten auf dem Weg über supranationale Institutionen und in eine Liberalisierung des Welthandels, auf einen Abbau der nationalen Zoll- und anderer nichttarifärer Handelsschranken in der EWG und im GATT eingebunden wurde. Der Nationalstaat entwickelte sich zudem weiter zum Leistungsstaat, der vor allem als Wohlfahrtsstaat massiver in die Gesellschaft eingriff und sich dabei stärker als der klassische Ordnungsstaat auf Mitentscheidungen von Verbänden und Experten stützte. Allerdings war diese Abkehr vom klassischen Nationalstaat nicht unbedingt eine Schwächung des Staates, ein Schritt zum »weichen« Nationalstaat, da er durch den Wohlfahrtsstaat und in den neuen supranationalen Institutionen erheblich an Einfluß gewann. Was entstand, war nicht ein stärkerer oder schwächerer Nationalstaat, sondern ein anderer, demokratischerer Nationalstaat, der in ähnlicher Weise auf die Prinzipien der Demokratie und der Menschenrechte eingeschworen war. Die grundlegenden Kontraste der politischen Regime im Westeuropa der Zwischenkriegszeit, die Gegensätze zwischen Demokratien, zwischen autoritären und faschistischen Regimen wurden durch die grundlegende Ähnlichkeit der Nationalstaaten ersetzt, die nicht nur ähnlich demokratisch und wohlfahrtsstaatlich, sondern außerdem außenpolitisch und außenwirtschaftlich viel stärker miteinander verflochten waren.

Die Weiterwirkung des Umbruchs von 1945-57

Kein anderer Umbruch zur Demokratie hat in Europa so dauerhaft gewirkt und für so lange Zeit in so vielen Ländern zu so dauerhaften und stabilen Demokratien geführt. Während anderthalb Jahrzehnte nach der französischen Revolution, anderthalb Jahrzehnte nach der Revolution von 1848 und anderthalb Jahrzehnte nach den Revolutionen von 1918/19 von dem jeweiligen demokratischen Umbruch nur noch wenig übriggeblieben war

und im besten Fall eine kleine Minderheit der ursprünglich demokratisch gewordenen Länder an dieser Regierungsform festhielt,
hatte es anderthalb Jahrzehnte nach dem Umbruch von 1945-57 –
also in den frühen 1970er Jahren – nur in wenigen Ländern einen
Rückschlag gegeben. In Polen, in der Tschechoslowakei und in
Ungarn war die Demokratie nach ganz wenigen Jahren durch die
Machtübernahme der UdSSR wieder abgeschafft worden. Griechenland hatte seine recht instabile Demokratie 1968 in einem
Militärputsch verloren, war aber in den frühen siebziger Jahren
dabei, sie in stabilerer Form wiederherzustellen. In zwei Ländern, in denen der Umbruch zur Demokratie in der Nachkriegszeit keine Chancen hatte, in Spanien und in Portugal, wurde in
den 1970er Jahren die Demokratie durchgesetzt. Zumindest für
Westeuropa erschien aus der damaligen genauso wie auch aus
der heutigen Perspektive die Wende von 1945-57 als der durch-
schlagendste und erfolgreichste Umbruch zur Demokratie in der
europäischen Geschichte.

Die Gründe für diese außergewöhnlich starke und andauernde
Nachwirkung sind vielfältig. Man muß daran erinnern, in der
Anfangsphase dieser Umbruchszeit war keineswegs ausgemacht,
daß diese Gründe wirklich so durchschlagend wirken würden,
wie sie heute aus dem Rückblick erscheinen. Die Nachkriegszeit
läßt sich sicher nicht in eine einfache Formel pressen. Sie war
weder nur Niedergang und Not noch nur Kontinuität noch nur
Neuanfang und Weichenstellung.

Wenigstens sechs Gründe kamen zusammen, um der Wende
von 1945-57 zu einem so ungewöhnlich dauerhaften und konsensualen Durchbruch zu verhelfen. In allen diesen Gründen unterschied sich die Wende von 1945-57 von den früheren Umbrüchen
zur Demokratie. Für die einzelnen europäischen Demokratien
kamen weitere, jeweils besondere Gründe für ihren Erfolg hinzu,
auf die hier nicht eingegangen werden kann.

Ein erster Grund war die soeben erwähnte, außergewöhnlich
günstige wirtschaftliche Situation, die den neuen Demokratien
schwere wirtschaftliche Entscheidungen und schwere persönliche
wirtschaftliche Krisen der Bürger ersparte. Ganz im Gegenteil

erlebte Europa die außergewöhnlichste wirtschaftliche Prosperität seiner ganzen bisherigen Geschichte, außergewöhnlich weil nie zuvor und danach das Einkommen der Bürger im Durchschnitt so rasch anstieg, die Arbeitslosigkeit so weit zurückging, die Steueraufkommen so stark zunahmen, der Staatshaushalt so florierte und der Leistungsstaat dem Bürger so viel bieten konnte. Kein vorhergehender Umbruch war durch so viel wirtschaftliche Prosperität abgepolstert, bestimmt nicht die Zeit nach der Französischen Revolution und nach der Revolution von 1918/19, auch nicht nach der Revolution von 1848, als eine Zeit wirtschaftlichen Aufschwungs begann. Der nächste Umbruch 1989-91 ging ebenfalls nicht in eine solche Prosperität über.

Ein zweiter entscheidender Grund war die Solidarität der demokratischen Staaten, die gezielte und durchdachte Politik der alten Demokratien in Europa und in den USA, der Demokratie zumindest in Westeuropa zum Durchbruch zu verhelfen und vor allem die großen und entscheidenden Länder wie Deutschland und Italien gezielt zu liberalisieren. Eine solche internationale Politik der Demokratisierung war zwar auch in früheren Umbrüchen gefordert worden, aber damals fehlte ihr die politische Stärke, die sie nach 1945 besaß. Diese Politik der Demokratisierung war zudem viel breiter und vielseitiger als nach 1789, nach 1848 oder gar 1918. Sie bestand nicht nur aus dem Transfer von demokratischen Ideen und Riten, sondern aus Wirtschaftshilfe ebenso wie aus Kulturpolitik, aus Programmen zur Erziehung der Jüngeren ebenso wie aus einer anhaltenden Kontrolle der einstigen Diktaturen, aus Ermutigung zu anderer, demokratischer nationaler Geschichtsschreibung ebenso wie aus supranationaler Zusammenarbeit. Die allmähliche Entstehung einer internationalen demokratie- und menschenrechtsfreundlichen Weltöffentlichkeit hat diese Demokratisierungspolitik noch weiter verstärkt.

Ein dritter neuer, wesentlicher Grund für die Dauerhaftigkeit des Umbruchs zur Demokratie war die Gewaltlosigkeit ihrer Durchsetzung. Zu allen vorhergehenden Revolutionen gehörte ein Kult der Gewalt und der Gegengewalt, ein Ritus der Barrikaden, der Straßenkämpfe, der Guillotine, der toten Helden, des Einsatzes der Militärs, der öffentlichen Hinrichtungen, der Militärparaden und der Gegenhelden. Die Gewaltlosigkeit des Umbruchs von 1945-57 war eine ganz entscheidende Voraussetzung für den allmählichen Mentalitätswandel zur konsensualen Demokratie in den verschiedenen politischen Lagern, ein Wandel, der nach früheren Demokratieumbrüchen von der Erinnerung an gewalttätigen Tod durch Revolutionäre wie Gegenrevolutionäre behindert worden war. Andere günstige Umstände kamen hinzu. Die Rivalität zwischen den europäischen Ländern nahm mit dem Auslaufen der formellen und informellen Imperien ab. Die Solidarität zwischen Demokratien war dadurch leichter möglich. Die Erfahrung mit den Gefahren aggressiver Nationalismen für die Demokratie, die 1789 und 1848 noch nicht gemacht worden war und für die 1918 noch viele Europäer blind waren, wurde nach 1945 von den Europäern ernster genommen als zuvor. Ein letzter entscheidender Grund für die Dauerhaftigkeit dieses Umbruchs war schließlich die Zeit. Den europäischen Demokratien war nach diesem Umbruch eine längere Zeit ohne Krieg und ohne eine schwere Wirtschaftskrise vergönnt. Sie nutzten diese Zeit freilich auch dazu, der Demokratie eine neue Aura des Erfolgs zu verschaffen, eine Aura, die in dieser Zeit gleichzeitig die konkurrierenden politischen Regimes verloren, die autoritäre Diktatur, die nationalsozialistische Diktatur wie die kommunistische Diktatur.

1989-91: Ein europäischer Umbruch zur Demokratie

Der bisher letzte große und gewaltlose Demokratisierungs-schub in Europa war der Umbruch von 1989-91, der Zusammen-bruch der sowjetischen Hegemonie in Ost- und Ostmitteleur-opa und das Ende einer tiefen Spaltung Europas. 1989-91 war die dritte große Chance der Demokratie im östlichen Teil Euro-pas nach 1918/19 und nach 1945-57, der abrupte Abbruch einer der beiden Gegentendenzen zur Demokratie im 20. Jahrhundert, das Ende eines der radikalen, utopischen, aber auch fatalen und äußerst kostenreichen Versuche, eine neue Gesellschaftsform zu schaffen. Aber war dieser Umbruch mehr als nur das Ende einer Sonderentwicklung im östlichen Europa, mehr als nur des-sen Rückkehr in den Hauptstrom der Geschichte Europas, der seine neue Richtung schon fast ein halbes Jahrhundert vorher im Umbruch 1945-57 genommen hatte? War der Umbruch von 1989-91 ein europäischer Umbruch?

Ein Umbruch von europäischen Dimensionen?

Gegen die Sicht von einem europäischen Umbruch 1989-91 spricht vieles, sogar mehr als gegen einen europäischen Umbruch 1848/49 oder 1945-57. Obwohl ich mich diesen Argumenten nicht anschließe, halte ich sie doch für sehr bedenkenswert und führe sie deshalb ausführlich vor.

Der Wendepunkt von 1989-91 war tatsächlich nur ein Umbruch im östlichen Teil Europas. Er war fast ganz auf den sowjetischen Hegemoniebereich begrenzt, wirkte sich im westlichen Teil Euro-pas nur in Deutschland aus, da dort ein neuer Nationalstaat ent-stand. Dagegen erlebte der überwiegende übrige Teil Westeu-ropas keinen solchen Umbruch. Je weiter man in Europa nach Westen oder nach Süden ging, desto weniger spürte man von die-sem Umbruch. Städten wie London, Dublin, Madrid, Marseille oder Neapel standen Veränderungen der amerikanischen Außenpolitik oder des nordafrikanischen Islam näher als der Umbruch in Osteuropa. Weit stärker als frühere Wendepunkte der Demokratisierung in Europa, stärker als die Französische Revolution von 1789 und die Herrschaft Napoleons, als die Revolution von 1848, als die Revolution von 1918/19, stärker als der Umbruch 1945-57 blieb der Umbruch von 1989-91 daher in dieser Sicht ein regionales Phänomen. Er war im übrigen auch kein Umbruch in den internationalen westeuropäischen oder atlantischen Organisationen, der Europäischen Union, der NATO, dem Europarat. Sie verdankten zwar ihre Entstehung zum großen Teil der Konfrontation zwischen Ost und West, überlebten aber 1989-91 und die düsteren damaligen Prognosen für ihre Zukunft. Da 1989-91 weder für die französische, britische, italienische oder spanische Geschichte noch für die westeuropäisch-atlantische Geschichte als Ganzes eine Zäsur war, taugt es auch als gesamteuropäische Epocheneinteilung nicht.

Vielen Historikern und Sozialwissenschaftlern geht das noch nicht weit genug. Sie argumentieren, daß selbst im östlichen Teil Europas die nationalen Unterschiede in den Ereignissen von 1989-91 so tief gingen und in ihrem zeitlichen Verlauf, im politischen Charakter dieses Umbruchs, in ihren sozialen Begleiterscheinungen so groß waren, daß man selbst in diesem Teil Europas nicht von dem Umbruch von 1989-91 sprechen kann. Jedes Land hatte seinen besonderen Umbruch mit seinem besonderen Ablauf und seinen besonderen Folgen. Genauso wie man von den Revolutionen von 1848 spricht, müßte man deshalb auch von den Umbrüchen von 1989-91 sprechen. Die Idee von einem europäischen Umbruch kann man in dieser Sicht fallen lassen.

Schon der zeitliche Ablauf des Umbruchs war zu verschieden, als daß man von einem gemeinsamen Umbruch 1989-91 sprechen kann. Der Umbruch lief nicht in allen Ländern mit revolutionärer Plötzlichkeit ab, sondern hatte in einer Reihe von Ländern eher den Charakter eines evolutionären Prozesses. In Polen begann der Umbruch schon mit den Danziger Protesten von 1980, die unter Jaruselski während der Zeit des Kriegsrechts unterdrückt wurden, die aber nach der Aufhebung des Kriegsrechts die Entwicklung in Polen ganz entscheidend weiter bestimmten. Der Umbruch endete in Polen mit der Verfassungänderung von 1991. Kann man diese elf Jahre politischen Wandels wirklich noch als plötzlichen Umbruch bezeichnen? Ist das nicht schon eher ein Prozeß? In Ungarn war der Regimewechsel ebenfalls eher ein allmählicher Prozeß, der 1989/1991 einen letzten Ruck erlebte, aber ebenfalls nicht in diesen Ereignissen aufging. Selbst für die Sowjetunion paßt der Ausdruck »Umbruch« für die Entwicklung vom Machtantritt Gorbatschows 1985 bis zum Ende der UdSSR 1991 nicht voll. Auch dort dauerte der Umbruch, den Manfred Hildermeier in verschiedene Phasen einteilt, immerhin rund sechs Jahre. Einen raschen und überraschenden Umbruch gab es dagegen schon eher in der DDR. Erst seit 1986 entstanden vereinzelte Dissidentenbewegungen. Die großen sozialen Bewegungen und Massendemonstrationen setzten erst 1989 ein und endeten innerhalb von wenigen Monaten im Zusammenbruch des Regimes.

Auch der Grundcharakter des Umbruchs war in den Ländern des östlichen Teils Europas ganz verschieden, ebenfalls zu verschieden, als daß man von einem gemeinsamen Umbruch sprechen könnte. Die Ereignisse von 1989-91 lassen sich nur schwer auf einen gemeinsamen Nenner bringen. In manchen Ländern geschah im Umbruch von 1989-91 alles, was zu einer Revolution gehört: Es entstand eine zielgerichtete Massenbewegung, die die Beseitigung des herrschenden Regimes forderte und mitbewirkte; es ereignete sich ein eindeutiger Wechsel von einem Regime zum anderen; die alten Machthaber, nicht nur einzelne symbolische Personen, wurden ausgetauscht und durch bisherige Oppositionsführer ersetzt; die Nationalstaaten wurden unabhängig. In Polen, in Tschechien und bis zum Ende 1989 auch in der DDR kann man deshalb von einer Revolution sprechen. Dagegen waren in anderen Ländern des östlichen Europa die Ereignisse von 1989-91 nur ein Regimewechsel, ein Übergang zur Demokratie und zur Marktwirtschaft, und der Beginn einer neuen nationalen Unabhängigkeit. Eine breite Massenbewegung fehlte ebenso wie ein umfassender Austausch der politischen und wirtschaftlichen Machthaber. In Ungarn ereignete sich 1989 ein solcher Regimewechsel. In wieder anderen osteuropäischen Ländern brach zwar die sowjetische Hegemonie zusammen und eine neue nationale Unabhängigkeit begann. Aber es fehlte nicht nur eine Massenbewegungen und ein Austausch der bisherigen Machthaber. Auch der Übergang zur Demokratie und zur Marktwirtschaft zeichnete sich nicht eindeutig ab, blieb jedenfalls im ersten Jahrzehnt nach 1989-91 ungewiß. Die Ereignisse von 1989-91 waren daher nur ein Zusammenbruch, aber noch nicht erkennbar ein Umbruch zur Demokratie. Die meisten Nachfolgestaaten der Sowjetunion gehören dazu, darunter vor allem auch Rußland. Schließlich gibt es osteuropäische Länder, in denen 1989-91 zwar wichtige Ereignisse stattfanden, die aber nicht mehr als ein Putsch waren. Massenbewegungen fehlten. Die Machthaber hielten sich, von einigen wenigen symbolischen Personen abgesehen, an den politischen und wirtschaftlichen Schalthebeln. Massenbewegungen mit dem Ziel des Regimewechsels blieben aus. Der Nationalstaat blieb im wesentlich so unabhängig wie zuvor. Rumänien ist das wichtigste Beispiel für den bloßen Putsch. Daher haben die Ereignisse von 1989-91 selbst im östlichen Europa in ihrem Grundcharakter nur wenig miteinander gemeinsam. Auch deshalb waren die Ereignisse von 1989-91 keine europäische Epochenwende.

Drittens war dieser Umbruch auch deshalb nicht europäisch, weil man ihn nur aus einem rein osteuropäischen Kontext, nicht dagegen aus einem gesamteuropäischen Kontext erklären kann. Was die Ursachen im einzelnen waren, ist höchst umstritten. Viele Autoren sehen die Hauptursachen primär im Zusammenbruch der Hegemonialmacht UdSSR. Dabei verweisen manche Autoren auf Langzeitfaktoren, etwa die traditionelle Last der unproduktiven Landwirtschaft, die schon zu den Problemen des Zarenreichs gehörte und durch die Kollektivierung der Stalin-Ära weiter verschärft wurde, oder die fehlende Zivilgesellschaft, die fortdauernde Bevormundung durch den Staat und der Rückzug der Bürger in das Privatleben. Andere Autoren sehen mittelfristige Ursachen des Zusammenbruchs als wichtig an, vor allem die militärische Krise der Sowjetunion in den 1980er Jahren, die Unmöglichkeit der UdSSR, eine auf ein riesiges Gebiet verstreute Armee von rund vier Millionen Mann zu finanzieren, außerdem das Wettrüsten mit den USA wirtschaftlich durchzustehen und zudem noch den Krieg in Afghanistan zu führen. Wieder andere Autoren betonen kurzfristige persönliche Faktoren, vor allem den Faktor »Gorbatschow«, die persönlichen Fähigkeiten und die persönliche Entwicklung dieses Mannes. Wieder andere Historiker erklären den Umbruch von 1989-91 nicht allein aus Entwicklungen in der UdSSR. Sie sehen in den Massenprotesten und revolutionsartigen Entwicklungen anderer Länder des östlichen Teils Europas, in der zunehmenden Unbeherrschbarkeit des Sowjetimperium, eine weitere wichtige Erklärung, ohne die die Ereignisse von 1989-91 nicht stattgefunden hätten. Was auch immer als Ursachen für den Umbruch von 1989-91 angesehen wird, auf jeden Fall werden sie in diesen Sichtweisen immer als osteuropäische Faktoren, nie als gesamteuropäische Faktoren bewertet. Auch deshalb war der Umbruch 1989-91 nicht europäisch.

Die Folgen des Umbruchs haben das östliche und westliche Europa ebenfalls nicht ähnlicher werden lassen, sondern den östlichen Teil Europas in eine besondere soziale Situation hineingetrieben, in der er sich auch nach dem Umbruch scharf vom Westen Europas unterschied. Die wirtschaftlichen und sozialen Veränderungen des Umbruchs waren von einer Dramatik, wie sie die westlichen Gesellschaften nicht kannten. Am weitreichendsten war ohne Zweifel das rasante Wegbrechen von Industriearbeit innerhalb von wenigen Jahren, das die Lebensgrundlage ganzer Städte und Regionen zerstörte. Die spektakulärsten Fälle: In Moldawien und Lettland fiel nach den Zahlen des Internationalen Arbeitsamts die Industriearbeit innerhalb von fünf bzw. sieben Jahren auf die Hälfte zurück, in Rumänien, Bulgarien, in Estland und in Rußland innerhalb von fünf bis neun Jahren um ein Drittel, in der Ukraine innerhalb von fünf Jahren um ein Viertel. Das war ein Tempo des Verfalls industrieller Arbeitsplätze, wie es die Geschichte der Industriewirtschaft davor nicht kannte. In der Folge stiegen die Arbeitslosenraten in kurzer Zeit scharf an, forderten die Sozialverwaltungen und die Familien in einer unbekannten Weise heraus: Sie stiegen in Bulgarien auf 21 Prozent 1993, in Polen auf 14 Prozent 1993, in der Slowakei auf zwölf Prozent 1992, in der Ukraine auf elf Prozent 1998, in Rußland auf 13 Prozent 1998. Der Lebensstandard und die soziale Sicherheit sanken in einer Reihe von Ländern. Ein besonders dramatisches Zeichen: Der Weltgesundheitsbericht von 1998 verzeichnete eine Umkehrung des üblichen Trends der Lebenserwartung, eine Verkürzung der Lebenszeit zumindest für Männer in einer Reihe von Ländern des östlichen Europa, in Weißrußland, in Bulgarien, in Estland, Lettland, Litauen, Rumänien und Rußland. Was immer die Gründe dafür waren: Es waren Zeichen für eine Krise, an die im westlichen Teil Europas nicht zu denken war und die jedenfalls im östlichen Teil Europas oft als eine rein östliche Krise erlebt wurde.

Nicht nur die sozialen Folgen des Umbruchs von 1989-91 zogen neue Gräben in Europa. Der Umbruch brachte auch bisher hinter den politischen Regimegegensätzen verdeckte tiefsitzende Werteunterschiede zum Vorschein. Die Grundwerte des privaten Lebens, die Arbeitswerte, die politischen Themen in privaten Gesprächen, die religiösen Werte erwiesen sich nach dem Zusammenbruch von 1989-91 als deutlich verschieden. Wenn man von Polen absieht, spielte im östlichen Teil Europas die Religion eine spürbar geringere Rolle als im westlichen Teil. Arbeit war im östlichen Teil Europas deutlich stärker der Lebensmittelpunkt als im westlichen Teil. Politik spielte in privaten Gesprächen im östlichen Teil Europas, von Ostdeutschland einmal abgesehen, eine deutlich geringere Rolle als im westlichen Teil Europas. Ronald Inglehart verortete in seinem Weltüberblick der Werte für 1990-91 fast alle Länder des östlichen Europa in der Nähe der lateinamerikanischen und kontinentalen ostasiatischen Länder, jedenfalls weit entfernt von den westeuropäischen Ländern. Es ist deshalb auch nicht überraschend, daß in der öffentlichen Debatte nach dem Umbruch von 1989-91 nicht nur die neuen europäischen Gemeinsamkeiten, sondern auch neue Trennlinien quer durch Europa entdeckt oder wiederentdeckt und aus der

Geschichte abgeleitet wurden, vor allem der Gegensatz zwischen Latinität und orthodoxem Europa.

Alle diese Argumente gegen einen europäischen Charakter des Umbruchs von 1989-91 haben viel für sich. Trotzdem spricht mehr dafür, den Umbruch von 1989-91 als einen Wendepunkt für Europa als Ganzes anzusehen, nicht nur für die Europäer in der östlichen Hälfte Europas.

Denn der Umbruch im östlichen Teil Europas hatte auch massive Auswirkungen auf den westlichen Teil, so massiv, daß für eine Reihe westeuropäischer Länder um die Jahre 1989-91 eine neue Ära begann. Zweifelsohne durchlief kein westeuropäisches Land einen so grundlegenden politischen und wirtschaftlichen Wandel wie die Länder im östlichen Teil Europas. Aber aus vier Gründen begann auch in Westeuropa eine neue Epoche.

Das Ende der Teilung brachte nicht nur für den Westen Deutschlands eine grundlegend neue Situation der nationalen Einheit, der neuen räumlichen Unterschiede, aber auch des Zusammenwachsens. Das Ende der Teilung Europas war auch für die neutralen westeuropäischen Länder ein tiefer Einschnitt. Zahlreiche europäische Länder hatten sich in dem Gegensatz der politischen und militärischen Blöcke für neutral erklärt, vor allem kleinere Länder wie Irland, Jugoslawien, Österreich, Schweden, die Schweiz, auch Finnland, das diese Neutralität eher unfreiwillig wählte. Diese Länder blieben nicht allein den internationalen Organisationen wie NATO, WEU, EG, Warschauer Pakt fern, sondern definierten zum Teil auch ihre nationale Identität aus dieser Neutralität, erreichten durch die Neutralität mehr Autonomie gegenüber ihren größeren Nachbarländern, errangen eine weit über ihre Größe hinausgehende internationale Rolle als neutrales Land, entwickelten ökonomische Strategien als Sitz von Kongressen und internationalen Organisationen oder außenpolitische Strategien als internationale moralische Instanz. Für diese Länder – im Westen besonders für Österreich, Finnland, Schweden und die Schweiz – bedeutete der Umbruch von 1989-91 einen Bruch oder zumindest eine Umstellung in der nationalen Identität. Auch außerhalb der neutralen Länder verlor das Heraushalten aus internationalen Konflikten als Friedenspolitik nach 1989-91 an Attraktivität und Überzeugungskraft.

Darüber hinaus veränderte sich in einer Reihe von westeuropäischen Ländern das Parteiensystem. In all den Ländern, in denen kommunistische Parteien Koalitionspartner in Regierungen oder zumindest potentielle Koalitionspartner waren – also in Frankreich, Italien, Spanien, Portugal, Griechenland – wandelte sich die politische Parteienstruktur des Landes. In Italien entwickelte sich aus der Kommunistischen Partei eine sozialdemokratische Partei, die in Regierungen eintrat und dem Spiel mit Koalitionen von Grund auf neue Züge verlieh. In Frankreich schrumpfte die Kommunistische Partei zu einer Randpartei. Umgekehrt entstand in Deutschland mit der PDS eine neue linke Partei, die die Optionen für Regierungskoalitionen ebenfalls veränderte. Gleichzeitig war der Umbruch von 1989-91 auch eine Wendepunkt für den europäischen Rechtsextremismus. In Italien wurde im Zerfall des Parteiensystems unter Berlusconi erstmals eine Nachfolgeorganisation der Faschisten in eine Regierungskoalition aufgenommen. Österreich folgte diesem Konzept mit der Regierung Schüssel. In Frankreich stieg die rechtsextreme Front national auf, zum Teil gestützt auf ehemalige kommunistische Wähler, und kam in einigen kleinen Städten an die Macht. In Deutschland nahmen die rechtsradikalen Anschläge massiv zu.

Weiter veränderte sich Westeuropa durch das schlagartig um fast ein Viertel seiner Bevölkerung angewachsene Deutschland, das vorher als alte Bundesrepublik ähnlich groß gewesen war wie Frankreich, Italien und Großbritannien und jetzt für die nächsten Jahrzehnte zum demographisch und wirtschaftlich stärksten Land in Westeuropa wurde. Die deutsche Einheit führte nicht nur zu heftigen Debatten vor allem in den Ländern, die im Zweiten Weltkrieg unter Deutschland gelitten hatten. Sie trug auch zu einschneidenden supranationalen Entscheidungen, zum weiteren Ausbau der Europäischen Union bei. Es stellte sich als ein grundlegender Irrtum heraus, daß die Europäische Union, zum Teil ein Kind des Kalten Kriegs, mit dem Ende der Teilung Europas verschwinden würde. Sie erhielt ganz im Gegenteil nicht zuletzt wegen der deutschen Einheit mit dem Maastrichter und dem Amsterdamer Vertrag mehr Macht als jemals zuvor. Auf jeden Fall veränderte sie sich nach 1989-91 ganz erheblich.

Schließlich erfuhren sich durch den Umbruch auch die Rolle Europas in den internationalen Beziehungen und die mental maps der Europäer eine Transformation. Die Vereinigten Staaten wurden durch den Zusammenbruch der Sowjetunion zwar unbestritten die erste Weltmacht, die NATO wandelte sich nach 1989 grundlegend. Gleichzeitig hinterließ der Umbruch von 1989-91 ein politisches Vakuum, das Europa und die Europäer dazu zwang, zumindest im europäischen Raum mehr außenpolitische Verantwortlichkeit zu übernehmen. Auf dem Balkan stand die Europäische Union in der Mitverantwortung für eine Friedensmission. Die Erweiterung der EU nach Osten und die Ernennung eines »Mr. Außenpolitik«, eines Koordinators der Außenpolitik der EU, der Aufbau einer europäischen Eingreiftruppe waren ebenfalls außenpolitische Folgen des Umbruchs.

Auch die Krise, die die UdSSR und das Sowjetimperium in den Zusammenbruch trieb, erfaßte nicht allein den östlichen Teil Europas. Sie war eine Krise Europas als Ganzem. Nur die Folgen dieser Krise waren unterschiedlich. Sie hatte im westlichen und östlichen Europa drei gemeinsame Elemente. Sie war eine wirtschaftliche Krise. Auch in Westeuropa geriet die Wirtschaft in den 1970er und 1980er Jahren aus dem Ruder. Die realen wirtschaftlichen Wachstumsraten sanken in der langen Perspektive, gemessen an den 1950er und 1960er Jahren, spürbar und enttäuschend, im westlichen Teil Europas sogar noch früher als im östlichen Teil. Hohe Inflationsraten beutelten Westeuropa in den 1970er Jahren. Hohe Arbeitslosenraten plagten die westeuropäische Wirtschaft seit den 1980er Jahren. Wachsende Staatsverschuldung bedrohte die Wirtschaft nicht nur im östlichen, sondern auch im westlichen Europa, wo die Zinszahlungen für die Staatsschulden massiv stiegen und 1989 einen um rund die Hälfte höheren Anteil am Sozialprodukt einnahmen als um 1970. Man sprach aus allen diesen Gründen in den 1980er Jahren nicht nur von den Betonköpfen der östlichen Wirtschaftsdirigismus, sondern auch von der Eurosklerose der westeuropäischen Wirtschaft. Sicher stellten sich diese wirtschaftlichen Schwierigkeiten im Rahmen des westeuropäischen Wirtschaftssystems anders dar. Die westliche Öffentlichkeit debattierte intensiv über die wirtschaftlichen Schwierigkeiten, die dadurch anders als im östlichen Europa bekannt waren, analysiert wurden und mit einer langsam veränderten Wirtschaftspolitik bekämpft werden konnten. Gleichgültig wie man den Erfolg dieser anderen Wirtschaftspolitik in Westeuropa einschätzt: Die Politik wurde jedenfalls stärker gezwungen, sich mit den wirtschaftlichen Schwierigkeiten auseinanderzusetzen. Die wirtschaftlichen Chancen wurden rascher und flexibler genutzt. Trotzdem steckte Europa als Ganzes rund 20 Jahre vor dem Umbruch von 1989-91 in wirtschaftlichen Schwierigkeiten.

Darüber hinaus entstand allgemein in Europa eine Vertrauenskrise der Bürger in die Politik. Nur ungefähr die Hälfte der Bürger in den Mitgliedsländern der EG waren während der 1970er und 1980er Jahre mit der Demokratie in ihren Ländern zufrieden, in manchen Ländern wie den Niederlanden oder Dänemark oder der alten Bundesrepublik waren es mehr, in anderen Ländern wie Italien oder Griechenland weniger Bürger. Das Vertrauen in den Wohlfahrtsstaat sank in den verschiedenen politischen Lagern, nicht nur bei den traditionellen liberalen Skeptikern, sondern auch in sozialdemokratischen und grünen Milieus. Ein allgemeiner Erosionsprozeß in den Mitgliedschaften von großen Solidarorganisationen war erkennbar, in den Gewerkschaften ebenso wie in den Kirchen, in den Parteien ebenso wie in den Berufsorganisationen. Auch die Bindung an den Nationalstaat nahm ab. Diese Vertrauenskrise war sicher nicht in allen europäischen Ländern gleich stark. Innerhalb des westlichen Teils Europas wirkte sich zudem diese Vertrauenskrise anders aus als im östlichen Teil. Aber überall in Europa sprachen die Politologen von einer schweren politischen Vertrauenskrise, in der fast der ganze Kontinent, jedenfalls auch weite Teile des Westens steckten.

Ein weiteres Element der gemeinsamen europäischen Krise war das Ende des Fortschrittsglaubens in den 1970er und 1980er

Jahren, vor allem das Ende des Glaubens in die Machbarkeit und Planbarkeit wirtschaftlicher Prozesse, der in den 1950er und 1960er Jahren noch viele populäre futurologische Visionen hervorgebracht hatte. Mehrere gemeinsame europäische Schocks, hatten den Fortschrittsglauben erschüttert. Der Ölschock von 1973, der den Glauben an die unbegrenzten Energievorräte und damit an das grenzenlose Wachstum erschütterte; der Umweltschock, der seit dem Bericht des Club of Rome 1972 am Glauben an die Unschädlichkeit des Wachstums nagte; der Schock eines drohenden Kriegs und der Unfähigkeit der Regierungen, Frieden zu sichern, der vor allem in den frühen achtziger Jahren Europa bewegte und Friedensbewegung in beiden Teilen Europas entstehen ließ; der Schock der Unwirtlichkeit der Städte, derer sich die Europäer allmählich seit den 1970er Jahren bewußt wurden und der die negativen Seiten des gemeinsamen europäischen Konzepts des geplanten, verkehrs- und autogerechten, industriellen städtischen Bauens zum Vorschein brachte. Im westlichen wie im östlichen Europa produzierte diese Krise teils neoliberale, teils antibürokratische, teils kommunitaristische Tendenzen, die sich in ähnlicher Weise gegen den Glauben an die Planbarkeit von Gesellschaft und Wirtschaft durch die Regierung wandten. Diese Tendenzen waren längst vor dem Umbruch von 1989-91 entstanden, erfuhren von diesem Umbruch aber eine wesentliche Bestätigung und Stärkung.

Ein weiteres Argument für einen europäischen Umbruch richtet sich gegen die Vorstellung, daß die krisenhafte Entwicklung des östlichen Europa direkt nach 1989-91 die Gräben zwischen West und Ost vertiefte. Ohne Zweifel haben viele Europäer aus dem einstigen Sowjetimperium das so erlebt und so interpretiert. Trotzdem hatte in derselben Zeit auch Westeuropa mit einer krisenhaften Entwicklung zu kämpfen. Sie hörte in den 1990er Jahren nicht plötzlich auf. Im Gegenteil: Viele Probleme der Transition entstanden oder verschärften sich dadurch, daß Westeuropa gerade nicht in einer Prosperitätsphase war und daher die Folgen der Transition im östlichen Europa nicht immer auffangen konnte oder wollte. Man könnte darüber spekulieren, was geschehen wäre, wenn sich der Umbruch mitten in der Prosperität der 1960er oder frühen 1970er Jahre ereignet hätte. Krisenzeichen, die als Folgen des Umbruchs im östlichen Teil Europas angesehen werden, gab es nicht selten auch im westlichen Europa. In manchen westeuropäischen Ländern war die Arbeitslosigkeit in den neunziger Jahren ähnlich hoch wie im östlichen Teil Europas. In Spanien lag sie 1991 bei 16-18 Prozent, in Irland bei 15-16 Prozent, also höher als in einer Reihe von Ländern im östlichen Europa. Der Durchschnitt der Arbeitslosigkeit lag in Westeuropa Anfang der 1990er Jahre ungefähr so hoch wie in Ungarn. Die auf die Dauer verhängnisvollste Art der Arbeitslosigkeit, die Jugendarbeitslosigkeit, war im Ganzen im westlichen Teil Europas nicht wesentlich günstiger als im östlichen Teil. Man vergißt auch oft, daß dahinter in manchen Teilen Westeuropas eine ähnliche Deindustrialisierung und eine ähnlich dramatische Schrumpfung der industriellen Arbeitsplätze stand wie im östlichen Teil Europas. So fiel in der Schweiz nach 1990 innerhalb weniger Jahre die Industriebeschäftigung von 25 Prozent auf 21 Prozent der Beschäftigten, in Österreich sogar von 27 Prozent auf 22 Prozent, also nicht viel weniger dramatisch als im Osten Europas.

Auch politisch erlebte Westeuropa keine hohe Stabilität. Das Vertrauen der Bürger in die Demokratie stieg nach dem Zusammenbruch des Sowjetimperiums nicht erkennbar an. Die Zusammenbrüche der osteuropäischen Regime und mehr noch die verhängnisvollen wirtschaftlichen Fehlentscheidungen und Fehlkonstruktionen dieser Regime, die an den Tag kamen, brachten den Staatsinterventionismus auch in der westeuropäischen Linken eher in Mißkredit. Korruption wurde in den 1990er Jahren stärker als zuvor zu einem öffentlichen Problem auch der westlichen Demokratie, in Deutschland ebenso wie in Frankreich und Spanien. Am tiefsten geriet Italien in eine Krise. Ein beträchtlicher Teil der bisherigen politischen Elite mußte wegen Korruptionvorwürfen abtreten und landete in größeren Zahlen im Gefängnis als in manchen Ländern des östlichen Europa. Das Parteiensystem brach zusammen, konservative wie sozialistische Parteien lösten sich auf. Sicher war Italien im westlichen Europa ein Sonderfall. Doch auch die Europäische Union sah sich zwar steigenden Erwartungen der Bürger in ihre Kompetenzen gegenüber, hatte aber gleichzeitig mit einer wachsenden Skepsis gegenüber der europäischen Integration und einer sinkenden Wahlbeteiligung bei den Europawahlen zu kämpfen.

Die Ereignisse von 1989-91 waren auch deshalb ein europäischer Umbruch, weil in ihrer Folge die westlichen und östlichen Länder Europas zusammenwuchsen, sich stärker verflochten und ähnlicher wurden. Der Umbruch führte zu einer schlagartigen Verstärkung der Verflechtungen und Transfers zwischen den beiden Europas. Diese neuen Transfers bestanden vor allem aus Migration ganz verschiedener Gruppen: in den ersten Jahren die Migration von Asylanten aus vielen Ländern des östlichen Europa, die man zwischen 1989 und 1995 auf mehrere Millionen schätzt; die temporäre Migration von Studenten aus dem östlichen Europa an viele westeuropäische Universitäten, die allerdings wegen der hohen Kosten begrenzt blieb; die Migration von Arbeitskräften vor allem als Bauarbeiter, Putzfrauen, Au-Pair-Mädchen, landwirtschaftliche Saisonarbeiter, aber auch als Programmierer; die Migration von Wissenschaftlern, die von der französischen und deutschen Regierung besonders gefördert wurde und unter denen die Wissenschaftler aus Rußland den größten Anteil einnahmen, etwa in der deutschen Humboldt-Stiftung 1995-1999 nicht viel weniger als die Hälfte; Migration von Familien, aus der in einer Reihe von westeuropäischen Städten neue russische Minderheiten entstanden, in Berlin ebenso wie in Nizza und Rom; schließlich die Migration von Nachfahren deutscher Auswanderer aus Rußland, Rumänien und Polen, die von Deutschland anfangs noch ohne weitere Bedingungen die Staatsbürgerschaft erhielten. Für das Zusammenwachsen Europas war wichtig, daß ein beträchtlicher Teil dieser Migration nicht Abwanderung, sondern nur temporäre Wanderung war und daher West und Ost verflocht. Die umgekehrten Transfers von West nach Ost bestanden in weit größerem Ausmaß aus Kapital. Auch an diesem Kapitaltransfer beteiligten sich vor allem Frankreich und Deutschland, weit weniger die anderen europäischen

Länder. Daneben gab es aber auch eine Migration von West nach Ost: die Rückwanderer, die während des Kalten Krieges nach Westeuropa geflüchtet waren; die Geschäftsleute und Beamten von internationalen Organisationen, die im östlichen Teil Europas arbeiteten, manchmal auch Existenzen und Familien gründeten; westeuropäische Studenten, die an Universitäten im östlichen Europa studierten; westeuropäische Wissenschaftler, die an Austauschprogrammen teilnahmen und im östlichen Europa forschten und lehrten. Transfers und Migration führten zu einer anderen Erfahrung des europäischen Raums und veränderten die mental maps der Europäer.

Darüber hinaus gab es Konvergenzen zwischen dem östlichen und westlichen Teil Europas zumindest in einigen grundlegenden gesellschaftlichen Veränderungen und Problemen. Die Industriegesellschaft kam überall in Europa an ihr Ende. Die arbeitszentrierte Gesellschaft schwächte sich überall ab. Lebenslange Bindungen an einen Beruf oder an ein Unternehmen gingen überall in Europa zurück. Die Frauenarbeit, vor allem auch die Mütterarbeit, setzte sich überall durch. Die Arbeitslosigkeit war fast überall ein vorrangiges Problem und eine schwer zu bewältigende Herausforderung für die Politik. Die Probleme der öffentlichen sozialen Sicherung ähnelten sich im östlichen und westlichen Teil Europas stärker als vor 1989-91, trotz sehr unterschiedlicher Modelle der öffentlichen Sicherung. Die Einkommensunterschiede nahmen überall zu. Sicher milderten sich die Ost-West-Unterschiede langsamer ab als im Überschwang des Umbruchs 1989-91 erwartet worden war. Diese gemeinsamen Veränderungen wurden auch nicht selten in westlichen und östlichen Ländern Europas unterschiedlich interpretiert: in den westlichen Ländern als Durchsetzung der Moderne, manchmal einer besseren Moderne, manchmal eines Niedergangs, bisweilen auch als Zwänge einer von außen auf Europa einwirkenden Globalisierung; in den östlichen Ländern dagegen wurde dieser Wandel nicht selten als direkte Folge des Umbruchs 1989-91, häufig auch als Hegemonie des Westens über den Osten gesehen. Trotzdem hatten diese gemeinsamen Tendenzen großes Gewicht. Die

Unterschiede, die blieben, waren weniger spektakulär als die Kontraste zwischen den europäischen Ländern um die Mitte des 20. Jahrhunderts, also vor der Teilung Europas. Damals war Europa aufgeteilt zwischen wirtschaftlich dynamischem Zentrum und zurückgebliebener Peripherie, zwischen Kolonialreichen und reinen Nationalstaaten, zwischen protestantischem und katholischem Europa, zwischen demokratischem und nichtdemokratischem Europa und wies damit weit schärfere Gegensätze auf als am Beginn des 21. Jahrhunderts. Die Intellektuellen im westlichen und östlichen Teil Europas näherten sich auch durch die gemeinsamen Debatten über Europa an. In Westeuropa wie in Ostmitteleuropa nahmen diese schon in den 1980er Jahren zu. Auch darauf wird später zurückzukommen sein.

Auswirkungen auf die Demokratisierung

Der Umbruch von 1989-91 war nicht nur ein wirtschaftlicher Wendepunkt und ein Neuanfang im Zusammenwachsen Europas als Ganzem, sondern auch ein bedeutender Wendepunkt der Demokratisierung in Europa. Er hatte in seinen europäischen Dimensionen Auswirkungen auf die europäische Demokratisierung. 1989-91 war die ruckartige Fortführung eines längeren Demokratisierungsprozesses nach der schwersten Krise der Demokratie in Europa, an deren Ende in den 1940er Jahren nur noch jeder sechste Europäer in einem demokratisch regierten Land lebte. Der neue Anlauf der Demokratisierung begann – das wurde schon behandelt – im Umbruch von 1945-57 mit der Wiederherstellung der Demokratie in den von der NS-Besatzung befreiten europäischen Ländern im Norden und Westen Europas und mit der Durchsetzung der Demokratie in Deutschland und Italien. Er brachte in den 1970er Jahren einen neuen demokratischen Schub im Süden Europas, in Spanien, Portugal und Griechenland. Er erlebte dann seinen dritten großen Durchbruch 1989-91 im östlichen Teil Europas. Dieser Durchbruch ist in Ostmitteleuropa, also in Polen, in Ungarn und in Tschechien, sicher vollzogen. Nicht sicher ist dagegen, wie beständig und umfassend diese Demokratisierung im eigentlichen Osteuropa und in Südosteuropa sein wird. Der Umbruch von 1989-91 ist daher der aus der heutigen Sicht ein wichtiger weiterer Durchbruch in diesem Prozeß, aber sicher noch nicht der Abschluß der Demokratisierung Europas.

Dieser Umbruch war nicht einfach einer unter mehreren, eine Wiederholung der Umbrüche davor. Er besaß im Gegenteil bestimmte Eigenarten und lenkte dadurch den Demokratisierungsprozeß in Europa in etwas andere Bahnen. Er unterschied sich wenigstens in dreifacher Hinsicht von den vorhergehenden Umbrüchen in Europa. Das Besondere von 1989-91 lag vor allem darin, daß es von da an zur westlichen Demokratie kein alternatives politisches Konzept mehr gab, das von einer einflußreichen europäischen Regierung propagiert wurde. Die Demokratisierungen im Umbruch von 1945-57 und in den frühen 1970er Jahren standen noch in der Konkurrenz mit dem Anspruch der Sowjetunion, eine bessere Gesellschaft errichtet zu haben. Eine derartige Konkurrenz bestand seit 1989-91 nicht mehr. Was blieb, war die Konkurrenz zwischen besser oder schlechter funktionierenden Demokratien. Demokratie war von nun an vor allem von Korruption, Nepotismus, internationalen Verbrechergangs, politischem Extremismus und politischer Gewalt, politischer Indifferenz bedroht. Sie fand ihre Grenzen in Europa in Diktaturen, die sich mit polizeistaatlichen Mitteln und durch Korruption an der Macht hielten, aber nicht mehr in einer einflußreichen konträren politischen Ideologie. Die Demokratie wurde in Europa seit dem Umbruch von 1989-91 konzeptionell, aber eben nur konzeptionell, zum Normalfall.

Besonders an den Ereignissen von 1989-91 war zudem, daß sie ganz Europa erregten, die ganze europäische Öffentlichkeit bewegten und alle Europäer emotional zutiefst aufrührten. Das wichtigste Symbol dieser spektakulären Ereignisse war die Öffnung der Berliner Mauer, das als »the fall of the wall«, als «la chute du mur» in die europäischen Sprachen einging, als internationales Ereignis gefeiert wurde und noch heute in der Alltagssprache als Symbol für das Ende der sowjetischen Herrschaft benutzt wird. Der Erfolg der Demokratisierung konzentrierte sich damit stärker als bei den anderen Wendepunkten im 19. und 20. Jahrhundert auf ein internationales Ereignis. Nur die Bastille war ein Ereignis von ähnlichem Symbolwert. Der Umbruch von 1945-57 dagegen war ein allmählicher Prozeß ohne spektakuläre Ereignisse. Was damals bewegte, war das Gegenteil von Demokratisierung: die kommunistische Machtübernahme von Prag und das Scheitern der Aufstände in Berlin und Budapest. Der Umbruch in Spanien und Portugal in den frühen 1970er Jahren erregte zwar die europäische Öffentlichkeit, wurde aber doch nur als der Zusammenbruch zweier altmodischer, auslaufender, kraftlos gewordener Diktaturen am Rand Europas, nicht als der Zusammenbruch eines Weltimperiums wahrgenommen, hatte deshalb ebenfalls nicht eine so große symbolische Bedeutung. Durch den außergewöhnlichen spektakulären Symbolwert als Ereignis spielte der Umbruch 1989-91 eine besondere Rolle für die Wahrnehmung der Demokratisierung Europas.

1989-91 war darüber hinaus anders als die früheren Umbrüche der Eintritt in eine neue Situation der Demokratie in Europa. Zum ersten Mal entstand die begründete Chance, daß die Mehrheit der Europäer in einer Demokratie leben würde und sich die Demokratien zudem früher oder später überall in Europa durchsetzen würden. Seit den 1990er Jahren lebte tatsächlich eine Mehrheit von knapp zwei Drittel aller Europäer, also fast eine halbe Milliarde Menschen, in einem dauerhaft demokratisch regierten Land. Kaum ein europäisches Land verweigert sich in Europa offen der Demokratie und optiert in seinem offiziellen Sprachgebrauch für eine andere Regierungsform. Nur noch rund ein Drittel der Europäer leben in Ländern, in denen die Menschenrechte nicht voll oder gar nicht gesichert und die Zukunftschancen der Demokratie ungeklärt sind. Sicher bleibt die Geschichte der gescheiterten Demokratieumbrüche im 19. und frühen 20. Jahrhundert ein Warnzeichen. Auch antidemokratische Tendenzen waren Teil der europäischen Geschichte. Aber wirkliche allgemeine Gefährdungen der europäischen Demokratien waren danach in Europa nicht mehr auszumachen. Europa wurde schon eher ein Kontinent der Demokratie. Das Versprechen der Französischen Revolution war damit ein großes Stück realistischer geworden.

Schließlich hat der transnationale Charakter des Umbruchs von 1989-91 stärker als frühere Umbrüche auch den Blick der europäischen Öffentlichkeit für die internationalen Zusammenhänge der Demokratisierung verstärkt. Die wissenschaftliche Öffentlichkeit war gewohnt, Umbrüche der Demokratisierung im wesentlichen aus dem jeweiligen nationalen Rahmen zu erklären. Nicht nur die Französische Revolution, sondern auch die Revolutionen von 1848 und von 1918/19, die Durchsetzung der Demokratie in der alten Bundesrepublik und Italien nach 1945, die Demokratisierung Spaniens und Portugals in den frühen 1970er Jahren wurden meist vor allem aus der inneren Entwicklung dieser Länder erklärt. Geradezu ein Schock war es für die Sozialwissenschaften und Historiker, daß mit diesen Mitteln der ganz auf den nationalen Rahmen konzentrierten Analyse von Gesellschaften der Umbruch von 1989-91 nicht vorherzusehen war. Ohne die internationalen Zusammenhänge ließ sich der Zusammenbruch der kommunistischen Regime im östlichen Teil Europas nicht verstehen und erklären. Ganz sicher ist es allerdings nicht, ob sich dieser andere Blick auf die europäische Demokratisierung verändern wird. Dagegen spricht, daß der Umbruch von 1989-91 als eine Wiederkehr des Nationalstaats und des Nationalismus interpretiert wird, da überall im östlichen Europa nationalstaatliche Symbole und Riten, Geschichtsinterpretationen, Staatsbürgerschaftsrecht, nationalistische mentale Bindungen, Konflikte und Genozide wieder aufkamen. Deshalb erschien es vielen richtig, Demokratisierungschancen aus nationalen Bedingungen zu erklären. Trotzdem bedeutete 1989-91 weder im östlichen Europa noch in Deutschland einfach eine Rückkehr zum klassischen völlig souveränen Nationalstaat. Alle osteuropäischen Länder waren ebenso wie Deutschland bereit, ihre Souveränität durch einen Beitritt zur Europäischen Union und/oder zur NATO in wesentlichen Teilen wieder aufzugeben. Im Bewußtsein der Zeitgenossen galt der Umbruch daher nicht immer als Zukunftsvision, sondern oft auch als Rückkehr nach Europa, in ein demokratisiertes Europa.

Aus diesem Umbruch von 1989-91 entstand auch eine neue Dynamik der Demokratisierung der Europäischen Union. Die Rolle des Bürgers in der EU wurde wichtiger. Grundrechte der EU entwickelten sich weiter. Das Parlament gewann Kompetenzen hinzu. Eine europäische Öffentlichkeit und eine europäische Zivilgesellschaft bekam etwas klarere Konturen. Das aber ist das Thema des zweiten Teils dieses Buches.

Teil 2

Demokratisierung und die supranationale europäische Integration seit 1950

Vor dem Hintergrund dieser langen und langsamen Geschichte der Demokratisierung Europas mit ihrer verwirrenden Abfolge von Mißerfolgen und Erfolgen entwickelte sich seit den 1950er Jahren die Demokratisierung der Europäischen Union. Die Erfahrung einer von Krisen und Gegnern immer bedrohten Demokratie ging auch in die supranationale Demokratisierung ein. Die Gründungsväter hatten Diktaturen am eigenen Leib erlebt. Die späteren Generationen von Politikern machten die Erfahrung eines in Diktaturen und Demokratien geteilten Europas. Ohne diese historischen Erfahrungen bleibt die Demokratisierung und das Demokratiedefizit der EU unverständlich. Allerdings ging die Demokratisierung der EU ihren eigenen Weg. Um diesen eigenen Weg geht es im längeren zweiten Teil dieses Buches.

In diesem zweiten Teil muß zuerst der entscheidende Kontext geschildert werden, der die Demokratisierung der Europäischen Union und der Nationalstaaten voneinander grundlegend unterschiedet: die europäische Supranationalität. Danach werden die Epochen der Demokratisierung und des Demokratiedefizits in der Europäischen Union vorgestellt. Im Anschluß daran folgen im Detail Analysen über die vier wesentlichen Elemente der Demokratisierung der Europäischen Union in ihrer historischen Entwicklung seit den 1950er Jahren: zuerst die europäische Identität, danach die entstehende europäische Öffentlichkeit, weiter die Unionsbürgerschaft und ihre Entwicklungschancen und schließlich am Ende die Ansätze zu einer europäischen Zivilgesellschaft.

Supranationalität in Europa seit dem
Zweiten Weltkrieg: Historische Deutungen

Bis in die jüngste Zeit gilt das unausgesprochene Theorem, daß sich die supranationalen Institutionen immer auf Kosten und in Abschwächung nationaler Institutionen durchsetzten und daß umgekehrt die Verstärkung von Nationalismen und von nationalstaatlichen Institutionen internationale Zusammenarbeit und Institutionen gefährde. Spätestens seit 1989 hält sich die Geschichte ganz offensichtlich an dieses Theorem nicht mehr. Es erscheint verwirrend und widersprüchlich, ist aber gleichzeitig auch Realität: Beide, sowohl Nationalismen und Nationalstaaten als auch supranationale Institutionen, verstärken sich zur gleichen Zeit in Europa und erleben nebeneinander eine neue Blütezeit.

Die supranationalen europäischen Institutionen gewannen seit der Kampagne für den europäischen Binnenmarkt Mitte der 1980er Jahre erheblich an Attraktivität und an Kompetenzen hinzu. Nie seit der Gründung der EWG 1957 erweiterten sich die Kompetenzen so stark und so rasch. In den Verträgen von Maastricht, Amsterdam und Nizza wurden tiefgreifende Weichenstellungen und Schritte zu mehr Kompetenzen für die Europäische Union entschieden: die Einrichtung einer gemeinsamen europäischen Währung und der Europäischen Zentralbank; die Koordination der europäischen Außen- und Sicherheitspolitik und die Ernennung eines Beauftragten; der Aufbau einer europäischen Eingreiftruppe; die Koordination der europäischen Polizei und ein gemeinsames Konzept einer europäischen Migrationspolitik; ein europäischer Raum ohne Paßkontrolle; die Erweiterung der Kompetenzen des Europäischen Gerichtshofes in der Jurisdiktion von Grundrechten; der verstärkte Einfluß des Europäischen Parlaments; eine europäische Charta der Grundrechte und eine Veränderung der Entscheidungsregeln im Europäischen Rat. Als nächstes steht eine europäische Verfassung an. Die Europäische Union bleibt nach außen attraktiv. Ostmitteleuropäische, osteuropäische und südosteuropäische Länder drängen hinein.

Nur Norwegen lehnte es ab, Mitglied zu werden. Die Meinungs-umfragen unter den Bürgern der EU zeigen eine zwar fallende, aber doch immer noch von einer Mehrheit der Bürger getragene Unterstützung für die europäische Integration.[13]

Gleichzeitig erleben wir einen neuen Aufschwung der Natio-nalismen und der nationalstaatlichen Tendenzen. Die transnatio-nale ökonomische und politische Integration im osteuropäischen RGW und Warschauer Pakt verfiel. Aus den alten Vielvölkerstaa-ten UdSSR und Jugoslawien entstanden neue Nationalstaaten. Bürgerkriege zwischen Nationalitäten auf dem Balkan warfen ihre beunruhigenden Schatten. Diese Wiederkehr des Nationalis-mus ist nicht auf Osteuropa beschränkt. In Deutschland entstand zum zweitenmal in der Geschichte ein Nationalstaat. Überall in Europa, besonders auch in Deutschland, entstehen zudem neue Wellen des Fremdenhasses und der Exzesse gegen Fremde, die sich größtenteils gegen Afrikaner und Asiaten, nicht selten aber auch gegen andere Europäer richten.

Die Historiker werden deshalb verstärkt mit der Frage kon-frontiert, welche dieser Tendenzen, der Aufschwung suprana-tionaler Institutionen oder die Entstehung neuer Nationalismen und Nationalstaaten, nach aller geschichtlichen Erfahrung die stärkere sein wird. Vor allem aber stellt sich erneut die Frage, was Supranationalität war und ist. Als simple Verdrängung und Überwindung des Nationalstaats und des Nationalbewußtseins läßt sie sich nach dem parallelen Aufstieg der Supranationalität und des Nationalen nicht mehr interpretieren.

In dieser Situation stehen sich vier grundsätzlich verschiedene Tendenzen der Interpretation in den zahlreichen Arbeiten von Historikern und Sozialwissenschaftlern über die Geschichte der europäischen Integration gegenüber. Sie liegen weit auseinander und sehen die Geschichte der europäischen Integration aus sehr unterschiedlichen Blickwinkeln, auch wenn sie sich bei manchen Autoren vermischen und verwischen: erstens die These eines Niedergangs der europäischen Integration seit ihren goldenen Jahren in der unmittelbaren Nachkriegszeit; zweitens die ent-gegengesetzte These einer Geschichte der europäischen Integration als Weg zu einem europäischen Staat mit grundlegend ähnlichen Zügen wie der klassische Nationalstaat; drittens die These von der Europäischen Union als eines technokratischen Zweckverbands; schließlich viertens die europäische Integration als die Schaffung eines neuen supranationalen Machtzentrums, das in der Geschichte und der gegenwärtigen Welt eine völlig neuartige und einzigartige Institution darstellt und das weder als bloßer Völkerrechtsvertrag noch als internationale Organisation noch als klassischer Staat präzise beschrieben und voll begriffen werden kann.

Der Niedergang der europäischen Integration

Der Niedergang der europäischen Integration seit der Blütezeit der späten 1940er und auch noch 1950er Jahre wurde von mehreren Arbeiten herausgestrichen. Diese Frühzeit der europäischen Integration wurde aus diesem Blickwinkel auch manchmal die Zeit des Europaenthusiasmus genannt. Sie war nach dieser Vorstellung eine Zeit breiter Europabewegungen, die vor allem in Italien, in Frankreich, in der Bundesrepublik und in den Beneluxländern im Rampenlicht der Öffentlichkeit standen und Massenbewegungen waren. Sie war eine Periode der starken Diskreditierung des Nationalstaates und des Nationalismus in den Ländern, die in den Zweiten Weltkrieg als Besatzer oder als Besetzte verwickelt waren und für die Europa eine Flucht aus dem belasteten Nationalstaat war. Diese goldenen Jahre der europäischen Integration werden darüber hinaus als eine Zeit des historisch einzigartigen Konsens über den Aufbau eines wirtschaftlich und politisch geeinten Europa angesehen, als die Zeit der Gründerväter Monnet, Schuman, Adenauer, De Gasperi und Spaak, die alle als Politiker die Katastrophe der zwei Weltkriege und der nationalen Spannungen der Zwischenkriegszeit erlebt hatten und daraus die Notwendigkeit einer europäischen Einheit ableiteten. Vor allem aber ist diese Zeit eine Epoche der einschneidendsten politischen Weichenstellungen der europäischen Integration, der Römischen

Verträge und weit darüber hinausgehender, allerdings gescheiterter Konzepte der politischen und militärischen europäischen Integration in der Europäischen Politischen Gemeinschaft (EPG) und der Europäischen Verteidigungsgemeinschaft (EVG). Seitdem wurden in dieser Sicht die damals geschlossenen Verträge nur noch ausgebaut, ergänzt, durch Rechtsprechung und europäische Verwaltung extensiv interpretiert und die 1954 gescheiterten Projekte in einem neuen Anlauf mühsam zu verwirklichen gesucht.

Seit dieser Epoche des Europaenthusiasmus hat – so die Interpretation – die europäische Integration immer mehr an Schwung verloren. Die Europabewegungen ermüdeten und wurden zu Organisationen, von denen man in der politischen Öffentlichkeit und in den politischen Entscheidungen kaum noch etwas spürt. Die politischen Entscheidungen über die europäische Integration haben sich zunehmend bürokratisiert und sind immer mehr zur exklusiven Sache von höheren Beamten, Richtern und Politikern geworden, rückten immer mehr aus der Öffentlichkeit heraus und wurden in Beamtennetzen, in Nachtsitzungen von Ministern, in Gerichtssälen getroffen. Vom europäischen Geist der Gründerväter blieb nicht viel. Nationalstaatliche Interessen und Egoismen erlebten eine Wiedergeburt. Es ist legitim geworden, in der Europapolitik statt der großen europäischen Ideen enge, nationalstaatliche Interessen mit höchster Priorität zu verfolgen. Obwohl das Budget und die Verwaltung der Europäischen Union stark anwuchsen, blieben sie weit hinter der historisch einmaligen Expansion der Nationalstaaten zurück. Ein zweiter großer Sprung in der europäischen Integration nach vorne gelang nach dieser Interpretation seit den Römischen Verträgen von 1957 nicht mehr, weder in der Durchsetzung einer gemeinsamen europäischen Wirtschaftspolitik noch einer gemeinsamen europäischen Außen- und Sicherheitspolitik. Vor allem aber hat sich – in dieser Interpretation ist das vielleicht die größte Enttäuschung – unter den Europäern keine starke europäische Identität entwikkelt. Die Bindung der Europäer an die Nation, an die Region, an die Stadt blieb weiterhin stärker als die Bindung an Europa. Insgesamt gab es vielleicht nie die akute Gefahr eines völligen

Zusammenbruchs der europäischen Integration. Sie ist aber in dieser Sicht doch in ihrem Kern geschwächt. Aus dem emphatischen, europaweiten Konsens über den Aufbau Europas ist eine mühsame Koordination nationalstaatlicher Interessen und Kompromisse geworden. Von dem Motto Jean Monnets, nicht nur Staaten zu koalieren, sondern Menschen zu vereinigen, ist nur eine Staatenkoalition übriggeblieben.[14]

Nach dem Umbruch in Europa 1989-91 entstand eine zweite Interpretation, die ebenfalls den historischen Niedergang der europäischen Integration in den Vordergrund stellt. Die Europäische Union war das Produkt einer vergangenen Epoche der europäischen Geschichte. Sie hatte in der langen Nachkriegszeit bis 1989 wichtige Aufgaben und wichtige Erfolge zu verzeichnen, war doch aber gleichzeitig so sehr ein Produkt dieser Zeit, daß mit dem Ende dieser Epoche auch eine massive Gefahr für die europäische Integration besteht.

Ein Kind dieser Epoche der langen Nachkriegszeit bis 1989 war die EU vor allem aus mehreren Gründen: Die EU war ein Produkt des Kalten Krieges und wäre ohne die Rivalität der Supermächte und ohne das massive Interesse der Vereinigten Staaten an dem wirtschaftlichen und militärischen Wiederaufbau Europas nie entstanden. Sie hat sich zwar im Laufe der Zeit von einem Instrument der wirtschaftlichen Absicherung gegen die sowjetische Herrschaft auch zu einem Instrument des Brückenschlags zwischen Ost und West entwickelt. Sie bezog aber doch weiterhin ihren tieferen Sinn aus der Rivalität zwischen Ost und West. Sie verliert diesen Sinn, nachdem sich der östliche Rivale aufgelöst zu haben scheint.

Ferner war die EU ein Instrument zur wirtschaftlichen Modernisierung Europas, zur Überwindung der katastrophalen Wirkungen zweier Weltkriege und massiver innereuropäischer Spannungen zwischen 1914 und 1945, zur Beendigung des dramatischen Rückfalls der europäischen Wirtschaft und des europäischen Wohlstandes hinter die Vereinigten Staaten. Dieser Rückstand ist im Verlauf der langen Nachkriegszeit allmählich aufgeholt worden und ist heute für einen wichtigen Teil Europas nicht mehr bedeutend. Ein wesentlicher historischer Grund für den wirtschaftlichen Zusammenschluß der europäischen Länder entfällt deshalb. Die Gefahr eines neuen wirtschaftlichen Zurückfallens besteht inzwischen gemeinsam für Europa und die Vereinigten Staaten hinter der neuen wirtschaftlichen Dynamik Südostasiens. Die Aufholung oder die Abwehr dieses drohenden Rückstandes würde aber ganz andere internationale wirtschaftliche Koalitionen als die Europäische Union erfordern.

Die Friedensordnung innerhalb Westeuropas seit dem Zweiten Weltkrieg beruhte zudem auf einer delikaten Machtbalance – auf dem Umstand, daß die vier größeren westeuropäischen Länder, die Bundesrepublik, Frankreich, Großbritannien und Italien, ungefähr gleich groß waren und daher innerhalb der Europäischen Union potentiell gleichgewichtig sein konnten. Die französisch-deutsche Zusammenarbeit beruhte vor 1990 ebenfalls auf einer ähnlichen Größe beider Partner, konnte deshalb innerhalb der Europäischen Union viel bewegen. Mit der deutschen Einheit von 1990 tauchte die Befürchtung auf, daß sich Deutschland innerhalb der Europäischen Union zu einer Hegemonialmacht entwickeln oder als größtes Land in Mittel- und Westeuropa sogar die europäischen Strukturen aufgeben und zu den älteren, ohne Zweifel gescheiterten Versuchen einer rein nationalen hegemonialen Vormacht zurückkehren könnte. Auch wenn Deutschland aus wohl verstandenen Gründen keine dieser Hegemonien anstrebt, können schon die Ängste davor die innere Balance der EU mehr als vor 1990 in Schwierigkeit bringen.

Schließlich gab es in der langen Nachkriegszeit bis 1989 innerhalb Europas einen breiten Konsens über die begrenzte Erwünschtheit des reinen Nationalstaates. Er galt nach den negativen Erfahrungen mit der rein nationalen Wirtschaftspolitik der Zwischenkriegszeit immer als wirtschaftlich nicht überlebensfähig. Er galt immer auch als eine Gefahr für den innereuropäischen Frieden, der sich bis 1945 im Europa des reinen Nationalstaates nie wirklich herstellen ließ. Nationalitätenkonflikte wurden als Ursache für Bürgerkriegsgefahren angesehen, konnten in Westeuropa auf wenige Krisenherde in Nordirland, in Südtirol, im

Baskenland und in Belgien eingegrenzt werden und erschienen in Osteuropa sogar völlig bereinigt. Die begrenzte Erwünschtheit des reinen Nationalstaates war eine der wesentlichen Grundlagen der EU und hat letzten Endes die Kompromisse zwischen den nationalstaatlichen Interessen innerhalb der Europäischen Union immer wieder zustande kommen lassen. Mit dem Umbruch von 1989-91 erlebten der Nationalismus und das Modell des Nationalstaates eine Wiedergeburt. Trotz der Exzesse des häßlichen Nationalismus in Jugoslawien und im Süden der Sowjetunion, in Westeuropa in den Ausschreitungen gegenüber Ausländern, ist der Nationalstaat für viele Osteuropäer wieder zum wünschenswerten Modell der politischen Organisation geworden. Auch mit dieser Wiedergeburt des Nationalismus und des Modells des reinen Nationalstaates ist die europäische Integration in gefährliches Fahrwasser geraten.

Diese Sicht von einem möglichen Niedergang hat allerdings im weiteren Verlauf der 1990er Jahre immer weniger Rückhalt gefunden, da die Europäische Union sich dynamischer entwickkelte, als es die Vertreter dieser Sicht voraussehen konnten. Man hört sie deshalb nur noch selten. In einer Krise der Union könnte sie aber jederzeit wieder häufiger zu vernehmen sein.

Aus dieser Sicht des europäischen Niedergangs spielt die Demokratisierung der Europäischen Union keine wichtige Rolle, teils weil die Dynamik der EU so schwach geworden ist, daß sie auch über die Kräfte für eine Demokratisierung nicht verfügt, teils weil sie zu sehr Kind einer vergangenen Epoche ist und sich daher nicht die Energien lohnen, die für die Durchsetzung einer Demokratisierung der Union nötig sind.

Europäische Integration als Vorgeschichte eines europäischen Staates

Eine entgegengesetzte Interpretation sieht die europäische Integration als Vorgeschichte eines europäischen Staates, der in seinen Grundsätzen dem klassischen europäischen Nationalstaat ähnelt.

Die europäische Integration wird daher nicht als grundsätzlicher Bruch mit dem Wesen des Nationalstaats gesehen, sondern nur als eine Fortsetzung des europäischen Nationalstaates auf einer höheren, europäischen Ebene. In dieser Interpretation wird vor allem herausgestrichen, daß sich auch schon in der heutigen europäischen Integration die klassischen Charakteristika des europäischen Nationalstaates, die äußere und innere Souveränität des Staates, das Staatsvolk und das Staatsbewußtsein in ersten, aber deutlich greifbaren Anzeichen wiederfinden lassen. Es ist freilich auch klar, daß alle diese Entwicklungsanzeichen auf ein Wunschbild projiziert werden, das noch nicht existiert: den europäischen Staat.

Diese Interpretation kann sich auf eine Reihe von faktischen Entwicklungen stützen. Sie kann darauf hinweisen, daß seit dem Beginn der europäischen Integration mehrere wichtige politische europäische Institutionen geschaffen wurden, die bereits Anzeichen einer inneren Souveränität und damit Bausteine eines europäischen Staates sind: der Europäische Gerichtshof und auch sein Selbstverständnis, das extensiv darauf ausgerichtet ist, europäisches Recht zu schaffen; die Priorität des europäischen Rechts vor nationalem Recht, ein wesentliches Charakteristikum eines Bundesstaates; das Europäische Parlament, das seit 1979 direkt gewählt wird, allerdings die Kompetenzen eines echten staatlichen Parlaments noch nicht besitzt; auch die europäische Bürokratie mit kontinuierlich durch die europäische Machtzentrale eingestellten Beamten, die in ihrer Zahl zwar noch weit hinter den meisten nationalen europäischen Bürokratien zurückliegen, aber doch den Kern für die Verwaltung in einem europäischen Staat darstellen; die Entstehung einer europäischen Währung und einer Europäischen Zentralbank; schließlich auch Anzeichen für Institutionen einer äußeren europäischen Souveränität, die Vorformen einer europäischen Außenpolitik und die Ansätze zu einer europäischen Verteidigungspolitik.

Für diese Interpretation des Wegs zu einem europäischen Staat spricht weiter die Entwicklung von europäischen Symbolen. Die europäische Fahne, die blaue Fahne mit dem gelben Sternenring, hat innerhalb eines Jahrzehntes einen unerwarteten Erfolg erlebt, hängt in vielen europäischen Staaten regelmäßig neben den nationalen und regionalen Flaggen. Es entsteht eine europäische Hauptstadt, zu der sich Brüssel mit den nahe beieinander liegenden symbolischen Gebäuden für das Parlament, für den Europäischen Rat und für die Europäische Kommission immer mehr entwickelt. Ein europäischer Paß ist zumindest der äußeren Form nach geschaffen worden, auch wenn die Substanz, die europäische Staatsbürgerschaft, noch nicht voll besteht. Die innereuropäischen Grenzen, Symbole der nationalen Souveränität nach außen, sind nur noch Zonen vorübergehender Geschwindigkeitsbegrenzung und nähern sich reinen Verwaltungsgrenzen immer mehr an. Selbst die Sprache beginnt sich zu wandeln. Aus dem eher technischen Ausdruck der »Europäischen Wirtschaftsgemeinschaft« wurden die etwas gefühlsbezogeneren Ausdrücke der »Europäischen Gemeinschaft« und »Europäischen Union«, in den neunziger Jahren schließlich immer mehr »Europa«.

Diese Interpretation kann weiter darauf hinweisen, daß sich in einer Reihe von wichtigen Hinsichten die europäischen Länder stark angenähert haben und Ähnlichkeiten erreicht haben, wie sie auch in der Großgesellschaft der USA nicht stärker sind. In Bereichen wie der Erwerbsstruktur, den grundlegenden Bildungsqualifikationen, den Verstädterungsraten, einer Reihe von Familienformen wie dem Heiratsalter, den familiären Lebensläufen, haben die europäischen Gesellschaften, gemessen an den USA, schon eine Ähnlichkeit erreicht, die es erlaubt, von einer europäischen Gesellschaft im Singular zu sprechen.

Diese Interpretation kann sich allerdings nur in sehr begrenztem Maße auf direkte Absichten der europäischen Regierungen zur Gründung eines europäischen Staates berufen. Kaum ein europäischer Politiker, der am Prozeß der europäischen Integration beteiligt war und ist, hat direkt und unzweideutig die Absicht zur Gründung eines europäischen Staates geäußert. Auch hinter Begriffen wie »europäische Einheit« oder »europäische Union« stehen keine präzisen Beschreibungen solcher Absichten. Alle wichtigen Weichenstellungen, die diese Interpretation als

Zeichen auf dem Weg zu einem europäischen Staat in Anspruch nimmt, wurden in einer Wolke vager Begriffe entschieden. Auch bei den Planungen für eine europäische Zentralbank, der Ausweitung der Kompetenzen des europäischen Parlaments, der Etablierung einer europäischen Außen- und Sicherheitspolitik wird selten von einem europäischen Staat gesprochen. Trotzdem kann diese Interpretation für sich in Anspruch nehmen, daß alle Anzeichen schon gefaßter und geplanter Schritte der europäischen Integration auf einen europäischen Staat hinführen und das Ziel nur deshalb nicht eindeutig formuliert werden kann, weil dadurch die Gegner eines europäischen Staates abgeschreckt und mobilisiert werden würden.

Es ist völlig logisch, daß aus dieser Sicht die Demokratisierung der Europäischen Union ganz ähnlich aussehen müßte wie in den Nationalstaaten. Stärkung des Parlaments, Einführung einer europäischen Verfassung, ein Grundrechtskatalog, eine europäische Zivilgesellschaft, eine europäische Öffentlichkeit und eine Identifizierung der Europäer mit einer demokratischen Union. Es bleibt höchstens die Frage, welche Variante europäischer Demokratie für die Europäische Union angemessen ist: eher die zentralstaatliche britische oder französische oder niederländische Variante oder eher die föderale deutsche oder schweizerische Variante. Im Grundsatz kann aber die Europäische Union keinen anderen Weg gehen als die Nationalstaaten.

Europäische Integration als technokratisches Projekt

Eine andere Sicht auf die Europäische Union wendet sich entschieden dagegen: Sie sieht die europäische Integration nur als ein technokratisches Projekt – entweder nur als eine wirtschaftliche Zollunion, die als einzigen Zweck die freie Zirkulation von Waren, Arbeitskräften und Kapital hat, oder allgemeiner als einen internationalen Zweckverband, der nicht nur einen großen Markt herstellt, sondern durchaus auch Eingriffsrechte in die Wirtschaft besitzen kann und daher nicht nur Regeln wie Zölle, oder Zuwanderungsbarrieren abbaut, sondern auch neue Regeln schafft, die für alle Mitgliedstaaten gültig sind. Eine solche Zollunion bzw. ein solcher Zweckverband kann allerdings unter den Bedingungen der massiven Staatsintervention des 20. Jahrhunderts nur durch weitreichende Veränderungen des Rechts aller beteiligten Staaten und auch nur durch flankierende Kompetenzen des Zollvereins im Bereich der Sozialpolitik, der Bildungspolitik und der Umweltpolitik eingerichtet werden. Sie ist daher ein weit umfassenderes Unternehmen als es etwa ein Zollverein des 19. Jahrhunderts war. Einem solchen rein technokratischen Projekt fehlen die Eigenschaften eines Staates, die Souveränität nach außen und nach innen, ein eindeutiges Territorium und die Loyalität eines Volkes. Es ist eine Organisation mit einer speziellen Aufgabe, kein Staat mit seiner enormen Vielfalt an Zielen. Ein solcher Zweckverband besitzt daher auch anders als ein Staat eine rein zweckrationale Legitimation, stößt daher, solange der Zweck als sinnvoll angesehen wird, oft auf eine breitere Unterstützung als ein Staat, dessen Regierung normalerweise zwischen unterschiedlichsten Interessen zu vermitteln hat und daher immer mit Opposition gegen ihre Entscheidungen zu rechnen hat.

Für diese Interpretation spricht ebenfalls manches. Die EU war tatsächlich in ihren Anfängen, in der Zeit der Montanunion und der EWG schon von ihrer Bezeichnung her auf einen Zweck ausgerichtet, nämlich die Steuerung des schwerindustriellen Marktes bzw. die Schaffung eines europäischen Wirtschaftsmarktes. Die Modelle, die in der Anfangsphasen der europäischen Integration kontrovers diskutiert wurden, ein internationales Kartell oder ein Zollverein, waren beides Zweckverbände. Auch das Ziel, mit dem die EU in den späten 1980er Jahren politisch mobilisierte, der Binnenmarkt, war weiterhin ein solcher Zweckverbandszweck. Auch die hohe, gleichzeitig diffuse, unpolitische Unterstützung der Bürger der Mitgliedstaaten für die EU und die wenig lebhaften parlamentarischen Debatten um die Entscheidungen der Montanunion und der EWG wiesen in die Richtung eines Zweckverbands. Das völlige Fehlen von Wahlen bis 1979 und das starke Gewicht der Mitglieder der Europäischen Union sprechen eben-

falls für einen Zweckverband. Allerdings paßte die EU besonders seit den 1900er Jahren immer weniger in diesen Begriff, da
ihre Ziele immer vielfältiger wurden, als sie zunehmend auch
politische Aufgaben wie Friedenssicherung, Demokratiestabilisierung, soziale Sicherung in ihre Ziele aufnahm und auch die
Bürger immer mehr direkt über Wahlen, Referenden oder politische Organisationen Einfluß auf ihre Entscheidungen nahmen.
Trotzdem blieb auch dann noch das Konzept des Zweckverban-
des in der öffentlichen Debatte über die EU wichtig.

Sieht man die Europäische Union nur als eine Zollunion oder
allgemeiner als einen Zweckverband an, gibt es keinen Grund
zu einer Demokratisierung, da Zweckverband und Demokratie
wenig miteinander zu tun haben. Betrachtet man die Europäische
Union nur als einen internationalen Zweckverband ähnlich wie
den Europarat oder die UNO, so reichte auch dafür die Vertretung der Mitgliedsstaaten völlig aus. Eine Demokratisierung, die
dem Bürger der Union mehr Partizipation verschafft, ist aus dieser Sicht nicht sinnvoll und bei internationalen Organisationen
nicht üblich.

Die Europäische Union als ein neuartiges europäisches Machtzentrum sui generis

Die letzte Interpretation schließlich sieht die Europäische Union
als ein neuartiges politisches Machtzentrum, das in dieser Form
weder in der Geschichte noch in der gegenwärtigen Welt existiert und das weder mit den Kategorien des klassischen Nationalstaates noch mit den Kategorien der klassischen internationalen Beziehungen und des Völkerrechts erfaßt und auch nicht
nur als internationaler technokratischer Zweckverband begriffen
werden kann. Die normalen Begriffe und Konzepte der Historiker, der Staatsrechtler und der Politologen scheitern nach dieser Interpretation an der Europäischen Union. Das neue politische Machtzentrum der EU ist auf der einen Seite kein bloßer
Staatenbund, keine bloße Völkerrechtsinstitution und kein blo-

ßer Zollverein oder Zweckverband mehr. Dagegen sprechen die staatsartigen Institutionen wie der Europäische Gerichtshof, das Europäische Parlament mit seinen Direktwahlen, die Europäische Zentralbank, die europäische Bürokratie, der Vorrang des europäischen Rechts vor nationalstaatlichem Recht, auch die europäische Eingreiftruppe. Dagegen spricht vor allem, daß die Europäische Union eines der wichtigsten Machtzentren der Welt ist, das auf einer nichthegemonialen Integration aufbaut und dessen wichtigste Ziele die Sicherung und Steigerung des wirtschaftlichen Wachstums und Wohlstands, die Stabilisierung der Demokratie, die Sicherung des inneren europäischen Friedens und die soziale Sicherung der Bürger sind. Man zitierte oft Jacques Delors mit seiner Schätzung, daß heute bereits rund 70 bis 80 Prozent wirtschaftsrelevanter politischer Entscheidungen in Brüssel, und nicht mehr in den nationalen Hauptstädten getroffen werden. Inzwischen dehnen sich die Kompetenzen der Union auch auf andere Breiche aus.

Andererseits fehlen der EU aber auch entscheidende Elemente eines voll entwickelten europäischen Staates. Sie besitzt keine volle Souveränität nach außen, hat bisher weder ein eigenes Außenministerium noch ein eigenes Verteidigungsministerium. In der Außenpolitik sprechen sich zwar die europäischen Nationalstaaten kontinuierlich ab, bleiben aber weiterhin souverän. In der Sicherheitspolitik haben die europäischen Länder entweder substantielle Souveränitätsverzichte gegenüber einer anderen supranationalen Organisation, der NATO, gemacht oder behielten, wie etwa Frankreich, in der Militärstrategie und den militärischen Sicherheitsinstitutionen ihre Souveränität bei. Die EU besitzt auch keine volle innere Souveränität, verfügt weder über eine eigene Polizei oder ein eigenes Zivil- und Strafrecht noch über ein allgemeines Weisungsrecht gegenüber den Behörden der Mitgliedstaaten. Die EU weist auch nicht in dem Ausmaß wie die europäischen Nationalstaaten Elemente eines demokratischen Staates auf, ein starkes Parlament, eine vitale und wirkungsvolle Öffentlichkeit, eine starke Identität der Bürger und eine hoch entwickelte Zivilgesellschaft. Es haben sich zwar in den letzten

Jahrzehnten Tendenzen in diese Richtung entwickelt. Sie sind aber in den europäischen Nationalstaaten weiterhin stärker.

Die Europäische Union läßt sich auch nicht, wie oft geglaubt wird, als eine Variante des europäischen Vielvölkerstaates oder der amerikanischen multiethnischen Gesellschaft fassen. Im Unterschied zu den USA versteht sie sich weder als ein Schmelztiegel noch als eine auf Ethnien und Sprachgruppen aufbauende Gesellschaft, sondern stützt sich auf weiterbestehende Nationalgesellschaften und ist damit anders als die USA eine Vielvölkergemeinschaft. Im Unterschied zu historischen Vielvölkergemeinschaften Europas gibt es innerhalb der Europäischen Union keine hegemoniale Vorherrschaft, wie die der Russen in der früheren UdSSR oder der Serben im früheren Jugoslawien oder der deutschsprachigen Österreicher in der Habsburger Monarchie oder der Engländer in Großbritannien oder Preußens im früheren Deutschen Reich. Anders als in allen diesen Fällen kamen die Erweiterungen der EU weder durch Eroberung noch durch Kolonisierung noch durch monarchische Heiratspolitik, sondern durch freiwillige, parlamentarisch entschiedene Beitritte und Kooptationen und durch allmähliches Zusammenwachsen von Gesellschaften und Wirtschaften zustande. Anders an der Europäischen Union ist auch, daß Souveränitätsverzichte keine wirklichen Machtverzichte der Entscheidenden waren, weil Verlierer und Gewinner die gleichen Personen sind: Die Verlierer der Souveränitätsverzichte waren die Regierungschefs als Chefs der nationalen Regierungen und die Gewinner dieselben Regierungschefs als Angehörige des Europäischen Rats. Dieses Fehlen einer klassischen inneren Hegemonie macht die EU unter den großen Machtgebilden nicht nur zu einem welthistorisch einzigartigen Fall, sondern auch zu einem Modell für das Zusammenleben von Völkern.

Die Schlüsse, die aus dieser Sicht für die Demokratisierung der EU gezogen werden, sind nicht immer dieselben. In den letzten Jahren hat die immer stärkere Machtkonzentration in der EU jedoch viele Autoren dazu geführt, die weitere Demokratisierung der EU und die stärkere demokratische Kontrolle dieses Machtzentrums zu befürworten. Die meisten Autoren sehen, daß das Machtzentrum in Brüssel ein Gegengewicht in einem starken europäischen Parlament, in einem wirkungsvollen Grundrechtschutz der europäischen Bürger gegenüber den Entscheidungen in Brüssel, in einer Verstärkung der europäischen Öffentlichkeit und europäischen Zivilgesellschaft bekommen sollte. Allerdings sind die Chancen dieser Demokratisierung umstritten.

Die Epochen der Demokratisierung und des Demokratiedefizits in der Europäischen Union

Zuerst ein allgemeiner Überblick über die verschiedenen Epochen der Demokratisierung. Auch die Geschichte des Demokratiedefizits und der Demokratisierung der EU und ihrer Vorläufer seit der Montanunion paßt nicht in ein einfaches Schema. Sie läßt sich nicht einfach als geradlinige, teleologische Geschichte eines Defizits und seiner schrittweisen Lösung schreiben. Dafür ist sie zu gewunden, zu vieldeutig, in den Intentionen der Politiker und in der Logik der Institutionen, in den Erwartungen der Bürger und in den Interpretationen der Historiker. Nur mit Vorbehalt kann in diesem Kapitel diese Geschichte des europäischen Demokratiedefizits und der Demokratisierung der supranationalen europäischen Institutionen skizziert werden. Dabei soll auf die Entwicklung der vier schon mehrfach genannten Dimensionen der Demokratie geachtet werden: auf die Macht des europäischen Parlaments und die Wahl seiner Abgeordneten; auf die Wirksamkeit des europäischen Grundrechtsschutzes und die Entstehung einer europäischen »citizenship«, einer Unionsbürgerschaft, verbunden mit einer europäischen Identität; auf die Entwicklung einer europäischen Zivilgesellschaft, vor allem eines Netzes von europaweiten Organisationen; und auf die Entwicklung einer europäischen Öffentlichkeit.

Eine Darstellung des Demokratiedefizits und der Demokratisierung der Europäischen Union muß sich darüber hinaus mit einem grundsätzlichen, in der Einleitung schon erwähnten Widerspruch im Verhältnis der Europäischen Union zur Demokratie auseinandersetzen.

Die europäische Integration ist einerseits nicht aus der Demokratie geboren. Sie war in ihrem Anfangsstadium während der 1950er Jahre nicht Resultat einer sozialen Massenbewegung, einer gewählten Konstituante, ganz zu schweigen von einer revolutionären Situation. Jedenfalls sieht das eine verbreitete Interpretation so, auf die gleich noch näher zurückzukommen sein wird. Die europäische Integration wurde im Gegenteil von einer schmalen Schicht von Politikern und Experten, von Gründervätern und Vordenkern angestoßen. Nur vor dem Beitritt zur Union entschieden die Bürger einiger Mitgliedsländer in Referenden mit, in ganz wenigen Ländern danach. Über lange Phasen der Geschichte der europäischen Integration wurden auch die Wendepunkte, der Ausbau der Institutionen ebenso wie die Aufnahme neuer Mitglieder, in kleinen Zirkeln von Politikern und Experten entschieden. Die europäische Integration hat bis heute vieles von diesem Charakter beibehalten.

Auf der anderen Seite entwickelte sich die Europäische Union in engem Zusammenhang mit dem größten Aufschwung der Demokratie in der europäischen Geschichte. Die EU entstand nicht einfach zufällig parallel dazu, sondern hing aus zwei Gründen aufs engste damit zusammen. Sie konnte nur entstehen, weil sich in ihr europäische Schlüsselstaaten mit gleichen politischen Grundprinzipien der Demokratie zusammenschlossen. Eine Union aus unterschiedlichen politischen Regimes hatte keine Chancen. Die Stabilisierung der Demokratie im Kern Europas war deshalb die Grundvoraussetzung der EU. Darüber hinaus haben die EU und ihre Vorläufer auch diesen Stabilisierungsprozeß der Demokratie zielgerichtet unterstützt und ihm nachgeholfen. Sie machte die Mitgliedschaft immer davon abhängig, daß vorher demokratische Verhältnisse in den Anwärterländern bestanden und beschleunigte auf diese Weise in den 1970er Jahren den Prozeß der Demokratisierung in Spanien, Portugal und Griechenland. Sie beschloß im Maastrichter Vertrag 1992 und im Vertrag von Nizza 2000 Verfahrensregeln zur Absicherung der Demokratie in den Mitgliedsländern nicht nur vor, sondern auch nach dem Beitritt zur Union. Sie war deshalb nicht nur Nutznießer, sondern darüber hinaus auch Garant der Demokratie in Europa. Trotzdem bleibt ein Widerspruch zwischen einem Demokratiedefizit der EU und der sehr engen Verbindung der EU mit der größten Blütezeit der Demokratie in Europa.

Diese komplizierte Entwicklung der Demokratie in den Europäischen Institutionen wird im folgenden chronologisch nachvollzogen, weil dadurch der Kontext der unterschiedlichen Epochen deutlich wird. Es werden drei grobe Epochen in der Geschichte der europäischen Integration unterschieden: Die Startepoche der vielfältigen Hoffnungen, Debatten, Optionen und Weichenstellungen während der späten 1940er und der 1950er Jahre; dann die Epoche des Stillstands, im besten Fall der stillen Integration während der sechziger und siebziger Jahre; schließlich der Neuaufbruch, die neuen Optionen, auch die neue öffentliche Debatte über die europäische Integration seit den 1980er Jahren. Man hätte diese Epocheneinteilung verfeinern können, aber die reine Chronologie wäre dann in den Vordergrund geraten und die Analyse im Hintergrund geblieben.

Die Startepoche der europäischen Integration (1945-1957)

Die Startphase während der späten 1940er und der 1950er Jahre ist die umstrittenste Periode der europäischen Integration. Es geht in dieser Diskussion um viele Themen, die sich nicht alle direkt um die demokratischen Elemente in der europäischen Integration drehen und deshalb hier nicht behandelt werden können: um den Einfluß der USA auf die europäische Integration, um die Rolle des Kalten Kriegs, um die Bewertung der verschiedenen damaligen Anläufe, des eher intergouvernementalen Wegs des Europarats von 1949 und des eher supranationalen Wegs der Montanunion von 1950 und der EWG von 1957, um die Rolle des Nationalstaats und seine Stärkung oder Abschwächung, um die nationale oder europäische Ausrichtung der Motive der Europapolitiker, um die Rolle von Gesellschaft und Kultur in dieser Frühphase der europäischen Integration.

Auch die Entwicklung der demokratischen Elemente in der Frühphase der europäischen Integration ist umstritten. Zwei gegensätzliche Interpretationen dieser Epoche stehen sich gegenüber, wobei diese Gegensätze hier bewußt zugespitzt werden und nicht ganz so unvereinbar sind, wie es auf den ersten Blick erscheint.

Nach der einen Interpretation waren die späten 1940er und 1950er Jahre kein grundlegender Umbruch. Die Nationalstaaten prägten Europa in dieser Sicht weiterhin, wenn auch in veränderter Form. Nationale Identitäten, nationale Öffentlichkeiten, die Macht nationaler Regierungen blieben vorrangig. Auch in der Montanunion und in der EWG war das eigentliche Machtzentrum der Ministerrat, zusammengesetzt aus den nationalen Regierungschefs bzw. Ministern der nationalen Regierungen. Beherrschend auch in dem integrierten Europa blieben deshalb letztlich weiterhin nationale Rivalitäten, Konflikte, Allianzen und Verständigungen, wenn auch im Rahmen der europäischen Institutionen anstatt – wie zuvor – im Rahmen der internationalen Diplomatie mit gelegentlichen spektakulären europäischen Kongressen. Auch die wichtigste Neuentwicklung, die deutsch-französische Verständigung und Zusammenarbeit, war ein Novum nur im nationalstaatlichen Rahmen. In dieser Interpretation war daher für die Demokratie in Europa letztlich entscheidend, wie sich die nationalen Demokratien entwickelten und ob sich auf der nationalen Ebene starke Parlamente, ein wirksamer Grundrechtsschutz, eine stabile Zivilgesellschaft entwickelten. Eine vergleichende Demokratiegeschichte der wichtigen nationalen Sonderwege, der exception française, der britischen Einzigartigkeit, der Nachwirkungen des deutschen Sonderwegs, des friedlichen skandinavischen Wegs der Demokratisierung ist der angemessene Zugang. Demokratische Elemente auf der europäischen Ebene waren in dieser Interpretation dagegen zweitrangig, da sie historisch schwach blieben und vor allem nicht wirklich die Zentren der politischen Macht in Europa tangierten, die in den nationalen Hauptstädten, vor allem in Paris, London, Bonn und Rom, jedenfalls nicht in Brüssel lagen.

Die andere Interpretation: Diese Epoche war ein grundlegender Umbruch in der europäischen Geschichte. Erstmals wurde ein Anlauf zu einem supranationalen Europa genommen, das den inneren Frieden in Europa zu sichern, die Demokratie zumindest in Westeuropa, nach 1989-91 auch im östlichen Teil Europas zu stabilisieren und wirtschaftliche Prosperität in einem großen europäischen Markt durchzusetzen vermochte. Das klassische Europa der Nationalstaaten, das in allen diesen Zielen versagt hatte und auf den Prinzipien der Balance der souveränen europäischen Staaten, der autarken nationalen Wirtschaftspolitik und der Vielfalt von politischen Regimen beruht hatte, wurde seit dieser Umbruchszeit allmählich abgelöst. In den späten 1940er und den 1950er Jahren wurden die entscheidenden Weichen für diese neue europäische Politik gestellt. Es kam konsequenterweise auch darauf an, wie das neue supranationale europäische Machtzentrum kontrolliert wurde und ob sich demokratische Elemente auf der europäischen Ebene zu entwickeln vermochten. Die Stabilisierung der Demokratie auf der Ebene der europäischen Nationalstaaten reichte nicht aus, um auf Dauer die neue Machtzusammenballung in Brüssel wirksam zu kontrollieren. Das Gewicht des europäischen Parlaments, der Schutz der Grundrechte der europäischen Bürger vor Entscheidungen dieses neuen europäischen Machtzentrums, die Entstehung einer europäischen Öffentlichkeit und europäischer Assoziationen, die Entwicklung einer europäischen Identität sind deshalb zentrale Themen in dieser historischen Interpretation. Sie unterschied wiederum zwei unterschiedliche Sichtweisen. Sie drehen sich darum, wie stark die Startphase der europäischen Integration wirklich schon demokratische Elemente aufwies, ob sie die Epoche weitreichender Entscheidungen in kleinen Zirkeln europäischer Politiker und Technokraten war, die an eine Demokratisierung der neuen europäischen Institutionen kaum dachten oder ob sie umgekehrt eine Zeit vielversprechender, aber später wieder verlorengegangener Demokratieanläufe in den europäischen Institutionen war.

Die eine Interpretation sieht damals vor allem kleine Gruppen von Politikern und Experten am Werk, die ohne Beteiligung der europäischen Bürger und der europäischen Öffentlichkeit die Gründung der Montanunion und der EWG durchsetzten, auf denen die EU aufbaut. Es entwickelte sich zwar nach 1945 eine breite Europabewegung, aber als in den 1950er Jahren die Vorläufer der heutigen Europäischen Union gegründet wurden, war sie schon im Niedergang. Sie verfiel zu früh, als daß man sie als die Raupe ansehen könnte, aus der der Schmetterling der frühen europäischen Institutionen entstand. Ein Symbol dieser exklusiven Politik war Jean Monnet, der zwar seinen später geschriebenen Memoiren das soeben zitierte Motto »Wir koalieren nicht Staaten, wir vereinigen Menschen« voransetzte,[15] aber gleichzeitig sein virtuos gehandhabtes Entscheidungskonzept eines kleinen Stabs schildert, der langfristig plante, Politiker zu beeinflussen verstand und die anfängliche Durchsetzung der europäischen Institutionen fast steuerte, jedenfalls zu steuern glaubte. Sicher darf man die Selbststilisierungen Jean Monnets nicht überschätzen. Trotzdem spricht vieles dafür, daß die Gründungszeit der europäischen Institutionen einen anderen Charakter hatte als spätere Epochen und daß damals schmale internationale Zirkel von Politikern über weitreichende Weichenstellungen entschieden. Demokratische Elemente in den neuen supranationalen Institutionen spielten keine Rolle für die frühen Weichenstellungen. Niemand würde bestreiten, daß die neue Stabilisierung der Demokratie in den westeuropäischen Nationalstaaten für den Start der europäischen Integration essentiell war und sie ohne die gemeinsame Grundlage der Demokratie nicht zustande gekommen wäre. Aber die Gründerväter gingen nicht so weit, die Demokratisierung ihrer Staaten auf die europäischen Institutionen zu übertragen und sie voll zu demokratisieren.

Die entgegengesetzte Interpretation: Die Entscheidungen in kleinen Zirkeln erfassen nicht die ganze Breite der historischen Weichenstellungen. Drei Entwicklungen der damaligen Zeit enthielten bereits demokratische Elemente. Erstens fielen die Gründungsentscheidungen der europäischen Integration vor dem Hintergrund einer damals noch sehr lebhaften, engagierten öffentlichen Debatte über Europa. Es waren sogar zwei damals allerdings weitgehend getrennte Debatten: Einerseits wurde die politische Debatte über die Einrichtung von gemeinsamen europäischen Institutionen, über ihren supranationalen oder intergouvernementalen Charakter, über die politische Geographie dieser Europäischen Gemeinschaft, über die Zugehörigkeit Großbritanniens und über die Chancen, in einem integrierten Europa die Ost-West-Teilung Europas zu überbrücken, über die Rolle des integrierten Europas zwischen den beiden Weltmächten USA und UdSSR, über einen »dritten« europäischen Weg geführt. Andererseits gab es die Debatte über die europäische Zivilisation, über ihren Niedergang seit dem Ersten Weltkrieg, über den Niedergang der europäischen Werte, des europäischen Lebensstandards und der europäischen Lebensführung, über die weiter bestehende kulturelle Überlegenheit Europas, über die Zukunftschancen der europäischen Zivilisation. An diesen Debatten nahmen damals noch viele Europäer, auch viele berühmten Namens teil. Auch die Historiker beteiligten sich und veröffentlichten fast jedes Jahr ein gewichtiges Buch zur Geschichte der Europaidee. Diese Debatten waren international und enthielten durchaus schon rudimentäre Elemente einer europäischen Öffentlichkeit.

Zweitens gingen den Gründungsentscheidungen der europäischen Integration europäische soziale Bewegungen voraus. Schon der Widerstand während des Zweiten Weltkriegs gegen die NS-Herrschaft über Europa war in den Grenzen einer Untergrundbewegung eine europaweite Bewegung, die neue Europakonzepte entwickelte und vor allem dem Prinzip der Supranationalität zur Anerkennung verhalf. Nach dem Zweiten Weltkrieg entstand eine öffentliche europäische Bewegung, der Zehntausende von Europäern angehörten und die Konzepte der europäischen Integration weiter entwickelte, die Öffentlichkeit mobilisierte, europäische Symbole wie die grüne Fahne mit dem weißen »E« und Riten wie den Abbau von Schlagbäumen an nationalen Grenzen erfand, auch Verfassungsentwürfe vorlegte. Sie fand ihren Höhepunkt im Haager Kongreß 1948. Die Gründung der europäischen Institutionen ging zwar nicht direkt aus diesen europäischen Bewegungen hervor. Aber sie gehören zumindest zum Kontext. Ohne den breiten Diskurs in der europäischen Öffentlichkeit über Europa, ohne die Europakonzepte des Widerstands, ohne die Diskreditierung des Nationalstaats in weiten Kreisen der kontinentalen europäischen Bevölkerung, ohne die Europabewegungen der Nachkriegszeit wären die damaligen Weichenstellungen kaum möglich gewesen, weder die Einrichtung des intergouvernementalen Europarats 1949 noch die Durchsetzung der Montanunion 1950. Diese Bewegungen schufen ein günstigeres politisches Klima als in vorhergehenden Epochen des 20. Jahrhunderts, auch günstiger als in den 1920er Jahren, als schon einmal Anläufe zu europäischen Institutionen gemacht worden, aber Konzepte zur supranationalen Integration noch kaum bekannt waren.

Drittens wurden schon in der Startzeit der europäischen Integration die Institutionen eingerichtet, aus denen sich im weiteren Verlauf der europäischen Integration demokratische Elemente entwickeln sollten: die parlamentarische Versammlung, aus der später das direkt gewählte europäische Parlament entstand, und der Gerichtshof, der später die Rechtsprechung des Grundrechtsschutzes aufnahm. Sicher wurden diese Institutionen von den meisten Beteiligten nicht mit der Absicht eingerichtet, in der Montanunion demokratische Elemente einzuführen. Zum Teil waren sie eher Zufallsprodukte des Aushandelns zwischen den nationalstaatlichen Regierungen, die oft andere Motive besaßen und eher einer internationalen Wirtschaftsbehörde externe Berater und Schlichter zuordnen wollten als ein politisches Machtzentrum, das die Montanunion nicht war, demokratisch zu kontrollieren. In den fünfziger Jahren arbeiteten Europapolitiker allerdings dann zielgerichtet auf eine supranationale parlamentarische Kontrolle der europäischen Institutionen hin. Ein einflußreiches Beispiel war Walter Hallstein, Staatssekretär im Bundeskanzleramt und im Auswärtigen Amt, später Präsident der Europäischen Kommission, der 1951 das Demokratiedefizit der Montanunion öffentlich kritisierte: »Die in demokratischen Gemeinwesen übliche parlamentarische Kontrolle ist im Falle der Hohen Behörde nur unvollständig entwickelt«.[16] Schon an der Ausarbeitung der geplanten Europäischen Politischen Gemeinschaft, die die Europäische Verteidigungsgemeinschaft ergänzen sollte, waren nicht nur die Regierungen, sondern auch die parlamentarische Versammlung der Montanunion beteiligt. In den von allen Regierungen ausgehandelten, allerdings vom französischen Parlament 1954 nicht gebilligten Verträgen der EVG und EPG war ein direkt gewähltes Parlament vorgesehen. Ihm sollte die europäische Exekutive verantwortlich sein, auch wenn es sie nicht wählte. In der EWG von 1957 wurde dann auch tatsächlich ein europäisches Parlament eingerichtet, für das sich allerdings die Direktwahl nicht sofort und das volle parlamentarische Budget- und Legislativrecht überhaupt nicht durchsetzen ließ. Mehr Demokratie in europäischen Institutionen war auf jeden Fall ein Konzept, das nicht nur am Rand der damaligen politischen Klasse vertreten wurde.

Insgesamt war in dieser Startzeit die Demokratisierung der europäischen Institutionen sicher noch enttäuschend schwach. Die Gründung der europäischen Institutionen wurde weder von einer Konstituante, noch durch eine gründliche Debatte in einer europäischen Zivilgesellschaft, noch durch Volksabstimmungen vorbereitet und vorentschieden. Für eine wirkliche Kontrolle eines europäischen Machtzentrums, das erst im Entstehen begriffen war, eigneten sich die damals durchgesetzten demokratischen Elemente noch nicht. Aber die Fundamente für die spätere Demokratisierung der Europäischen Union waren gelegt.

Stillstand oder Niedergang
während der 1960er und 1970er Jahre

Auf die vielversprechende Gründungsphase der europäischen Institutionen folgte eine Periode des Stillstands oder sogar der Rückentwicklung der demokratischen Elemente in der europäischen Integration. Die parlamentarische Kontrolle der Entscheidungen des Ministerrats wurde nicht verstärkt. Die parlamentarische Versammlung der EWG entwickelte sich nicht zu einem Parlament, das die Entscheidungen des Machzentrums, des Ministerrats und später des Europäischen Rats kontrollierte. Für eine wirkungsvolle Kontrolle besaß die parlamentarische Versammlung zu wenig Kompetenzen. Ihre Abgeordneten wurden

117

außerdem nicht direkt von den europäischen Bürgern gewählt, sondern von den nationalen Parlamenten bestimmt. Als es seit 1979 Direktwahlen zum europäischen Parlament gab, wurden die Kontrollkompetenzen des Parlaments nicht gleichzeitig verstärkt. Der internationale europäische Grundrechtsschutz entstand außerhalb der EWG bzw. der EG. Der Europarat verabschiedete 1953 die Europäische Menschenrechtskonvention und richtete den Menschenrechtsgerichtshof in Straßburg ein. Erst seit den 1970er Jahren begann der Gerichtshof der EG in Luxemburg, seine Rechtsprechung auf den Schutz von Grundrechten auszuweiten.

Diese Epoche war nicht nur Stillstand, sondern sogar Rückgang: Der öffentliche Diskurs über Europa ging zurück. Der eine Zweig dieser Debatte, die Debatte über die europäische Zivilisation, fiel fast ganz in sich zusammen. Die europäischen Intellektuellen diskutierten kaum mehr darüber, teils weil sie von der rein wirtschaftlichen und wenige Länder umfassenden europäischen Integration enttäuscht waren, teils weil der Kalte Krieg und die Teilung Europas die Vorstellung einer gemeinsamen europäischen Zivilisation illusionär erscheinen ließen, vielen das Konzept des Okzidents realistischer und vielversprechender und das Konzept der europäischen Zivilisation sogar als eine unnötige Aufheizung des Konflikts mit der UdSSR erschien. In den europäischen Tageszeitungen und Zeitschriften sucht man deshalb in dieser Zeit fast vergebens nach Artikeln über die europäischen Zivilisation. Nur in Expertenzirkeln wurde darüber weiter diskutiert.

Die andere europaweite Debatte über die Entwicklung der europäischen Institutionen und über die Erweiterung der Mitglieder der europäischen Union ging zwar weiter, aber sie wurde stark unter dem Vorrang der nationalen Interessen und aus dem Blick des jeweiligen Landes geführt. Der internationale Bezug dieser Debatte schwächte sich ab, der rein nationale Blick herrschte vor. Von einer Kontrolle der Entscheidungen über die europäische Integration durch eine lebhafte öffentliche Debatte kann man in dieser Zeit deshalb kaum sprechen. Intellektuelle mit europäischer Statur und wissenschaftliche Institute mit europäischem öffentlichen Einfluß gab es kaum. Raymond Aron, der ein Intellektueller mit einer potentiell europäischen Statur war, gab 1976 die damalige Stimmung in einer Rede wieder: »Ich soll vor Ihnen für Europa sprechen, aber für welches Europa und wie? Ich habe bisweilen das Gefühl, ein wenig der alte Kämpfer der europäischen Bewegung zu sein, der ›ancien combattant‹. [...] Mich schreckte [bei der Einladung zu diesem Vortrag] im Voraus die Langeweile, die ich Ihnen zumute oder die ich selbst fühle, wenn ich wieder anfange, die Gründe für eine europäische Einheit anzuführen und eine Bilanz der Mißerfolge und Erfolge zu ziehen.«[17]

Vor allem schwächte sich auch die europäische Bewegung ab. Sie verlor viele Mitglieder, veränderte ihren Charakter von einer Bewegung zu einem Instrument der Öffentlichkeitsarbeit. Der Niedergang der europäischen Bewegung, die allerdings immer nur eine Minderheit der Europäer mobilisiert hatte, wurde nicht durch eine dichte Zivilgesellschaft auf europäischer Ebene kompensiert. Sie hinterließ erst einmal eine Lücke. Nur wenige europäische Interessengruppen entstanden, ein schlagkräftiger europäischer Agrarverband, ein wirkungsvoller Unternehmerverband, aber erst spät ein schwacher europäischer Gewerkschaftsbund, wenige andere Interessenorganisationen. Ihre Entstehung hing ausschließlich mit der bestehenden Politik der EWG, dort vor allem mit der Einrichtung eines Wirtschafts- und Sozialauschusses zusammen. Sie entstanden häufig durch Initiativen und Herausforderungen von oben, dort, wo die EWG dazu herausforderte oder es verlangte. Auch wo sonst europäische Zusammenarbeit entstand, ob zwischen Wissenschaftlern und Experten, zwischen Lokal- und Regionalpolitikern, zwischen Schülern und Studenten, zwischen Schulbuchverlagen, zwischen Journalisten, fast immer kam in dieser Epoche die Initiative aus der Politik und von den Regierungen. Europäische Wissenschaftsinstitutionen wie das CERN in Genf wurden in der Regel von den Regierungen initiiert. Aus der europäischen Gesellschaft selbst heraus kamen noch wenig Initiativen zu internationalen europäischen

Netzwerken und Einrichtungen. Die europäischen Bevölkerungen verharrten in der Mehrheit weiterhin in ihrem wechselseitigen nationalen Mißtrauen, das durch zwei Weltkriege und durch die längere Geschichte nationaler und kolonialer Rivalitäten entstanden war. Die mentalen Folgen des Zeitalters des exzessiven Nationalismus ließen sich nicht in ein paar Jahren wegräumen.

Schließlich entwickelten sich in dieser Zeit auch noch kaum die Umrisse einer europäischen »citizenship«, die Umrisse europäischer Bürgerrechte also, die gerichtlich abgesicherte europäische Grundrechte, und zwar politische Grundrechte, soziale Grundrechte ebenso wie bürgerliche Grundrechte umfaßt hätten. Eine solche Unionsbürgerschaft war weder in den europäischen Verträgen vorgesehen noch wurde sie praktiziert. Nur im Wahlrecht wurde mit den Direktwahlen zum europäischen Parlament seit 1979 ein erstes Element einer solchen Unionsbürgerschaft eingeführt.

Wie erklärt sich dieser Rückgang oder zumindest Stillstand der demokratischen Tendenzen?

Der grundlegende internationale Konflikt dieser Zeit, der Kalte Krieg, hat die europäischen Institutionen keineswegs nur entstehen lassen, wie oft behauptet wird, sondern auch die Demokratisierung der europäischen Institutionen in der EWG bzw. EG massiv abgebremst. Er hat vor allem einen entscheidenden Motor der Demokratisierung der europäischen Institutionen gedrosselt: die Intellektuellen. Der Kalte Krieg entfremdete einen Großteil der europäischen Intellektuellen der europäischen Integration. Ihnen erschien die EWG zu sehr ein Produkt des Kalten Kriegs, zu belastet für eine Verständigung zwischen Ost und West, zu weit von einem »Dritten« Weg entfernt, um den Kalten Krieg wenigstens in einen kalten Frieden umzuwandeln. Je nach politischer Richtung erschienen ihnen die europäischen Institutionen auch entweder zu sehr beherrscht von den USA oder zu schwach gegenüber den USA. Auch als sich EWG und EG in den 1970er und 1980er Jahren zu einer wichtigen Brücke in den Ost-West-Verhandlungen entwickelten, blieben sie vielen Intellektuellen fremd, weil sie ihnen weiterhin – auch nach dem umstrittenen und gewundenen Beitritt Großbritanniens – geographisch zu schmal, zu wenig kulturell, zu bürokratisch vorkamen. Gleichzeitig fehlte der EWG und der EG eine Kompetenz, die eine wichtige Herausforderung für mehr Demokratie in den europäischen Institutionen gewesen wäre und die Demokratisierung der supranationalen europäischen Institutionen viel dringlicher hätte erscheinen lassen: eine europäische Außen- und Verteidigungspolitik. Der gesamte Bereich der äußeren Sicherheit und der Verteidigung wurde nach dem Scheitern der EVG 1954 aus der europäischen Integration herausgenommen und in die atlantische Integration der NATO überführt. Diese westliche militärische Integration war durch einen Hegemon, die USA, geprägt und hatte damit einen anderen Charakter als die nicht hegemoniale europäische Integration. An eine supranationale parlamentarische Kontrolle der NATO wurde deshalb auch nie gedacht.

Zudem machte sich eine wesentliche Schwäche des europäischen Integrationsanlaufs schon der späten 1940er und 1950er Jahre bemerkbar: Ihm fehlte eine soziale und kulturelle Ähnlichkeit der Mitgliedstaaten, die Voraussetzung für die gemeinsame Forderung der europäischen Bürger nach mehr Demokratie und für die Entwicklung einer europäischen Zivilgesellschaft gewesen wäre. Die gesellschaftlichen und kulturellen Verschiedenheiten zwischen den europäischen Ländern waren im Vergleich zu heute enorm. Selbst die kleine EWG von 1957 mit ihren sechs Mitgliedsstaaten schloß schärfere Gegensätze zusammen als die heutige Europäische Union: Sie verband hoch industrialisierte Länder wie Belgien und die Bundesrepublik mit einem Agrarstaat wie Italien, hoch verstädterte Länder wie die Niederlande mit überwiegend agrarischen Ländern wie Italien und Frankreich, Länder mit tief diskreditiertem und geteiltem Nationalstaat wie die Bundesrepublik mit Ländern wie Frankreich, die ihre nationale Identität auslebten, Länder mit langen Auswanderungsbeziehungen zu den USA wie Italien und die Bundesrepublik mit traditionellen Immigrationsländer wie Frankreich, offene Exportgesellschaften mit geschlosseneren Importgesellschaften, Länder mit Kolonialreichen wie Frankreich, Belgien, die Niederlande mit Ländern ohne Kolonialreiche wie Italien, Luxemburg und die Bundesrepublik, ganz verschiedene politische Kulturen, rein katholische Länder wie Italien, Frankreich, Belgien, Luxemburg und gemischt konfessionelle Länder wie die Niederlande und die Bundesrepublik. Eine Europabewegung, die allgemeine politische Ziele besaß, konnte diese Kontraste eine gewisse Zeit überbrücken, aber die Entstehung von europäischen Interessenorganisation und zivilgesellschaftlichen Assoziationen wurde dadurch massiv behindert.

Ein dritter Grund dür den Stillstand der Demokratisierung der EWG und der EU: Der politische Krisendruck, auf den die europäische Integration eine Antwort war, hatte sich in den 1950er und 1960er Jahren gemildert, da für die Nachkriegskrise Lösungen gefunden zu sein schienen. Die Lehren aus den schweren Fehlern der europäischen Wirtschaftspolitiken der Vorkriegs- und Zwischenkriegszeit schienen mit der Schaffung eines europäischen Wirtschaftsmarktes und mit der weltweiten Liberalisierung des Handels gezogen. Die wirtschaftliche Prosperität war erreicht. Die europäische Sicherheit erschien gewährleistet, da einerseits die alte Bundesrepublik durch europäische Integration und die atlantische Allianz in den Westen eingebunden war und ihren Beitrag zur internationalen Sicherheit leistete, andererseits die Bundesrepublik das von ihr gesuchte Ausmaß an Souveränität erreicht hatte. Die Diskreditierung des Nationalstaats in Europa war gemildert, da einerseits sein Einfluß durch europäische Integration und durch die Pax Americana eingeschränkt war, es ihm andererseits vor allem durch den Aufbau des modernen Wohlfahrtsstaats gelang, neue Bindungen der Bürger zu schaffen. Die europäischen Institutionen leisteten ihren Beitrag zur internationalen Entspannung. Die Deutschen schienen sich mit der Teilung Deutschlands abgefunden zu haben, da ihnen das neue internationale System Wohlstand, eine in Europa übliche Souveränität und internationale Anerkennung verschaffte. Aus allen diesen Gründen gab es keine massiven Zwänge, die europäische Integration weiterzutreiben. Erst in den 1980er Jahre entstand ein neuer Krisendruck durch die Gefahr eines erneuten Rückfalls Westeuropas hinter die USA und Japan, vor allem aber durch den Zusammenbruch der UdSSR. Erst seit den 1980er Jahren entstanden daher neue Herausforderungen an die europäische Integration.

Die Epoche des Stillstands der 1960er und 1970er Jahre war allerdings auch gleichzeitig eine Epoche stiller Veränderungen, die zwar nicht sofort in der europäischen Politik erkennbar wurden, aber doch weitreichende Folgen besaßen. In den 1960er und 1970er Jahren setzte die Abmilderung der sozialen und kulturellen Kontraste ein, nicht nur zwischen den anfangs noch wenigen Mitgliedsländern der EWG, sondern auch zwischen den anderen westeuropäischen Ländern. Die Sozialstrukturen wurden ähnlicher. Die westeuropäischen Gesellschaften wurden durchweg Dienstleistungsgesellschaften, urbanisierten sich alle; überall begann sich die moderne Konsumgesellschaft durchzusetzen. Die Kolonialreiche verfielen. Die Auswanderung ging fast überall zurück. Die meisten westeuropäischen Länder wurden Immigrationsgesellschaften. Alle Länder wurden eher Exportländer, folgten jedenfalls dem gleichen Modell der Integration in die Weltwirtschaft. Zum Teil griffen diese Annäherungsprozesse über Westeuropa hinaus und schlossen den östlichen Teil Europas mit ein, besonders im Rückgang der Agrargesellschaften und in der Urbanisierung. In der politischen Kultur Westeuropas wurde die westliche Demokratie das vorherrschende Modell, auch wenn sich die Parteien, die Verbände und Gewerkschaften, die Verfassungskultur, das Nationalbewußtsein weiterhin stark unterschieden. Insgesamt verschwanden die nationalen Unterschiede keineswegs, milderten sich aber doch ab. Diese andere Seite der Epoche des Stillstands, das Nachholen der sozialen und kulturellen Konvergenzen, wird oft übersehen. Der persönliche geographische Erfahrungsraum vieler Europäer begann sich seit den 1960er und 1970er Jahren über das eigene Land und die eigene Region hinaus auszuweiten. Europäer lernten weit häufiger als zuvor andere europäische Länder durch Geschäftsreisen, durch Tourismus, durch Internationalisierung des Konsums, durch Ausbildung und Arbeit, manchmal auch durch Heiraten kennen. Gleichzeitig schränkten sich die außereuropäischen Erfahrungsräume mit dem Zusammenbruch der Kolonialreiche ein. Das Europa jenseits des nationalen Territoriums begann, Teil der europäischen Lebensweise zu werden.

Eine zweite Veränderung der 1960er Jahre und 1970er Jahre bestand in den gemeinsamen europäischen politischen Erfahrungen, die allerdings selten zu einer europäischen Erinnerungskultur stilisiert wurden. Diese gemeinsamen politischen Erfahrungen entstanden in mehreren Richtungen. Sie beruhten auf der gemeinsamen Erfahrung der politischen Demokratie, trotz ihrer Variationen von Monarchien und Republiken, von alten und neuen Demokratien, von parlamentarischen Regierungen und Präsidialrepubliken. Diese Erfahrung einer gemeinsamen europaweiten Stabilisierung der Demokratie, zuerst in Westeuropa, seit 1989-91 in Ostmittel- und Osteuropa, gab es in der Geschichte Europas zuvor nicht. Seit der Französischen Revolution war Europa, auch Westeuropa, immer in unterschiedliche, oft sich bekämpfende politische Regime zerfallen. Darüber hinaus waren die 1960er und 1970er Jahre auch die Zeit europaweit verbreiteter, lokaler oder regionaler sozialer Bewegungen, auch neuer gemeinsamer Demokratieerwartungen und der Erwartung politischer Werte nicht nur in Westeuropa, sondern auch in Ostmitteleuropa. Forderungen nach mehr demokratischen Mitentscheidungen wurden kurzfristig zwar nur an die nationalen politischen Kulturen gerichtet und führten daher erst einmal eher zu einem Desinteresse an internationalen Beziehungen und an einer Demokratisierung der supranationalen Institutionen. Aber von diesem veränderten Demokratieverständnis wurden doch sehr bald auch die Entscheidungen über die europäische Integration geprägt. Seit den 1970er Jahren wurde es mehr und mehr üblich, den Beitritt zur Europäischen Union oder sogar Vertragsveränderungen der Europäischen Union nicht mehr nur durch Regierungen und Parlamente, sondern auch durch Referenden zu entscheiden, in Frankreich ebenso wie in Großbritannien, Dänemark, Schweden, Finnland, Norwegen, Österreich. Besonders die Abstimmungen in Frankreich und Dänemark wurden zu europäischen Ereignissen und Erfahrungen. Zudem lebte in den sechziger und siebziger

Jahren immer noch die Erinnerung an den Kalten Krieg weiter, die Bedrohung der Demokratie von außen, durch eine halbeuropäische Macht, die UdSSR. Diese Erfahrung teilte Europa allerdings auch gleichzeitig. Sie ging in die westeuropäische Erinnerungskultur stärker ein als in die Erinnerungskultur im östlichen Europa, dort beschränkt im wesentlichen auf Dissidentenkreise und resistente Milieus.

Der neue Aufschwung seit den 1980er Jahren

Seit den 1980er Jahren begann eine neue Epoche der Demokratisierung, aber auch des verstärkt angemahnten Demokratiedefizits der EU. Der Beginn ist nicht genau zu datieren, setzt bei manchen demokratischen Aspekten früher, bei anderen später ein. Allerdings ist dieser neue Anstoß zur Demokratisierung der EU nur verständlich aus dem Kontext eines breiteren Aufschwungs der europäischen Integration. Er begann mit dem Projekt des Binnenmarktes und der Erweiterung der EU auf fast ganz Westeuropa, demnächst auf Ostmitteleuropa. Er setzte sich fort mit vier Reformen der europäischen Verträge innerhalb von rund fünfzehn Jahren: der Einheitlichen Akte von 1986, dem Vertrag von Maastricht 1992, dem Vertrag von Amsterdam 1997 und dem Vertrag von Nizza 2000, und schon 2001 wird die Diskussion um die nächste Vertragsreform geführt. Das war eine völlig neue Dynamik, nachdem in den dreißig Jahren davor keine Vertragsreform vorgenommen worden war. Zu diesem Aufschwung gehörte weiterhin die Durchsetzung einer europäischen Währung und die verstärkte europäische Mitverantwortung für die Weltwährungsordnung, die Übernahme von neuen Verantwortlichkeiten für die Friedenssicherung in Europa, auch außerhalb der EU, auch der Beginn einer außenpolitischen Kompetenz der Union mit der Wahl des »Mr. Außenpolitik« und der Aufbau einer europäischen militärischen Eingreiftruppe. Diese neue Dynamik der europäischen Integration war in der vorhergehenden Phase schwer vorstellbar.

In dieser Vielfalt von Veränderungen erhielt auch die Demokratisierung in der EU einen neuen Anstoß, das Demokratiedefizit wurde etwas gemildert, und zwar nicht in einer Rückkehr zur Gründungszeit, sondern vielfach in neuen Formen. Der Einfluß des europäischen Parlaments verstärkte sich etwas. Ohne Zweifel blieb die Kompetenz des europäischen Parlaments bis heute weit hinter den Kompetenzen der nationalen Parlamente zurück. Das europäische Parlament hat drei klassische Rechte europäischer Parlamente nie erhalten: Es besaß und besitzt weder eine volle Gesetzgebungskompetenz, ist also nicht wie die nationalen Parlamente die Legislative; noch erhielt und hält das europäische Parlament die volle Kompetenz der Haushaltskontrolle; noch wird die Exekutive, also die Europäische Kommission, aus seiner Mitte gewählt. Alle diese Kompetenzen liegen weiterhin primär bei der Europäischen Kommission, vor allem aber beim Europäischen Rat, dem Machtzentrum der EU, für das es auf der nationalen Ebene kein Pendant gab und gibt. Aus diesem Grund blieben auch die Möglichkeiten des europäischen Parlaments begrenzt, in der europäischen Öffentlichkeit zu wirken. Weder durch aufsehenerregende Debatten über Gesetzesvorhaben oder über den europäischen Haushalt noch durch spektakuläre Wahlen oder Abwahlen von Regierungen noch durch klar einander gegenüberstehende Regierungsmannschaften oder Regierungsprogramme bei den Europawahlen konnte das Parlament in der Öffentlichkeit Aufmerksamkeit erregen und die seit den ersten Direktwahlen 1979 kontinuierlich sinkende Wahlbeteiligung bei den Europawahlen wieder erhöhen.

Seit den späten 1970er Jahren verstärkte sich trotzdem der Einfluß des europäischen Parlaments spürbar. Der wichtigste Zugewinn war die Direktwahl, die zumindest die Chance eröffnete, das europäische Parlament zu einer der Säulen der europäischen Öffentlichkeit werden zu lassen und durch das Parlament auch stärker Druck in der Europäischen Union ausüben zu können. Schon durch die Einheitliche Akte von 1986, aber auch durch die neuen Verträge der 1990er Jahre gewann das europäische Parlament über Zustimmungsrechte Einfluß auf das Gesetzgebungsverfahren und auf die Verabschiedung des Haushaltsbudgets. Auch die Bildung der Europäischen Kommission, die Auswahl des Kommissionspräsidenten und der einzelnen Kommissare, ist nur noch in Verhandlungen mit dem europäischen Parlament möglich. Ohne die Zustimmung des Parlaments kann daher weder über Gesetze noch über den Haushalt noch über die Europäische Kommission entschieden werden. Der Aufbau von konsistenten Parlamentsfraktionen hat diesen Einfluß des Europäischen Parlaments weiter verstärkt.

Seit den späten 1990er Jahren gewann die Unionsbürgerschaft ganz allmählich mehr an Konturen. Ohne Zweifel blieb die Unionsbürgerschaft erheblich schwächer als die nationalen »citizenships«. Ein justiziabler Grundrechtskatalog, der in die Verträge der Union aufgenommen wurde, die Rechte und Pflichten der Unionsbürgerschaft für jeden Unionsbürger klar faßbar umschreibt und vor dem Gerichtshof der Union eingeklagt werden kann, entstand bisher nicht. Ein grundlegenderer und schwerer änderbarer Rückstand der Unionsbürgerschaft: Es gibt keine Anzeichen dafür, daß der klassische nationalstaatliche Pflichten- und Rechtekatalog, die Steuern, der Militärdienst, die Schulausbildung, die nationalen öffentlichen Leistungen und Rechte, oder die modernen, seit dem Zweiten Weltkrieg entstandenen Pflichten und Rechte der Sozialbeiträge und Sozialleistungen in die Unionsbürgerschaft aufgenommen werden. Loyalitäten, die auf Pflichten aus Solidarleistungen beruhen, werden deshalb gegenüber der Union vorerst nicht entstehen. Trotzdem brachten die 1980er und 1990er Jahre wichtige Schritte in Richtung auf eine Unionsbürgerschaft. Eine Pionierrolle in der Entwicklung einer Unionsbürgerschaft übernahm der Europäische Gerichtshof in Luxemburg, der sich seit den 1970er Jahren in seiner Rechtsprechung immer mehr den Schutz der Grundrechte der europäischen Bürger zur Aufgabe machte, obwohl die EG keine eigenen Grundrechtscharta besaß. In den engen, von den europäischen Verträgen gezogenen Grenzen seiner Möglichkeiten fällte er wichtige Urteile zum Eigentumsschutz, zur gleichen Bezahlung von Männern und Frauen, zur Nichtdiskriminierung, zur

Unverletzlichkeit der Wohn- und der Privatsphäre, zur Vereinigungsfreiheit. Er ergänzte damit den Europäischen Gerichtshof für Menschenrechte des Europarats in Straßburg, der sich zwar auf eine ausgearbeitete Grundrechtscharta, die Europäische Menschenrechtskonvention von 1953, stützen kann, aber doch ein nur wenig verbindlicher internationaler Gerichtshof blieb. Deshalb bedurfte es daneben eines eigenen, verbindlichen Grundrechtsschutzes der EU für die Unionsbürger durch ein eigenes Gericht. Seit den 1990er Jahren begannen auch die anderen europäischen Institutionen, das Konzept einer europäischen Staatsbürgerschaft weiterzuentwickeln. Im Vertrag von Maastricht von 1992 wurde erstmals das Konzept der Unionsbürgerschaft erwähnt, es blieb freilich noch wenig substantiell, beschränkte sich weitgehend auf das Wahlrecht. Im Amsterdamer Vertrag von 1997 wurden wenigstens zwei Grundrechte, die Gleichheit von Männern und Frauen und das Recht auf Nichtsdiskriminierung, ausdrücklich neu in die Verträge aufgenommen, bewußt an den Anfang der Verträge gestellt und damit die schon im Vertrag von Rom 1957 gesicherten europäischen Grundrechte auf Freizügigkeit in der Union und auf freie Berufsausübung in der Union ergänzt. Die Kompetenzen des Europäischen Gerichtshofs zum Schutz der Grundrechte wurden zudem im Amsterdamer Vertrag ausgedehnt. Auf dem Gipfel in Nizza wurde 2000 ein moderner Grundrechtskatalog beschlossen, der allerdings nicht justiziabel ist.

Parallel dazu entwickelte die Union seit den 1980er Jahren auch eine Politik der europäischen Symbole, die die Unionsbürger stärker an die Union binden sollten und damit ebenfalls Teil der Unionsbürgerschaft sind. Nach zähen Verhandlungen wurde seit 1985 ein wichtiges Symbol der Unionsbürgerschaft, der gleich aussehende Paß für alle Unionsbürger, ausgegeben. Einen handfesten Sinn bekam er erst in den späten 1990er Jahren durch den Wegfall der Paßkontrolle für Unionsbürger innerhalb eines Großteils der Europäischen Union. Die europäische Flagge mit den zwölf Sternen auf blauem Grund wurde 1986 zur offiziellen Flagge der Europäischen Union erhoben und setzte sich rasch in der Öffentlichkeit als europäisches Symbol durch, vor öffentlichen Gebäuden, auf Autokennzeichen ebenso wie in der Werbung. Sie wurde rascher und stärker angenommen als die Europahymne, die Ode an die Freude von Beethoven, oder die Europatage am 5. Mai, dem Europatag des Europarats bzw. am 9. Mai, dem Europatag der Europäischen Union in Gedenken an die Deklaration Robert Schumans. Die europäischen Geldscheine werden eine ähnliche symbolische Bedeutung im Alltag der Europäer bekommen.

In den 1990er Jahren war auch eine europäische Identität entstanden. Sie war sicher deutlich schwächer als die europäischen nationalen Identitäten. Nur rund die Hälfte der Unionsbürger sah sich als Europäer an, meist gleichzeitig und meist auch vorrangig als Bürger einer Nation, mit erheblichen Unterschieden von Land zu Land. Welche Motive und Inhalte hinter dieser Identifizierung mit der Europäischen Union stehen, blieb wenig bekannt. Die Umfrageergebnisse waren widersprüchlich. Ein breite Mehrheit erwartete von der EU Entscheidungen in vielen Politikfeldern, aber die Zahl der Unionsbürger, die von der Nützlichkeit der Union überzeugt waren, sank in den meisten Mitgliedsländern.[18] Offen und ungeklärt blieb auch, ob die ersten Schritte zu einer rechtlichen und symbolischen Unionsbürgerschaft von den Bürgern so genau registriert wurden und ob sie sich damit identifizierten. Aber auf jeden Fall gab es spätestens seit den 1990er Jahren Tendenzen zur Unionsbürgerschaft ebenso wie zu einer europäischen Identität.

In den 1980er und 1990er Jahren entwickelte sich stärker als zuvor eine europäische Zivilgesellschaft. Sie hing in der Regel nicht mehr von Initiativen der Regierungen ab, sondern entstand oft auch durch Initiativen aus der Zivilgesellschaft selbst. Eine schwer überschaubare Zahl von europäischen Netzen entstand, von Stadtoberhäuptern ebenso wie von Rektoren, von Regionen ebenso wie von Berufsverbänden, von Wohlfahrtsverbänden ebenso wie von Menschenrechtsorganisationen, Europäische Ligen und Verbände in vielen Sportarten ebenso wie europäische Kulturinitiativen, europäische wissenschaftliche Netze zwischen einzelnen Universitäten und Forschungsinstituten, im Zusammenhang mit den Rahmenprogrammen der EU ebenso wie auf europäischen Fachkongressen einzelner Wissenschaftsdisziplinen, als Folge von Kooperationen zwischen zentralen europäischen Wissenschaftsstiftungen oder des Erasmus/Sokrates-Programms ebenso wie auf Initiative einzelner Wissenschaftler. Diese europäische Zivilgesellschaft ist allerdings in ihrer historischen Entwicklung enttäuschend wenig untersucht. Der neue Aufbruch der europäischen Zivilgesellschaft seit den 1980er Jahren, teilweise schon seit den 1970er Jahren, entstand nicht nur unter den Interessengruppen, die Einfluß auf die Politik der EU nahmen, sondern aus zahlreichen Netzen mit anderen europäischen Zielen. Diese Zivilgesellschaft war eine wichtige Voraussetzung für eine weitere Demokratisierung der EU, die auf die Dauer nicht nur von oben veranstaltet werden konnte.

In den 1980er und 1990er Jahren verstärkten sich auch Elemente einer europäischen Öffentlichkeit. Dabei ist es wenig sinnvoll, den Entwicklungsgrad der europäischen Öffentlichkeit an den nationalen europäischen Öffentlichkeiten zu messen, da die EU von der Vielsprachigkeit und von stark bindenden nationalen politischen Kulturen geprägt war und auch auf lange Zeit geprägt sein wird, zwei Besonderheiten der europäischen politischen Öffentlichkeit, in denen sie sich von den meisten nationalen Öffentlichkeiten in Europa unterscheidet. Viele Tendenzen verstärkten in den 1980er und 1990er Jahren die europäische Öffentlichkeit. Es entstanden trotz wachsender internationaler technologischer und wirtschaftlicher Verflechtungen wie Satellitenfernsehen, Selbstwählferngespräche, Internet, internationale Medienkonzerne nur wenige europäische Zeitungen, Rundfunk- und Fernsehstationen; aber die Verflechtung zwischen den nationalen Öffentlichkeiten intensivierte sich, da in den europäischen Medien häufiger als in der Epoche davor dieselben europäischen Themen – der europäische Binnenmarkt, der Mauerfall, der Maastrichter und der Amsterdamer Vertrag, der Kosovo-Konflikt, der Euro – diskutiert wurden und in den Schlagzeilen häufiger als zuvor identische Themen auftauchten. Die Debatte über

Europa begann darüber hinaus seit den 1980er Jahren erheblich lebhafter zu werden, und zwar über die Entwicklung der supranationalen europäischen Institutionen ebenso wie über die europäische Gesellschaft und Kultur. Dabei politisierte sich diese Debatte stärker, verlor ihren früheren überwiegend politikfernen Charakter und wurde zu einer Debatte in einer normalen politischen Öffentlichkeit, die Machthaber kritisiert, korrigiert, aber auch Entscheidungsalternativen entwickelt. In den Sozial- und Geisteswissenschaften nahm die Zahl der Europaexperten deutlich zu. Expertenzirkel europäisierten sich stärker als zuvor. Eine europäische Expertenöffentlichkeit verstärkte sich. Die Intellektuellen entdeckten mehr als zuvor das Thema Europa, da ihnen seit den 1980er Jahren zunehmend bewußt wurde, daß die EU nicht mehr nur eine kleine Minderheit der europäischen Länder umfaßte, nicht mehr nur ein Wirtschaftsmarkt war, sondern auch außenpolitische, innenpolitische und kulturelle Kompetenzen erhielt und daß sich in Brüssel ein Machtzentrum zu entwickeln begann. Viele blieben der EU gegenüber skeptisch, ließen sie aber nicht mehr links liegen wie zuvor. Die europäische Öffentlichkeit funktionierte weiterhin anders als die nationalen Öffentlichkeiten, aber sie entwickelte sich weiter.

Diese Abmilderung, wenn auch sicher nicht Beseitigung der Demokratiedefizite der EU hatte mehrere Gründe, auf die nur kurz eingegangen werden kann. Sie hing zum Teil mit einzelnen Ereignissen, mit dem Ende der Teilung Europas und mit europäischen politischen Persönlichkeiten zusammen. Mindestens ebenso entscheidend waren freilich auch langfristige Veränderungen: die weitere Abmilderung der wirtschaftlichen und sozialen Unterschiede und die intensiven sozialen und kulturellen Transfers zwischen den verschiedenen Mitgliedstaaten der EU; die neuen Herausforderungen der Friedensstabilisierung in Europa, besonders auf dem Balkan und im Mittelmeerraum; das Ende des wirtschaftlichen Schönwetterprojektes EWG und die neuen Herausforderungen durch die wachsenden wirtschaftlichen und politischen Probleme der EU; auch die Entstehung einer neuen Strategie der Brüsseler Bürokratie zur Einbindung der europäischen Bürger in die Union, eine Strategie, die über die technische Durchsetzung eines europäischen Wirtschaftsmarktes hinausging.

Es ist nicht zu übersehen, daß wesentliche Defizite in der Demokratisierung der EU bestehen blieben und die Machtkonzentration in Brüssel, ein unaufhaltsamer Prozeß, immer noch schneller zunahm als ihre Kontrolle. Das Gewicht des europäischen Parlaments als demokratisches Kontrollorgan der EU blieb weiterhin zu schwach, vor allem im Bereich der Gesetzesinitiative, der Ausgabenpolitik und der Wahl der Europäischen Kommission. Gleichzeitig mobilisierten die Europawahlen zu wenig Wähler, da sie nicht genug Auswahl zwischen gegensätzlichen Mannschaften und Programmen boten. Die Wahlbeteiligung an den Europawahlen ging in beunruhigender Weise von 63 Prozent 1979 auf nur 49 Prozent 1999 zurück.[19] Die Unionsbürgerschaft, die die Europäer durch Pflichten, Rechte und Symbole an die Union bindet, war immer noch zu wenig gewichtig, enthielt zu wenig einklagbare Grundrechte und zu wenig Solidaritätspflichten. Die europäische Zivilgesellschaft war noch nicht genügend entwickelt, vor allem jenseits der Lobbies, im Bereich der Nichtregierungsorganisationen. Der europäischen Öffentlichkeit fehlte es immer noch an einer kritischen Masse von europäisch versierten Experten und europäisch orientierten Intellektuellen. Trotzdem entstanden in den vergangenen Jahrzehnten in allen diesen Kernelementen der Demokratisierung wichtige Ansätze und erste Entwicklungen, die man nicht übersehen sollte. Auf diese Entwicklungen werden die nächsten vier Kapitel eingehen und zuerst die Identifikation der Europäer mit der Europäischen Union, dann die Ansätze zu einer europäischen Öffentlichkeit, danach die Voraussetzungen und Chancen einer Unionsbürgerschaft und schließlich die Anfänge einer europäischen Zivilgesellschaft behandeln.

Europäische und nationale Identität
seit dem Zweiten Weltkrieg

Die Demokratisierung der Europäischen Union konnte sich in den vergangenen Jahrzehnten nur dadurch entwickeln, daß sich die Bürger mit ihr identifizierten. Demokratisierung und Identifizierung hingen und hängen eng zusammen. Dabei ist höchst umstritten, was zuerst kommen sollte: Ob sich zuerst die Bürger der EU mit ihr identifizieren müssen, bevor eine politische und soziale Demokratisierung einsetzen kann oder ob umgekehrt die Union eine deutliche Tendenz zur Demokratisierung aufweisen muß, bevor die europäischen Bürger anfangen, sich mit ihr zu identifizieren. Wie immer man diesen Zusammenhang sieht, auf jeden Fall gehört zu einer Geschichte der Demokratisierung der Europäischen Union die Geschichte der Identifizierung mit der Union.

Die Geschichte der europäischen Identität ist eng verbunden mit der Geschichte der nationalen Identität der Europäer. Beide Identitäten stehen in einer ganz eigenartigen Symbiose und Spannung zueinander. Die europäische Identität mißt sich häufig an der nationalen Identität, folgt oft deren Formen. Wissenschaftler und Politiker beurteilen die europäische Identität in der Regel mit den Maßstäben der nationalen Identität, sehen gleichzeitig die beiden Identitäten oft in einer Konkurrenz. Deshalb kann die europäische Identität im folgenden nicht für sich, sondern nur im engem Zusammenhang mit der nationalen Identität verfolgt werden. Allerdings hat sich die Forschung mit diesen Themen sehr unterschiedlich intensiv befaßt.

Die Nation erlebt in der Forschung der europäischen Historiker vor allem seit 1989-91 eine Renaissance. Ihre Ursprünge, ihre Erfindung, ihre Symbole und Emotionen treiben die Historiker mehr als früher um. Historiker sehen dabei in der jüngeren Zeit die nationale Identität zwar immer noch als eine widersprüchliche, für zwei Weltkriege mitverantwortliche, dadurch belastete Einstellung, aber doch zunehmend auch als ein menschliches Regelverhalten, als einen Grundbestandteil der modernen sozialen Organisation des Menschen an. Nationale Identität als Normalität bekommt mehr Raum in den Argumenten. Anthropologische und kulturgeschichtliche Ansätze gewinnen in der Forschung der Historiker an Gewicht. Denkmäler, Staatsbegräbnisse, Erinnerungsorte, nationale Feiertage und Sport werden in der Nationalismusforschung häufiger untersucht. Soziale Trägerschichten, innere und äußere Ausgrenzungen durch den Nationalismus, die Spannungen zwischen Nationalismus und Aufklärung, zwischen Nationalismus und Demokratie, die Brücken, die der Nationalismus zum Nationalsozialismus baute, werden weniger oft thematisiert.

Die Geschichte der europäischen Identität findet dagegen weit seltener die Aufmerksamkeit der Historiker. An ihrer Geschichte versuchen sich eher Wissenschaftler aus anderen Disziplinen: Politologen wie Herfried Münkler und Hans-Dieter Klingemann, Soziologen wie Edgar Morin und Richard Münch, Philosophen wie Philippe Nemo, Arabisten wie Rémy Brague oder Literaturwissenschaftler wie Paul M. Lützeler. Historiker, die darüber arbeiten, gehören oft nicht unbedingt zum mainstream, sondern sind Spezialisten der außereuropäischen Geschichte oder der internationalen Beziehungen oder der Geschichte der Ideen oder der internationalen Sozialgeschichte. Die Ideengeschichte herrscht vor, ergänzt vor allem durch die Analyse von Umfragen, selten durch eher kulturgeschichtliche Untersuchungen von Erinnerungsorten, von Erfahrungen des Fremden, von Symbolen.

Die Zusammenhänge von europäischer und nationaler Identität in der jüngsten Geschichte werden so gut wie nicht untersucht, meist nur gestreift. Ein entscheidender Grund dafür liegt in dem Maßstab, an dem die europäische Identität gemessen wird: Die europäische Identität wird meist als eine Art nationaler Identität auf europäischer Ebene, eine Art Replay, betrachtet und man erwartet, daß eine volle europäische Identität dieselben Emotionsbindungen und dieselbe Wirksamkeit in der Öffentlichkeit wie die nationale Identität besitzen muß. Die einen erhoffen sich, daß die europäische Identität dieselbe Bindung wie nationale Identität gewinnen wird; die anderen befürchten, daß eine bindende europäische Identität in dieselben Sackgassen und Katastrophen wie die nationalen Identitäten vor allem während der ersten Hälfte des 20. Jahrhunderts führen könnte. Aus beiden politischen Blickrichtungen wird die heutige europäische Identität explizit oder implizit häufig an der nationalen Identität gemessen, an ihrer Gefühlsbindung, an ihrer öffentlichen Präsenz in Symbolen, in öffentlichen Diskursen, in Erinnerungsorten, in Hauptstädten, im Sport, an ihrer Prägung der geographischen Denkhorizonte der Bürger, an ihrer jüngeren demokratischen politischen Kultur. Da sie vor dieser Meßlatte schwach wirkt, wird sie als politische quantité négligable, eine Kopfgeburt, je nach Blickrichtung oft auch als eine Art Enttäuschung oder Beruhigung angesehen. Es wird so gut wie nie gefragt, ob sich die europäische Identität vielleicht anders entwickelte und eine andere Natur hat als die nationale Identität. Es bleibt darüber hinaus auch oft unklar, mit welcher nationalen Identität die europäische Identität verglichen wird, mit der nationalen Identität des frühen 19. Jahrhundert oder des frühen 20. Jahrhunderts oder der heutigen nationalen Identität.

Kontraste zwischen nationaler und europäischer Identität

Europäische Identität und nationale Identität in Europa lagen und liegen deutlich auseinander. Sie unterschieden sich in mehreren wesentlichen Elementen ihres Grundcharakters. Die europäische Identität kann nicht einfach als eine Wiederholung des Nationalismus in einem weiteren geographischen Raum angesehen werden. Die europäische Identität läßt sich daher auch nicht immer mit den Methoden untersuchen, die die Nationalismusforschung entwickelt hat. Sieben wesentliche historische Unterschiede zwischen nationaler und europäischer Identität sollte man festhalten:

• Das moderne europäische Selbstverständnis orientierte sich stärker als die Nationalismen an klar bestimmten Zielen wie Demokratisierung, innerer Friedenssicherung und internationaler Verantwortlichkeit, Wohlstand und sozialer Sicherheit. Die europäische Identität stützt sich umgekehrt anders als die Nationalismen bisher selten auf Symbole wie Denkmäler, Hymnen, Mythen, Feiertage, Straßennamen, die Hauptstadt, Sportveranstaltungen, vor allem auch nicht, wie viele Nationalismen, auf eine einheitliche Sprache. Emotionen binden an Nationen, aber viel weniger an Europa. Sicher sollte man diese Unterschiede nicht überziehen. Das europäische Selbstverständnis verband sich nach dem Zweiten Weltkrieg nur allmählich mit diesen Zielsetzungen, auch mit der Demokratisierung. Gleichzeitig verwendet in der jüngeren Zeit auch die Europäische Union Symbole und Rituale. Trotzdem blieben die Unterschiede zwischen europäischer und nationaler Identität bis in die Gegenwart markant.

• Das moderne europäische Selbstverständnis entstand nicht wie viele Nationalismen aus einer militärischen oder zumindest gewaltsamen Widerstandsaktion gegen eine andere Nation, wie die amerikanische Identität in den militärischen Auseinandersetzungen mit Großbritannien während der Amerikanischen Revolution, die deutsche Identität in den napoleonischen Kriegen, die dänische Identität in den militärischen Konflikten mit Deutschland, die italienische oder tschechische Identität in den militärischen Konflikten mit der Habsburger Monarchie. Die moderne europäische Identität entstand vielmehr als Lehre aus zwei innereuropäischen Kriegen. Nicht ein militärischer Sieg oder eine heroische Niederlage gegen andere, sondern die Lehre aus inneren Kriegsverheerungen sind das Geburtsmerkmal des modernen europäischen Selbstverständnisses.

• Das europäische Selbstverständnis ist gleichzeitig weit älter und jünger als die europäischen Nationalismen. Europäische Identitäten entwickelten sich schon in der Entstehungszeit Europas während des Mittelalters. Das moderne europäische Selbstverständnis ist dagegen kein Produkt des 19. Jahrhunderts wie der europäische Nationalismus, sondern eine Konsequenz des katastrophalen ersten Teils des 20. Jahrhunderts, nicht viel älter als ein halbes Jahrhundert, es bezieht sich daher auch auf einen anderen historischen Kontext

• Das moderne europäische Selbstverständnis baute zudem nicht – wie oft das nationale Selbstverständnis gegenüber den Regionen – auf Abschwächung, Marginalisierung, Eliminierung seiner Mitgliedsländer auf. Die europäische Identität entstand meist nicht anstatt, sondern neben nationalstaatlichen Bindungen und baut oft auf ihnen auf, erhält sie, veränderte sie auch. Sie ist normalerweise eine Mehrfachidentität, entstand nur in Verbindung mit anderen Identitäten. Die innere Vielfalt Europas war und ist ein wesentlicher Bestandteil des europäischen Selbstverständnisses. Anders als in nationalen Identitäten, in denen die Eroberung, Annektierung, Unterwerfung, Assimilierung einzelner Regionen in der Regel Kernbestandteile der Geschichte war und in denen die regionalen Identitäten, die regionale Sprache, die regionalen Autonomien, die regionale Bildung und die regionalen Eliten zurückgedrängt wurden, entstand die Europäische Union durch freiwilligen Zusammenschluß, durch Beitritt von Nationalstaaten, nicht selten durch Volksabstimmungen. Symbol dafür ist vor allem das eigentliche Machtzentrum der EU, der Europäische Rat, die Versammlung der nationalen Regierungschefs. In keiner europäischen nationalstaatlichen Verfassung des 19. Jahrhunderts, auch nicht in den föderalen Verfassungen, war das föderale Organ das eigentliche politische Machtzentrum und damit vergleichbar mit dem Europäischen Rat. Es sei angemerkt, daß sich das moderne europäische Selbstverständnis auch grundsätzlich von den europäischen Vielvölkeridentitäten wie der Habsburger Monarchie, der Sowjetunion oder Jugoslawien unterscheidet. Auch diese europäischen Vielvölkerstaaten beruhten auf der Hegemonie einer Nation über andere Nationen und krankten deshalb an besonderen Spannungen zwischen Nationalismus und Vielvölkeridentität. Die europäische Identität entstand als explizites Gegenmodell gegen den Extremfall eines Vielvölkerregimes, gegen den rasch gescheiterten Versuch Hitlers, Europa unter die militärische Herrschaft und Ausbeutung durch eine einzelne Nation zu zwingen.

• Das moderne europäische Selbstverständnis sieht sich auch viel weniger als die Nationalismen als Modell. Das Nationalbewußtsein versteht sich in der Regel als Ende der Geschichte, als ein Prinzip, nach dem sich die ganze Welt organisieren wird und das damit die höchste Entwicklungsstufe von sozialen Gruppierungen darstellt. Dagegen verbindet sich mit dem europäischen Selbstverständnis kaum die Erwartung, daß sich der Rest der Welt ähnlich wie Europa organisiert.

• Das europäische Selbstverständnis hat sich in seinen verschiedenen Arten seit dem späten 18. Jahrhundert anders entwikkelt als das nationale Selbstverständnis in Europa. Man kann fünf Arten des europäischen Selbstverständnisses unterscheiden: die europäische Überlegenheitsidentität, die auf dem Anspruch aufbaute, daß Europa in Politik, Wirtschaft und Kultur allen anderen Zivilisationen auf Dauer überlegen und Pionier der weltweiten Zivilisationsentwicklung ist; die europäische Bedrohungsidentität, die um die Angst vor einer militärischen, wirtschaftlichen oder kulturellen Bedrohung durch andere Zivilisationen kreist und Europa in einem Abwehrkampf sieht, das Verhältnis zwischen Europa und anderen Zivilisation nach einem Freund-Feind-Schema interpretiert; die verstehende europäische Identität, die Europa weder überlegen noch bedroht sieht, sondern von einer Andersartigkeit anderer Zivilisation ausgeht und entweder von den Vorzügen anderer Zivilisationen zu lernen oder sie besser zu verstehen versucht; die europäische Modernisierungsidentität, die in einem weltweiten Prozeß der Modernisierung Europa als eine moderne Gesellschaft, aber nicht als die modernste Gesellschaft sieht, und im Kontrast zur Überlegenheitsidentität auch ein rasches Nachziehen weniger entwickelter Gesellschaften für möglich hält; schließlich die europäische Identität der inneren Vielfalt, die anders als die übrigen Identitäten den Blick nicht nach außen, sondern in das Innere Europas lenkt und die innere europäische Vielfalt der Sprachen, Machtzentren, Kulturen, Institutionen, Strukturen, Entwicklungspfade als einzigartig im Vergleich zu anderen Zivilisationen ansieht, manchmal auch als Hauptmotor für die einzigartige Pionierrolle Europas in der Weltgeschichte. Die moderne europäische Identität mit ihren demokratie-, friedens- und wohlstandsorientierten Zielen verband sich vor allem mit den letzten drei Arten des europäischen Selbstverständnisses.

Diese verschiedenen Arten von europäischen Identitäten sind nicht einfach eine Wiederholung, ein Replay von nationalen Identitäten. Sie sind vielmehr besonders europäisch, und zwar schon deshalb, weil sie den Vergleich mit außereuropäischen Zivilisationen, dem Islam, den USA, Asien, Afrika ziehen, die nationalen Identitäten in Europa sich dagegen in der Regel mit anderen europäischen Nationen vergleichen. Anders sind die europäischen Identitäten auch deshalb, weil jede einzelne Art dieses europäischen Selbstverständnisses keine simple Wiederholung von nationalen Identitäten ist. Die europäische Überlegenheitsidentität verband sich zwar oft mit nationalen Überlegenheitsgefühlen, war aber häufig radikaler, uneingeschränkter, sicherer und naiver als nationale Überlegenheitsgefühle; die Bedrohungsidentität, die von manchen Sozialwissenschaftlern etwas vorschnell als Rückgrat jeder Identität angesehen wird und in der sich europäische und nationale Identitäten tatsächlich noch am ehesten ähneln, spielte im europäischen Selbstverständnis keine so prägende und verhängnisvolle Rolle wie in den nationalen Identitäten, drehte sich oft auch um andere, subtilere, kulturelle oder wirtschaftliche, nicht einfach militärische Arten von Bedrohung; die Identität der Andersartigkeit, die sich sicher auch unter den nationalen Identitäten findet, spielte im europäischen Selbstverständnis eine größere Rolle und bedeutete gleichzeitig einen größeren Schritt, weil sie den Europäern fremdere Zivilisationen erschloß als die oft benachbarten Nationen bei nationalen Identitäten; die europäische Identität der Andersartigkeit war jedenfalls schon im 19. Jahrhundert häufig zu finden. Die Modernisierungsidentität prägte die europäische Identität vor allem seit den 1950er Jahren ganz entscheidend, vielleicht sogar tiefergreifend als die nationalen Identitäten in Europa. Die Identität der inneren Vielfalt ist eine besondere europäische Identität, die in nationalen Identitäten selten eine vergleichbare Rolle spielt, jedenfalls außerhalb des deutschen Sprachraums.

• Das moderne europäische Selbstverständnis war auch auf

andere Institutionen bezogen als die nationalen Identitäten. Die nationalen Identitäten orientierten sich an etablierten, jahrzehnte- oder sogar jahrhundertealten Institutionen des jeweiligen Staates. Dort wo ganz neue Staaten entstanden, wie etwa nach dem Zweiten Weltkrieg die Bundesrepublik, wurden sie in die Geschichte nationalstaatlicher Institutionen eingeordnet. Die europäische Identität konnte sich dagegen nicht auf solche wirklich europäischen Institutionen beziehen. Die Montanunion von 1950 und die EWG von 1957 boten kaum einen solchen Bezugspunkt, da sie nur kleinere, wenn auch wichtige Teile Europas organisierten. Erst seit den 1980er Jahren, nach dem Beitritt Großbritanniens und der iberischen Halbinsel, gehörte eine Mehrheit der Europäer zur EG. Erst seit damals konnte die EU als eine Institution angesehen werden, die Europa repräsentiert. Aber auch die EU der 1980er und 1990er Jahre besitzt weit weniger Entscheidungs- kompetenzen als ein Nationalstaat beansprucht. Die europäische Identität hatte daher im Gegensatz zu den nationalen Identitäten auch während des Großteils der Nachkriegszeit immer etwas Idealistisches, Konstruiertes, Alltagsfernes an sich. Europäische Identität bezog sich lange nicht wie die nationale Identität auf handfeste politische Entscheidungen, Konflikte, klare Interessen, die den Alltag und das Denken der Masse der Europäer prägten. Sie war lange nicht wie die nationale Identität eine entscheidende und prägende Größe in der alltäglichen Öffentlichkeit, erschien deshalb immer abstrakter und leichter als die nationale Identität, freilich auch offener, formbarer, weniger belastet.

Nationale und europäische Identität unterschieden sich nicht nur. Sie wurden von Europäern auch nicht selten als unverein- bare Kontraste aufgefaßt. Es gibt sehr unterschiedliche Situatio- nen, in denen nationale und europäische Identität nicht als Dop- pelidentitäten, sondern als Gegenidentitäten angesehen wurden. Diese Situationen sind allerdings bisher wenig untersucht. Eine solche Situation war der Übergang von der faschistischen oder nationalsozialistischen Diktatur zur Demokratie. Das nationale Selbstbild war in solchen Situationen durch die Verbrechen und Demokratiezerstörung der jeweiligen Diktatur negativ geprägt,

Europa dagegen positiv mit westlicher Demokratie, Toleranz, Weltoffenheit, Wohlstand verbunden. Das Europabild in der deutschen Nachkriegszeit stand in einem solchen Kontrast zum diskreditierten deutschen Selbstbild. Das spanische Europabild in der spätfrankistischen Ära der 1960er und frühen 1970er Jahre stand in ähnlichem Gegensatz zum spanischen Selbstbild. Ganz anders der Kontrast zwischen europäischer Identität und nationaler Identität in Großbritannien und den skandinavischen Ländern, wo das nationale Parlament oder die nationale Zivilgesellschaft als Bollwerk der Demokratie, Europa häufig eher als technokratische Demokratiegefahr angesehen wird.

Die heutige Doppelidentität in Europa

Trotz dieser markanten Unterschiede zwischen nationaler und europäischer Identität verbanden viele Europäer in der jüngsten Geschichte beide Identitäten miteinander. Es entwickelte sich allmählich eine Doppelidentität oder sogar eine Mehrfachidentität: Eine Mehrzahl von Europäern in der EU betrachten sich in der Gegenwart als Europäer und gleichzeitig als Bürger ihres eigenen Landes. In der Gesamtheit der Union entschieden sich Mitte der 1990er Jahre rund die Hälfte der Unionsbürger für eine solche Doppelidentität. Nur ein starkes Drittel der Unionsbürger fühlte sich weiterhin ausschließlich an die Nation, nur ungefähr jeder Vierzehnte ausschließlich an Europa gebunden.

Allerdings war diese Doppelidentität unter den Mitgliedsländern der EU sehr ungleich verteilt. In den skandinavischen Mitgliedsländern, in Großbritannien und Österreich entschieden sich die Bürger weit seltener für die Doppelidentität als für die rein nationale Identität. Den schwächsten Rückhalt fand die Doppelidentität in Großbritannien und Schweden, wo sich nur ein Drittel der Bürger für sie, dagegen fast zweimal so viele Bürger für die rein nationale Identität entschieden. In Frankreich, Italien, den Beneluxländern, also in Gründungsstaaten der EWG von 1957, aber auch in Spanien wählte dagegen eine Mehrheit der Bürger die Doppelidentität. Diese Doppelidentität ist kein bloßes Konstrukt von Umfragen. Europäer sind sich der Doppelidentität offensichtlich durchaus bewußt. In Ländern wie Frankreich, Spanien, Italien, Deutschland, in denen sich eine Mehrheit der Bürger an eine Doppelidentität gebunden fühlte, hielten die meisten Bürger die nationale und europäische Identität für komplementär. Nur eine Minderheit hielt beide Identitäten für unvereinbar. In Großbritannien dagegen wurden beide Identitäten meist eher als Gegensätze und Widersprüche angesehen. Gleichzeitig entwickelten sich auch Symbole mit einer doppelten, nationalen und europäischen Bedeutung: Erinnerungsorte an die Weltkriege wie Verdun oder Erinnerungsgedenktage wie der 8. Mai 1945, die eine nationale und europäische Bedeutung erhielten; die Kombination von nationaler und europäischer Flagge vor öffentlichen Gebäuden; Autokennzeichen, die ihre nationale Eigenart mit der europäischen Flagge verknüpften; Europabriefmarken, die das gemeinsame europäische Thema in nationalen Varianten brachten; Waren, die gleichzeitig mit einem Land und mit europäischem Konsum assoziiert wurden. Diese Doppelidentität ist allerdings bisher kaum untersucht. Wir wissen wenig darüber, wann sie entstand und wie sie sich in den vergangenen Jahrzehnten und im Umbruch von 1989/90 veränderte. Zwei Fragen werden unter Experten immerhin diskutiert.

Die erste Frage dreht sich darum, welches Gewicht die europäische Identität in dieser Doppelidentität besitzt. René Girault wies zu Recht darauf hin, daß innerhalb dieser Doppelidentität die nationale Identität eine eindeutige Priorität besitzt, schon deshalb, weil die öffentlichen Diskurse und auch die öffentlichen Symbole wie Feiertage, Sozialbeiträge, Militärdienst, Währung bisher weiterhin national geblieben sind. Umfragen stützen seine Position. Die Befürworter der Doppelidentität geben, wenn sie eine Rangordnung der Identitäten aufstellen sollen, ganz überwiegend – rund fünf von sechs Anhängern der Doppelidentität – zuerst die nationale Identität und dann erst die europäische Identität als ihre Bindung an. Selbst hinter ihre regionale Identität stellen die meisten Europäer die europäische Identität zurück.

Das bedeutet allerdings nicht, daß die Europäer dem Nationalstaat auch in den politischen Entscheidungen durchweg den Vor-
zug geben. In wichtigen Fragen wollen sie nicht ihren eigenen
Nationalstaat, sondern die EU entscheiden lassen. Entscheidungen der EU bevorzugten die meisten Bürger in den neunziger
Jahren in der Außenpolitik, in der Verteidigung, in der Zusammenarbeit mit der Dritten Welt, im Umweltschutz, im Kampf
gegen Drogen, in der Einwanderungspolitik, im Kampf gegen
Arbeitslosigkeit, in der Forschung und Wissenschaft, in der Wäh-
rungspolitik, nationalstaatliche Entscheidungen dagegen in der
Medienpolitik, im Datenschutz, in der Gesundheitspolitik, im
Arbeitsschutz, in der sozialen Sicherheit und in der Bildung.
Das Vertrauen in nationale und europäische Institutionen war
1995 zudem grundsätzlich recht ähnlich. Selbstverständlich darf
man solche Umfragen nicht überinterpretieren. Wenn es wirklich
zu Kompetenzverlagerungen aus den Nationalstaaten in die EU
kommt, reagieren die Bürger oft anders als bei eher unverbind-
lichen Umfragen. Trotzdem gibt es einen paradoxen Gegensatz
zwischen der begrenzten Identifizierung mit der Europäischen
Union und diesen hohen Erwartungen in ihre politischen Entscheidungen.

Wie sich dieses Paradox erklärt, ist noch offen. Es kann sein,
daß es einfach seine Zeit braucht, bis sich die europäischen Bürger mit den europäischen Institutionen identifizieren, da sie sie
erst seit rund einem Jahrzehnt in ihrem Alltagsleben zu spüren
beginnen. Es kann aber auch sein, daß die europäischen Bürger
zwar steigende Erwartungen in die EU setzten, sich aber gleichzeitig von ihr in den 1990er Jahren in zwei fundamentalen Bereichen enttäuscht fühlten: in ihren Erwartungen auf einen steigenden Wohlstand durch den europäischen Markt, der statt dessen
seit den 1980er Jahren eine besonders hohe Arbeitslosigkeit auf-
weist; und in ihren Erwartungen von der europäischen Friedenssicherung, die durch den Krieg in Jugoslawien zeitweilig enttäuscht wurden, wobei die fehlende Kompetenz der EU beim
Bürger kaum zählte. Es mag lange Zeit dauern, bis diese Enttäuschungen kompensiert werden. Es kann aber auch sein, daß für

die politische Identifizierung der europäischen Bürger Solidaritätsleistungen wichtig wären, die der Nationalstaat mit seinem Wohlfahrtssystem und seinen öffentlichen Diensten bietet, die EU dagegen nicht. Es ist zudem auch möglich, daß die EU die Erwartungen der europäischen Bürger in vielen Kompetenzbereichen durchaus erfüllt, aber zu wenig gezwungen ist, ihre Leistungen den Bürgern nachzuweisen, weil sich die Europäische Kommission anders als die nationalen Regierungen keinem Wahlkampf zu stellen hat. Es kann schließlich auch sein, daß die europäische Identität der europäischen Bürger nur in bestimmten Konstellationen wie in öffentlichen Debatten über europäische Entscheidungen oder bei persönlicher Erfahrung mit außereuropäischen Gesellschaften auf Reisen oder den Begegnungen mit Waren, Besuchern, Institutionen aus außereuropäischen Ländern in der eigenen Gesellschaft mobilisiert wird und diese Situationen im Alltag selten auftreten. Jedenfalls bedeutet die höhere Priorität, die die Europäer der nationalen Identität geben, für sie nicht gleichzeitig auch eine höhere Priorität für Entscheidungskompetenzen des Nationalstaats.

Eine zweite Frage hat mit den Inhalten der europäischen Identität zu tun. Hinter der Diskussion von europäischer und nationaler Identität steht oft unausgesprochen die Annahme, daß die nationale Identität eher nach außen abschließend, provinziell, vorurteilsbeladen oder sogar aggressiv gegenüber anderen Nationen ist, während sich mit der europäischen Identität eher eine kosmopolitische Öffnung nach außen, Toleranz, Verständnis für andere Zivilisationen verbindet. Ronald Inglehart hatte in den 1960er Jahren Umfragen über die europäische Identität in dieser Richtung interpretiert. Er versuchte zu zeigen, daß die Anhänger der europäischen Integration eher weltoffen, menschenrechtsorientiert, für politische Partizipation, im übrigen auch eher jung waren und sich deutlich von den Gegnern der europäischen Integration unterschieden, die eher an Ordnung, Wohlstand, an materialistische Werte dachten. René Girault sah dagegen in den frühen 1990er Jahren die Gefahr einer ganz anderen europäischen Identität, einer »defensiven Solidarität«, der Abschließung

Europas nach außen, des Protektionismus, der Ablehnung der Immigration, des rigiden Verharrens auf dem Erreichten, also einer Annäherung der europäischen Identität an einen defensiven Nationalismus. Die Debatten über die »Festung Europa« und über den Orientalismus sehen ähnliche Gefahren. Wie stark die Weltoffenheit oder die Abschließung die Entwicklung der europäischen Identität in den letzten Jahrzehnten bestimmten, wäre ebenfalls dringend genauer zu untersuchen.

Die Annäherung der europäischen Identität und der nationalen Identität seit dem Ende des Zweiten Weltkriegs

Diese Doppelidentität entstand aus einer Annäherung. Das europäische Selbstverständnis und die nationalen Identitäten in Europa veränderten sich seit dem Zweiten Weltkrieg tiefgreifend, beide in verschiedener Weise. Am Ende kamen sie sich aus unterschiedlichen Richtungen und auf verschiedenen Wegen näher, ließen sich leichter in einer Doppelidentität verbinden, wenn auch mit den genannten großen Variationen zwischen den einzelnen europäischen Ländern.

Zuerst zu den Veränderungen des europäischen Selbstverständnisses seit 1945, das nur in groben Linien und ohne die vielfältigen nationalen Spielarten des europäischen Selbstverständnisses nachgezeichnet werden kann. Eine Veränderung der europäischen Identität, die in verschiedenen europäischen Ländern allerdings unterschiedlich ablief, war der Rückgang des Europaenthusiasmus. Die europäischen Bewegungen mobilisierten damals Zehntausende von Europäern, besonders auch junge Europäer. Zahlreiche Schriftsteller und Intellektuelle verfaßten Manifeste zur europäischen Einheit. Das ideale, fortschrittliche, aufgeklärte, demokratische, einige Europa erschien als der Kontrast zur damaligen düsteren nationalstaatlichen Wirklichkeit. Die ältere Generation der Europäer ist noch heute vielfach von der Erinnerung an diese enthusiastische Epoche geprägt. Dieser Europaenthusiasmus hielt sich allerdings in den meisten europäischen Ländern nur einige Jahre. Die Europabewegungen schwächten sich ab. Europa, die Entwicklung der europäischen Zivilisation, die europäischen Einheitspläne wurden danach in der breiten Öffentlichkeit immer weniger diskutiert. Die europäischen Entscheidungen für die Montanunion und die EWG wurden in recht geschlossenen Zirkeln von Politikern und Spitzenbeamten gefällt, zu denen manchmal auch einzelne Unternehmer, Gewerkschafter, Intellektuelle gehörten. Dieser Rückgang des Europaenthusiasmus fand überwiegend in den fünfziger Jahren statt.

Dieser Rückgang des Europaenthusiasmus hatte verschiedene Gründe. Zu ihnen gehörte der Kalte Krieg, der die Welt und vor allem auch Europa rigide in den liberalen Westen und den kommunistischen Osten teilte und damit Pläne oder Vorstellungen eines einheitlichen Europas nur noch als ferne Zukunftsutopie erscheinen ließ. Zu diesen Gründen gehörten auch die ersten Ansätze zur europäischen Integration, die in der EWG mit der Schaffung eines Wirtschaftsmarkts aus sechs europäischen Ländern in der Hoffnung begann, daß sich daraus eine politische Union entwickeln würde. Diese EWG war vielen Intellektuellen zu eng, zu materiell, zu kulturfern und lohnte in ihren Augen ein öffentliches Engagement nicht mehr. Zu den Gründen für den Rückgang des Europaenthusiasmus gehörte aber auch die Rückkehr des Vertrauens in den Nationalstaat, die in den einzelnen europäischen Ländern und in den verschiedenen politischen Milieus in unterschiedlicher Weise erfolgte, teils über die Stabilisierung der europäischen Demokratien, teils über den Aufschwung des Wohlfahrtsstaates, teils über den wirtschaftlichen Wiederaufbau und die wirtschaftliche Modernisierung durch den Nationalstaat, teils über eine Rückkehr zu nationalen Symbolen und zu öffentlichen Formen des nationalen Glanzes. Der Rückgang des Europaenthusiasmus bedeutete daher auch eine Abmilderung scharfer antagonistischer Spannungen zwischen europäischer Identität und nationaler Identität, zwischen einem Europabild, das wirtschaftlichen und politischen Fortschritt, Demokratie, Wohlstand, internationale Friedenssicherung verkörperte und einem nationalen Selbstbild der Demokratiezerstörung, des wirtschaftlichen Desasters, der militärischen Niederlage. In Deutschland, Italien, Spanien, Portugal waren diese Spannungen zwischen europäischer und nationaler Identität scharf und dauerhaft, milderten sich aber auch in diesen Ländern ab.

Eine zweite Veränderung des europäischen Selbstverständnisses erleichterte ebenfalls die europäische und nationale Doppelidentität: In einem langsamen Prozeß veränderte die öffentliche Debatte über Europa ihren Grundcharakter in zwei Richtungen. Europa verlor auf der einen Seite sein Krisenimage, von dem es besonders seit dem Ersten Weltkrieg stark geprägt war. Europa war entweder als eine Zivilisation in der Krise oder als eine alternative Utopie gesehen worden, über die nur in Krisenzeiten gesprochen wurde. Über Europa wurde nun auch außerhalb von Krisenzeiten diskutiert. Gleichzeitig veränderte sich das europäische Selbstverständnis in einem anderen grundlegenden Sinn: Europa wurde von den Europäern nicht mehr als die fortgeschrittenste, allen anderen überlegene, führende Zivilisation angesehen. Zweifel an der europäischen Suprematie entstanden unter Europäern zwar schon vor dem Ersten Weltkrieg. Aber erst der Zusammenbruch der großen europäischen Kolonialreiche in den drei Jahrzehnten nach 1945 von der Unabhängigkeit Indiens bis zum Zusammenbruch des portugiesischen Kolonialreichs in der Nelkenrevolution, trieb dem europäischen Selbstverständnis seine Überlegenheitsgefühle endgültig aus. Mit diesen beiden Entwicklungen verband sich das europäische Selbstverständnis ebenfalls leichter mit den europäischen nationalen Identitäten.

Ein weiterer grundlegender Wandlungsprozeß des europäischen Selbstverständnisses, der ebenfalls scharfe Kontraste zwischen europäischen und nationalen Identitäten abmilderte: die allmählich wachsende Politiknähe des europäischen Selbstverständnisses seit den 1960er Jahren. Die lebhafte Debatte, die Europäer im 19. Jahrhundert und im Großteil des 20. Jahrhunderts über die europäische Zivilisation, Kultur, Gesellschaft, Wirtschaft geführt hatten, hatte wenig Berührungspunkte mit politischen Entscheidungen, da es auf europäischer Ebene kein politisches Machtzentrum gab, mit dessen Entscheidungen sich diese Debatte über Europa hätte befassen können. Die Debatte über Europa war deshalb politikfern, nicht unpolitisch, aber eben doch auf großer Distanz zu politischen Entscheidungen geblieben, nicht selten eine bewußte kulturelle Kompensation für ein fehlendes politisches Entscheidungszentrum. Die Debatte über die politische Einheit Europas war gleichzeitig lange Zeit eine Debatte am Rande der damaligen Öffentlichkeit gewesen, wurde nur in den 1920er Jahren vorübergehend während der Ära Briand und Stresemann von den inneren Zirkeln der Macht aufgenommen, blieb auch meist noch dem Konzept des Gleichgewichts zwischen souveränen Staaten verhaftet. Mit der allmählichen Entstehung eines europäischen Machtzentrums in Brüssel wurden die Debatten über Europa auch politiknäher und den Debatten über die Nation im Grundcharakter ähnlicher.

Eng verbunden mit diesem Wandel knüpfte das europäische Selbstverständnis auch an spezifische politische Ziele an. Schon in der Zwischenkriegszeit und der unmittelbaren Nachkriegszeit entwickelten Europäer zwar in bestimmten Situationen schon Hinweise auf ein ausgeprägtes europäisches Selbstverständnis. So schrieb 1947 – um nur ein Beispiel zu nennen – Simone de Beauvoir bei einem USA-Besuch: »Das Wort 'Europäer', das ich nie in Frankreich gebrauchte, hier kommt es mir über die Lippen. Beendete ich eine Diskussion mit Amerikanern, dann schienen mir Italiener, Spanier, Franzosen, deutsche Juden alle die Kinder eines Vaterlands zu sein, das auch das meine ist: Sie alle hatten den Sinn für die gleichen Werte, für das Wechselspiel aus Frage und Diskussion.«[20] Welche einzelnen Werte hinter diesem europäischen Selbstgefühl standen, blieb freilich in der Regel unklar. Erst in den Jahrzehnten danach füllte sich dieses europäische Selbstgefühl, beginnend in den 1950er Jahren, allmählich mit klareren politischen Inhalten, zu denen innereuropäische Friedenssicherung, Sicherung der Menschenrechte und der Demokratie, wirtschaftlicher Wohlstand, oft auch soziale Sicherung gehörten. Auch mit dieser politischen Präzisierung näherte sich das europäische Selbstverständnis den nationalen Identitäten in Europa an, die sich nach dem Zweiten Weltkrieg ebenfalls immer mehr mit solchen Zielen verbanden.

Diese politischen Inhalte des europäischen Selbstverständisses konnten auch auf eine Erinnerungskultur über gemeinsame Erfahrungen aufbauen, an denen die zweite Hälfte des 20. Jahrhunderts weit reicher war als die Jahrhunderte zuvor. Die gemeinsame europäische Erinnerungskultur mußte sich in der Nachkriegszeit nach einem halben Jahrhundert innerer europäischer Kriege noch stark um die Antike und um Alteuropa drehen, da die Erfahrungen der unmittelbaren Vergangenheit damals nur trennten. Um 2000 war es nicht mehr nötig, solch ferne Vergangenheiten zu beschwören. Gemeinsame Erfahrungen des vergangenen halben Jahrhunderts gab es genügend: die der Befreiung vom NS-Regime; der Siegeszug der Demokratie in Europa und die Gemeinsamkeit der politischen Grundwerte; die Prosperität der 1950er und 1960er Jahre, aber auch die gemeinsame Alltagserfahrung des europäischen Raums durch Geschäftsreisen, Tourismus, Ausbildung und Arbeit in anderen europäischen Ländern; der Kalte Krieg, aber auch die Brücken zwischen dem geteilten Europa; die aufrührende gemeinsame Erfahrung des Umbruchs von 1989-91; schließlich nicht zuletzt auch die europäische Integration. Bisher allerdings haben sich diese gemeinsamen Erfahrungen noch selten zu einer europäischen Erinnerungskultur verdichtet.

Eine weitere und letzte tiefgreifende Veränderung, die europäisches Selbstverständnis und nationale Identität annäherten, war schließlich die massive Mobilisierung der öffentliche Meinung über europäische Entscheidungen und das Eindringen der europäischen Themen in den Alltag der Europäer seit der zweiten Hälfte der 1980er Jahre. Die öffentliche Debatte über Europa belebte sich ganz unverkennbar. Während die 1960er und 1970er Jahre eher eine Zeit des Schweigens über Europa in der allgemeinen Öffentlichkeit waren und sich nur Spezialisten für dieses Thema erwärmten, begannen nun Intellektuelle intensiv über die europäische Zivilisation, über die europäischen Institutionen, über Eurosklerose, über das europäische Modell zu diskutieren.

Ein wichtiger Grund dafür war, daß die EU nun die meisten westeuropäischen Länder umfaßte, seit 1989/90 auch osteuropäische Länder aufnehmen will und daher wirklich Europa zu repräsentieren begann. Gleichzeitig spürten auch die europäischen Bürger deutlicher, daß die EU etwas für ihren Alltag bedeutet. Die immer stärkere Durchsetzung vielsprachiger Warenauszeichnung, die Beseitigung der Personenkontrollen an den Grenzen und der Zollkontrollen im innereuropäischen Warenverkehr, die zahllosen europäischen Regelungen im Alltag vom Führerschein bis zur Nahrungsmittelqualität, vom Vertragsschutz bis zur Währung, von der Lastwagenlänge bis zu den Noten im Universitätsunterricht, die zunehmende Bedeutung der Entscheidungen des Europäischen Gerichtshofs, die rasche Verbreitung der europäischen Fahne nicht nur an offiziellen Gebäuden, sondern auch in der Werbung und auf den Autokennzeichen, die neue Unterscheidung zwischen den Mitbewohnern aus anderen Ländern der EU, die aus dem Lichtkegel der öffentlichen Aufmerksamkeit verschwanden und den außereuropäischen Immigranten, die Einführung der europäischen Währung, auch das erste Auftreten von europäischen Medien, Radios, Fernsehstationen, Zeitungen, ließen die EU nicht nur als eine schemenhafte, ferne Bürokratie, sondern mehr und mehr als eine alltagsnahe Institution erscheinen.

Dieses langsame Eindringen der EU in den Alltag der Bürger war zum Teil eine zielgerichtete Veränderung durch die Brüsseler Politik. Der negative oder knappe Ausgang der Referenden in Dänemark und Frankreich, die Widerstände gegen den Binnenmarkt und den Vertrag von Maastricht machten deutlich, daß die Entscheidungen über die Weiterentwicklung der EU nicht mehr wie zuvor in kleinen Zirkeln von Politikern, hohen Beamten und Experten gefällt wurden, sondern daß die europäischen Bürger über Wahlkämpfe und Volksabstimmungen mehr Einfluß gewannen. Die stärkere Bindung der Bürger an die Union wurde zu einem neuen politischen Ziel. Die Brüsseler Politik versuchte deshalb, europäische Symbole zu entwickeln. Die europäische Fahne wurde in diesem Sinn ein Erfolg, allerdings nicht die europäische

Hymne oder die europäischen Bauten in der Hauptstadt Brüssel und in Straßburg. Die Europäische Kommission versuchte weiterhin, ein eigenes Profil in den neuen Themen wie etwa der Umwelt, der Gleichheitsrechte für Frauen zu gewinnen, wiederum zum Teil mit Erfolg. Die Europäische Kommission versuchte schließlich auch, die EU als soziale Union zu konstituieren, so etwa soziale Grundrechte in den europäischen Grundrechtskatalog aufzunehmen, ein europäisches Programm zur Bekämpfung der Arbeitslosigkeit zu entwickeln, ein europäisches Programm für den Studentenaustausch aufzubauen. Auch die Entstehung einer europäischen Währung hat nicht nur wirtschaftliche Hintergründe, sondern ist auch als ein europäisches Symbol im Alltag der Europäer gedacht. Es wäre allerdings ein grober Fehlschluß, diese größere Bedeutung der EU für den Alltag der Europäer nur aus der Brüsseler Politik zu erklären. Sie wurde auch von der europäischen Zivilgesellschaft und vielen europäischen Bürgern gewollt und vorangetrieben. Auf jeden Fall brachte auch sie die europäische Identität den nationalen Identitäten näher.

Nicht nur die europäische Identität wandelte sich seit dem Ende des Zweiten Weltkriegs. Auch die nationalen Identitäten veränderten sich in Europa. Obwohl dabei die Unterschiede zwischen den einzelnen europäischen Nationen groß sind, soll doch versucht werden, grobe allgemeine Tendenzen des Wandels der nationalen Identitäten in Europa nachzuzeichnen. Fünf Veränderungen erscheinen besonders wichtig und erklären mit, warum eine europäische Doppelidentität in den 1980er und 1990er Jahren entstand und sich frühere scharfe Widersprüche zwischen nationaler und europäischer Identität abgemildert haben.

Erstens waren die nationalen Identitäten durch die nationalstaatlichen und nationalen Konflikte des frühen 20. Jahrhunderts, vor allem durch den Zweiten Weltkrieg, auf lange Zeit diskreditiert. Im einzelnen gab es dabei große Unterschiede zwischen den europäischen Ländern. In Deutschland war die nationale Identität durch den rassischen Nationalismus des NS-Regimes und seine Verbrechen schwer belastet, in Italien und in Ungarn durch die Beteiligung am Zweiten Weltkrieg und durch die Koalition mit NS-Deutschland, in Spanien und Portugal durch die Diktaturen. Auch in den von NS-Deutschland besetzten west- und osteuropäischen Ländern wurde die nationale Identität geschwächt, weil der Nationalstaat in der militärischen Auseinandersetzung mit NS-Deutschland offensichtlich allein nicht in der Lage war, seine Selbstständigkeit zu erhalten. Nur in wenigen europäischen Ländern, vor allem in Großbritannien, dem einzigen europäischen Land, das das NS-Regime unbesetzt militärisch bekämpfte, überstand die nationale Identität den Zweiten Weltkrieg unbelastet, sogar gestärkt.

Diese Diskreditierung der nationalen Identität war zwar nicht von Dauer. In der Form des Wohlfahrts- und Leistungsstaats in Westeuropa und in der Form der Planwirtschaft in Osteuropa erlebte der Nationalstaat einen starken und unerwarteten Kompetenzzuwachs. Nationale Identitäten stabilisierten sich in Europa in der Form von wohlfahrtsstaatlichen Solidargemeinschaften. Trotzdem blieb nach den europäischen Erfahrungen der katastrophalen ersten Jahrhunderthälfte in einer Reihe europäischer Länder ein politisches Mißtrauen gegen den antagonistischen, agressiven Nationalismus erhalten, der in den Beziehungen zu anderen Ländern und zu Minoritäten im eigenen Land in Freund-Feind-Schemata dachte und immer eine Bedrohung des innereuropäischen Friedens sein konnte. Diese sich selbst mißtrauende nationale Identität verband sich leichter als der klassische Nationalismus mit supranationalen europäischen Institutionen.

Ein zweiter fundamentaler Wandel der nationalen Identität traf nicht alle Europäer, aber doch einen beträchtlichen Teil der Westeuropäer: der Zusammenbruch der Kolonialreiche in den dreißig Jahren nach 1945 bedeutet für Großbritannien, Frankreich, Spanien, Portugal, die Niederlande und Belgien nicht nur oft eine schwere innere politische Erschütterung. Die nationale Identität dieser Länder orientierte sich auch geographisch um, konzentrierte sich auf Europa, schloß nicht mehr die Kolonien und die von Europäern bewohnten Überseeterritorien ein. Die mentale Geographie europäisierte sich. Auch damit wurden die Voraussetzungen für eine Verbindung von nationaler und europäischer Identität günstiger.

In Deutschland, das 1945 längst keine Kolonien mehr besaß, lief ein paralleler Prozeß in den Beziehungen zu Osteuropa ab. Der Zusammenbruch des NS-Regimes und der Aufbau des Sowjetimperiums schnitt Deutschland von seiner früheren hegemonialen osteuropäischen Einflußzone ab, die zwar nur in kleineren Teilen eine formale Vorherrschaft bedeutet hatte, aber doch von deutscher Seite oft als eine informelle Suprematie angesehen wurde. Mit den Verbrechen der NS-Besatzung war diese deutsche Vorherrschaft, die schon in der Folge des Ersten Weltkriegs eingeschränkt war, auf Dauer diskreditiert. Nach dem Zusammenbruch des Sowjetimperiums knüpfte daher die deutsche Politik nicht an diese Suprematietraditionen an, sondern orientierte sich trotz oder wegen der starken deutschen Exporte und Investitionen an einem partnerschaftlichen Verständnis der Beziehungen mit den ostmittel- und osteuropäischen Staaten. Auch diese neue Haltung war eine entscheidende Voraussetzung für die europäische Doppelidentität.

Ein dritter fundamentaler Wandel war die Veränderung der nationalen Identitäten durch Abschwächung des klassischen souveränen Nationalstaates und die Entstehung des manchmal als weich bezeichneten, heutigen europäischen Nationalstaats. Mehrere längerfristige Veränderungen des Nationalstaats nach 1945 sind damit gemeint. Eine Veränderung betraf die internationalen Beziehungen. Die klassische Autonomie der nationalstaatlichen Außen- und Verteidigungspolitik wurde durch ein neues Konzept ersetzt, das nicht mehr auf dem Prinzip der Balance zwischen völlig souveränen europäischen Mächten, das seit dem Wiener Kongreß von 1815 als Kontrast zum Napoleonischen Europa dominiert hatte, sondern auf der Idee der Friedenssicherung durch wechselseitige Kontrolle der Nationalstaaten über supranationale Institutionen und damit auf einem Verzicht von nationalstaatlicher Souveränität beruhte. Dieses Konzept war zuerst bestimmend für die Montanunion, die nach der Idee des Schuman-Plans eine Friedenssicherung durch eine wechselseitige Kontrolle der militärisch wichtigsten Industrien bedeutete. Es prägte ebenso die EWG. Dieses Konzept stand auch hinter der NATO, in der allerdings die wechselseitige Kontrolle durch die Suprematie der USA und die begrenzte Kontrolle der USA durch die Europäer eingeschränkt war. Eine zweite Veränderung drehte sich um die internationalen Wirtschaftsbeziehungen. Unter bewußtem Bruch mit der Zwischenkriegszeit entstand ein neues Konzept, das auf eine Liberalisierung des Welthandels, auf einen Abbau der Zoll- und anderer nichttarifärer Handelsschranken zielte und damit ebenfalls die Autonomie und Souveränität der nationalstaatlichen Außenwirtschaftspolitik einschränkte. In der Liberalisierung des Welthandels wurde ein neues Instrument zur Schaffung von allgemeinem Wohlstand gesehen. Am weitesten verwirklicht wurde dieses Konzept in der europäischen Integration, wiederum zuerst in der Montanunion und später in der EWG, in der Zölle völlig abgeschafft und gleichzeitig die Entscheidungen über die Außenzölle von den Nationalstaaten auf die supranationalen europäischen Institutionen übertragen wurden. In milderer Form ohne formelle Abgabe von Souveränitätsrechten wurde dieses Konzept in den weltweiten Zollreduzierungsprogrammen des GATT vor allem durch die amerikanische Regierung durchgesetzt. Dieses Konzept war Teil der Pax Americana, der Verbindung von Liberalisierung der Weltwirtschaft, der Schaffung weltweiten Wohlstands und der weltweiten Stabilisierung der Demokratie. Diese Pax Americana beruhte nicht auf juristischen Souveränitätsverzichten, stellte aber doch eine moralische Einschränkung der außenwirtschaftlichen Autonomie der Nationalstaaten dar. Eine Abkehr vom klassischen Nationalstaat bedeutete aber auch der Übergang vom reinen Ordnungsstaat, der Regeln des Zusammenlebens der Bürger sicherte, zum Leistungsstaat, der massiv in die Wirtschaft und Gesellschaft intervenierte, materielle Leistungen in vieler Hinsicht anbot, massiv umverteilte und dabei gleichzeitig viel stärker auf Mitentscheidungen von Verbänden und Nichtregierungsorganisationen angewiesen war. Dieser Prozeß begann schon vor dem Zweiten Weltkrieg. Die wichtigsten neuen Bereiche nach 1945 waren der moderne Wohlfahrtsstaat und die wirtschaftliche Modernisierungspolitik der europäischen, west- wie osteuropäischen Staaten. Dieser Übergang bedeutete nicht nur mehr staatliche Intervention, sondern zumindest in Westeuropa auch eine Abschwächung der staatlichen Entscheidungsautonomie gegenüber nichtstaatlichen Organisationen. Insgesamt wäre es auch für Westeuropa ein grundlegendes Mißverständnis, diese Abkehr vom klassischen Nationalstaat als eine Einschränkung oder Schwächung zu sehen. Das Schlagwort vom »weichen« Nationalstaat kann in die Irre führen. Der europäische Nationalstaat gewann – wie schon gesagt – in der Entwicklung der Wohlfahrts- und Modernisierungspolitik erheblich an Kompetenzen hinzu, auch wenn er dafür Abstriche an seinem Entscheidungsmonopol, wenn dies je bestand, akzeptieren mußte. In der Außen-, Verteidigungs- und Außenwirtschaftspolitik verlor er zwar Souveränitätsrechte, aber die europäischen Regierungen gewannen gleichzeitig in den neuen supranationalen Institutionen erheblich an Einfluß. Die europäischen Bürger folgten in ihren Vorstellungen von der Aufteilung von europäischen und nationalen Entscheidungskompetenzen diesem Wandel. Auch dieser grundlegende Wandel des klassischen souveränen Nationalstaats erleichterte die Verbindung von nationaler und europäischer Identität.

Ein vierter Wandel mag mit der Entstehung dieses weichen Nationalstaats zusammenhängen: Die Einstellung der Europäer zu anderen europäischen Nationen begann sich ebenfalls zu wandeln. Die meisten Europäer sahen ihre eigene Nation allmählich nicht mehr in einem erbarmungslosen Kampf mit anderen Nationen um Territorien und Grenzen, um internationalen kulturellen Einfluß, um Weltmachtstellung, sondern eher in einer interessengebundenen Zusammenarbeit, in der es um Konkurrenz, aber auch um Kompromisse und gemeinsame Projekte geht. Das Vertrauen in andere Nationen nahm zu. Diese Einstellung breitete sich sicher nicht überall in Europa aus, ließ sich in den 1970er und 1980er Jahren in Griechenland überhaupt nicht und in Italien nur begrenzt finden. Die Europäer, die dieses Vertrauen in andere europäische Länder besaßen, schlossen in dieses Vertrauen auch nicht alle Länder ein, jedenfalls nicht die UdSSR, China, in den 1970er und 1980er Jahren nicht einmal die südeuropäischen Länder. Aber das grundsätzliche Selbstverständnis als Nation und die grundsätzliche Einstellung zu anderen Nationen hatte sich gewandelt und erleichterte ebenfalls die Verbindung von europäischer und nationaler Identität.

Ein fünfter Wandel der nationalen Identität hat mit dem Prozeß der Individualisierung zu tun, der seit den 1970er Jahren besonders die westeuropäischen Gesellschaften prägte und der eine Lockerung der Bindungen und Loyalitäten an große Organisationen verschiedener Art, an Kirchen, an Gewerkschaften, an Berufsorganisationen, aber eben auch an den Nationalstaat einschloß und dagegen kleinräumige Loyalitäten gegenüber der Familie, dem Freundeskreis, dem Wohnort erheblich verstärkte. Dieser Prozeß fand nicht in allen europäischen Ländern in gleicher Weise statt, lockerte auch nicht überall die Bindungen an die Nation. Umfragen zeigen, daß sich die Identifizierung mit der Nation zwischen den 1970er Jahren und den frühen 1990er Jahren vor allem in Westdeutschland, Italien, Frankreich, Belgien, den Niederlanden und Portugal abschwächte und 1990 in osteuropäischen Ländern wie Tschechien, Bulgarien und Estland niedrig war, dagegen sich in den skandinavischen Ländern, in Großbritannien, in Spanien, in Österreich, in Irland und in Griechenland kaum veränderte bzw. stärker blieb und auch in manchen osteuropäischen Ländern wie Polen, Ungarn, Litauen, Lettland nach 1990 hoch war. Dieser Prozeß der Individualisierung, der unter Sozialwissenschaftlern umstritten ist und unterschiedlich interpretiert wird, scheint jedenfalls den absoluten Loyalitätsanspruch der Nation in vielen europäischen Ländern gemildert zu haben und erleichterte dadurch die Verbindung von nationaler und europäischer Identität.

Diese vielfältigen Annäherungen der europäischen und nationalen Identität waren insgesamt keine Angleichung. Unterschiede verschwanden nicht. Vor allem muß diese Annäherung nicht auf Dauer bestehen bleiben. Drei Entwicklungen können diese Doppelidentität wieder auseinandertreiben. Bedroht werden kann die Doppelidentität durch eine europäische Identität, die ihre inhaltlichen Ziele der Demokratiestabilisierung, der innereuropäischen Friedenssicherung, des Wohlstands und der sozialen Sicherung der Bürger wieder aufgibt und zu einem bloß emotionalen Gemeinschaftsgefühl oder einer reinen Bedrohungsidentität verfällt, die sich nur aus äußeren Gefahren, nicht mehr aus eigenen Inhalten heraus definiert. Zwischen einer solchen ziellosen europäischen Identität und nationalen Identitäten, die weiterhin an den genannten Zielen orientiert sind, würden zunehmende Widersprüche und Spannungen entstehen. Die Verbindung zwischen nationaler und europäischer Identität würde dadurch auch zunehmend gefährdet. Eine andere Bedrohung der Doppelidentität wäre eine europäische Identität, die in die Zeiten der innereuropäischen Hegemonie einer Nation über die anderen europäischen Nationen zurückfällt und eine Hierarchie zwischen Führungsnationen und geführten Nationen aufstellt. Die Identitäten der Nationen, die einer solchen Hegemonie unterworfen wären, würden sehr bald in Spannung und Konflikt zu einer derartigen hegemonialen europäischen Identität geraten. Die Doppelidentität würde in einigen Ländern auseinanderfallen, in anderen Ländern zu einer hegemonialen Ideologie degenerieren. Eine weitere Bedrohung der Doppelidentität wäre eine Zunahme des Denkens in nationalen Antagonismen und ein Rückfall in die früheren Vorstellungen von gnadenlosen und naturgegebenen Konflikten zwischen den europäischen Nationen. Die europäische Identität würde dadurch inhaltsleer oder auf politisch belanglose Randphänomene verdrängt. Europäische und nationale Identität würden unvereinbar. Diese drei Bedrohungen der Doppelidentität sind aber derzeit nicht akut. In der nahen Zukunft erscheint deshalb eine Auflösung der Doppelidentität nicht wahrscheinlich. Es ist im Gegenteil nicht ausgeschlossen, daß sie auch im Norden Europas, in Großbritannien und auch im früher neutralen Österreich langsam breitere Unterstützung in der Bevölkerung bekommt.

Die Demokratisierung der europäischen Union hing und hängt in noch stärkerem Maß von der Entstehung einer europäischen

Öffentlichkeit ab. Es ist allerdings höchst umstritten, ob in den vergangenen Jahrzehnten eine europäische Öffentlichkeit entstand. Oft prallen ganz entgegengesetzte Einschätzungen aufeinander. Die eine, häufigere Einschätzung: Bisher entstand überhaupt keine transnationale europäische Öffentlichkeit, die die Entscheidungen der europäischen Institutionen in Brüssel wirksam kommentieren, kritisieren, kontrollieren könnte. Europaweite Medien, europaweite zivilgesellschaftliche Organisationen, Intellektuelle mit europäischer Ausstrahlung blieben bisher für die EU oder gar für Europa als Ganzes äußerst selten. Das Demokratiedefizit der EU besteht zu einem beträchtlichen Teil aus diesem Fehlen einer europäischen Öffentlichkeit. Die entgegengesetzte, nicht ganz so häufige Einschätzung: Die lange europäische Geschichte ist auch eine Geschichte transnationaler europaweiter Öffentlichkeiten. Einen Kommunikationsraum Europa gab es schon immer. Er baute schon im Mittelalter auf den Universitäten, auf der Kirche, auf der alteuropäische höfischen Kultur, in der Renaissance auf den transnationalen Netzen der Humanisten, in der Aufklärung auf der internationalen »république des lettres«, im späten 19. und 20. Jahrhunderts auf den zahlreichen internationalen Kongresse und Weltausstellungen auf. Eine internationale europaweite Öffentlichkeit in der zweiten Hälfte des 20. Jahrhunderts ist in dieser Einschätzung nichts grundsätzlich Neues, auch wenn sie im 20. Jahrhundert auf anderen Plattformen stattfindet, sich um andere Themen dreht und von anderen Trägerschichten gestützt wird als in der Zeit davor.

Was man mit »Öffentlichkeit« meint, muß man erklären und dieser Ausdruck ist auch nicht leicht in andere europäische Sprachen zu übersetzen. In der Regel versteht man darunter im Deutschen eine Vielzahl intermediärer, allgemein zugänglicher Foren zwischen den einzelnen Bürgern und den politischen Machthabern. Bei diesen Foren denkt man vor allem an soziale Bewegungen, Verbände, Gewerkschaften, Parteien, an die Medien in ihrer Vielfalt, aber auch an organisierte lokale Treffen zu Vorträgen und Demonstrationen, schließlich an das Gespräch auf der Straße, im Club und in der Kneipe. In diesen Foren wird politische Meinung formuliert und der politische Wille der Bürger an die Regierung vermittelt. Diese Foren bilden den Rahmen für öffentliche Kritik und damit auch eine Kontrolle der Regierung. Diese Öffentlichkeit entsteht nicht von selbst. Die Foren leben von Akteuren, die sie schaffen und nutzen. Öffentlichkeit bedeutet daneben aber auch die Öffentlichkeit der Macht, die Inszenierungen der Machthaber, die Riten, Erinnerungsorte und Symbole der Regierungen, die Präsentation der Regierungsentscheidungen, der Verwaltungakte, der Unternehmensergebnisse. Öffentlichkeit meint Macht der Öffentlichkeit ebenso wie Öffentlichkeit der Macht. Auch die EU bedarf dieser Öffentlichkeit und die Demokratisierung der Union kommt ohne eine europäische Öffentlichkeit nicht aus.

Eingehend geforscht wird allerdings über die Entwicklung der europäischen Öffentlichkeit bisher nur selten, erstaunlicherweise eher noch durch Soziologen, Medienwissenschaftler und Sozialhistoriker als durch die Fächer, die sich eigentlich mit Politik befassen, also die Politikwissenschaften und die politische Geschichte.

Der besondere Charakter der
europäischen Öffentlichkeit

Ähnlich wie bei der europäischen Identität kann man auch bei
der europäischen Öffentlichkeit die aus nationalen Erfahrungen
und Entwicklungen entstandenen Konzepte nicht ohne weiteres
auf die europäische Ebene übertragen. Einige Grundvoraussetzungen für politische Öffentlichkeit sehen auf der europäischen
Ebene anders aus als auf der nationalen Ebene: Eine gemeinsame
Sprache gab es bislang nicht; gemeinsame Bürgerorganisationen
und Bürgerforen, Medien, organisierte Meinungsträger waren
und sind selten; europaweite Verflechtungen und Kommunikation zwischen Intellektuellen, Verbandsvertretern, Parteimitgliedern und Organisationsrepräsentanten waren bisher weniger
intensiv als auf nationaler Ebene. Erwartet man allerdings, daß die
Geschichte der europäischen Öffentlichkeit in der zweiten Hälfte
des 20. Jahrhunderts eine Art spätes Replay der Geschichte der
nationalen Öffentlichkeiten seit dem 19. Jahrhundert war, kommt
man notgedrungen zu dem Schluß, daß sie schwach entwickelt
war und daß diese Schwäche sogar ein dauerhaftes, in der Natur
Europas liegendes Hindernis für eine volle demokratische Kontrolle der europäischen Entscheidungen ist. Auch in der Öffentlichkeit geht die supranationale EU andere Wege. Es erscheint
sinnvoller, sich an den Gegebenheiten der Europäischen Union
zu orientieren und einen dazu passenden Begriff von der Öffentlichkeit zu entwickeln.

In sechsfacher Hinsicht sieht die Geschichte der europäischen
Öffentlichkeit anders aus als die Geschichte der nationalen
Öffentlichkeiten in Europa. Die europäische Öffentlichkeit wird
man nicht so selbstverständlich wie die nationalen Öffentlichkeiten als homogene, einheitliche Öffentlichkeit ansehen können,
sondern eher als zusammengesetzte Öffentlichkeit konzipieren
müssen, die aus einer Verschränkung von nationalen Öffentlichkeiten besteht. Die Geschichte der europäischen Öffentlichkeit
muß sich deshalb besonders eingehend mit den Verflechtungen

zwischen den nationalen Öffentlichkeiten befassen. Ob man von der Entstehung einer europäischen Öffentlichkeit sprechen kann, hängt von dem Ausmaß und der Intensität dieser Verflechtungen ab. Dabei wird man nicht umhin können, auch ungleiche Verflechtungen in Europa zu verfolgen. Ungleiche Beziehungen zwischen einflußreichen nationalen Öffentlichkeiten, die Themen und Konzepte erfanden, international prägten und den eher peripheren nationalen Öffentlichkeiten, die Themen aufnahmen, modifizierten, aber nicht selbst über ihre Grenzen hinaus wirkten, waren in der europäischen Geschichte häufig, hingen im übrigen keineswegs von der Größe des Landes ab. Die transnationalen Verflechtungen werden in der Geschichte der europäischen Öffentlichkeit jedenfalls weit stärker beachtet werden müssen als die transregionalen Verflechtungen in der Geschichte der nationalen Öffentlichkeiten in Europa. Genauso wie bei den nationalen Öffentlichkeiten wird man dabei zudem noch unterscheiden müssen zwischen funktionalen, relativ abgeschlossenen, von einer eigenen Ausdrucksweise und eigenen Wertvorstellungen geprägten europäischen Teilöffentlichkeiten wie Wirtschaft, Kirche, Wissenschaft, Kultur und europäischen Teilöffentlichkeiten unterschiedlicher sozialer, ethnischer oder politischer Milieus.

Die europäische Öffentlichkeit baut zudem nicht auf einer einzigen Sprache wie die meisten nationalen Öffentlichkeiten, sondern auf vielen Muttersprachen und mehreren internationalen Verkehrssprachen in Europa auf. Das unterscheidet sie grundlegend von den meisten nationalen Öffentlichkeiten, schließt aber keineswegs eine funktionierende europäische Öffentlichkeit aus. Innerhalb wie außerhalb Europas, in der Schweiz, in Indien, in Taiwan, bestehen schon jetzt mehrsprachige demokratische politische Öffentlichkeiten, Länder wie Spanien und die USA weisen Tendenzen in dieser Richtung auf. Eine mehrsprachige europäische Öffentlichkeit ist durch eine fast revolutionäre kulturelle Veränderung erst denkbar geworden, die in der zweiten Hälfte des 20. Jahrhunderts stattfand: der Durchbruch der Fremdsprachenkenntnisse. Während um die Mitte des 20. Jahrhunderts nur eine kleine Minderheit der Europäer eine Fremdsprache sprach, konnten sich um 2000 knapp die Hälfte aller Europäer, unter den jungen Europäern sogar rund zwei Drittel in einer Fremdsprache unterhalten. Für eine nützliche Fremdsprache hielten fast drei Viertel der Europäer das Englische, über ein Drittel das Französische, knapp ein Viertel das Deutsche und ein Sechstel das Spanische.[21] Die europäische Öffentlichkeit ist in zweifacher Weise mehrsprachig. Die Amtssprachen der EU in der öffentlichen Präsentation und in Rechtstexten sind die nationalen Sprachen aller Mitgliedstaaten. Diese Vielzahl von Amtssprachen ist nötig, da das europäische Recht in allen nationale Sprachen ausgedrückt werden muß und da sich zudem die europäischen Bürger mit der Union nur identifizieren, wenn sie sich auch in ihrer Sprache artikuliert. Die europäischen Verkehrssprachen, die in Brüssel von den Parlamentariern des Europaparlaments, von den europäischen Beamten, von den anreisenden nationalen Politikern benutzt werden, sind dagegen im Wesentlichen das Englische und das Französische. Drückt man sich nicht in einer dieser beiden Verkehrssprachen aus, läuft man in der Regel Gefahr, nicht gehört und oft auch falsch übersetzt zu werden. Für die politische Kommunikation unter den Europäern ist es deshalb dringend nötig, den Fremdsprachenunterricht in Europa erheblich zu verstärken, Fremdsprachenunterricht für alle jungen Europäer anzubieten und den Schüleraustausch zwischen europäischen Ländern erheblich auszuweiten. Nur mit breiteren Fremdsprachenkenntnissen gibt es auch mehr europäische Öffentlichkeit.

Anders als die nationalen Öffentlichkeiten war die europäische Öffentlichkeit darüber hinaus nicht nur eine Geschichte von institutionalisierten öffentlichen Foren wie den Parlamenten, europaweiten Medien, europaweiten Organisationen, europaweiten Massenveranstaltungen. Die europäische Öffentlichkeit entstand in der Form von europaweiten öffentlichen Debatten und intellektuellen Strömungen häufig jenseits solcher institutionalisierten Foren, jedenfalls häufiger als die nationalen Öffentlichkeiten. Nachrichten und Bewertungen von europäischen Ereignissen, europäische Themen, Konzepte, Denkweisen diffundierten auch ohne Institutionen europaweit aus. Die Aufklärung verbreitete sich ohne ein institutionalisiertes Forum in ganz Europa. Es gab nicht das europäische Journal oder den europäischen Salon der Aufklärung. Die europäische Nationalismen, die sich trotz ihrer Profilierung gegen andere Nationen in ihren Symbolen, Mythen und Riten, ihren Geschichtskonstruktionen und Erinnerungsorten häufig auffallend ähnelten und viel voneinander übernahmen, besaßen ebenfalls kein Zentralorgan. Auch die Verbreitung der Europaideen und des europäischen Selbstverständisses lief ohne ein europaweites Medium ab. Zahlreiche Intellektuelle, Journalisten, Wissenschaftler, Kulturübersetzer haben diese »weiche«, nicht institutionalisierte, europaweite Öffentlichkeit getragen. Die Geschichte dieser »weichen« europäischen Öffentlichkeit ist freilich mühsam zu untersuchen, weil sie nicht über klar bestimmbare, quellenmäßig leicht erschließbare Institutionen faßbar ist, sondern Debatten und Denkströmungen in vielen Sprachen aufgespürt werden müssen. Historiker und Sozialwissenschaftler untersuchen deshalb kaum diese »weiche« europäische Öffentlichkeit. Wenn sie das tun, lassen sie sich nicht selten ganz von den nationalen Unterschieden faszinieren und verfolgen dann die europaweiten Gemeinsamkeiten nur noch am Rande.

Der europäischen Öffentlichkeit fehlte außerdem auch im 19. und 20. Jahrhundert anders als den nationalen Öffentlichkeiten – wie schon erwähnt – lange Zeit ein direkter Bezug zur Macht, und zwar in einem doppelten Sinne: Einerseits gab es keine öffentliche Präsentation einer europäischen Macht wie in den nationalen Öffentlichkeiten, also keine Inszenierung einer europäischen Monarchie, einer europäischen Regierung, eines europäischen Parlaments, eines europäischen Gerichts, da solche Institutionen bis in das späte 20. Jahrhundert hinein nicht vorhanden waren. Andererseits gab es aus demselben Grund auch keine mächtige europäische Öffentlichkeit, keine direkte politische Einflußnahme auf ein europäisches Machtzentrum, auch keine europäische politische Gegenöffentlichkeit. Einige wenige Ausnahmen wie die europäische Gegenöffentlichkeit gegen die napoleonische Hegemonie über Europa, die europaweite Debatte über die großen europäischen diplomatischen Kongresse des 19. und frühen 20. Jahrhunderts, die geheime europäische Öffentlichkeit der Widerstandsbewegungen gegen die NS-Herrschaft weiter Teile Europas bestätigen diese Regel. Von diesen Ausnahmen abgesehen blieb die europäische Öffentlichkeit im Großteil des 19. und 20. Jahrhunderts ohne einen zentralen europäischen politischen Machtbezug. Die europäische Öffentlichkeit war daher eher politikfern, utopisch, eher zukunfts- als gegenwartsorientiert. Ohne Zweifel fehlte damit ein wesentliches Element politischer Öffentlichkeit. Das änderte sich auch nicht sofort mit der Gründung der europäischen Institutionen seit 1950. Sie waren lange Zeit zu sehr auf die Wirtschaft begrenzt, zu weit von den großen Themen der Politik entfernt, vor allem auch auf zu wenige Länder beschränkt, um Gegenstand einer breiten kritischen europäischen Öffentlichkeit werden zu können. Erst seit den 1980er Jahren setzte eine Neuentwicklung ein. Die EU wurde in mehr Politikfeldern aktiv. Sie griff stärker in den Alltag der Bürger ein. Sie umfaßte gleichzeitig einen großen Teil Europas. Sie wurde dadurch mehr und mehr zum politischen Bezugspunkt der europäischen Öffentlichkeit. Sie begann sich dadurch um wirkliche politische Entscheidungen, nicht mehr nur um politische Pläne, Forderungen, Hoffnungen zu drehen.

Schließlich stützte sich die europäische Öffentlichkeit auch anders als die nationalen Öffentlichkeiten längere Zeit nicht auf eine Mobilisierung der Masse der Bürger und entwickelte daher weder Massenforen noch Symbole für den Bürger. Die europäische Öffentlichkeit blieb besonders lange auf eine schmale Schicht von Politikern, Experten, Intellektuellen, Wissenschaftlern beschränkt. Sie war eher eine Expertenöffentlichkeit als eine allgemeine politische Öffentlichkeit. Gleichzeitig war das europäische Machtzentrum in Brüssel an seiner Präsentation in der europäischen Öffentlichkeit auch weit weniger interessiert als die nationalen Regierungen. Erst mit der Politisierung der europäischen Entscheidungen seit den 1980er Jahren wurde Europa – wie schon gesagt – ein Thema der breiteren politischen Öffentlichkeit der Masse der Bürger.

Die europäische Öffentlichkeit hat sich in den letzten zweihundert Jahren grundlegend gewandelt. Der Forschungsstand ist zwar noch sehr dünn und sehr ungleich. Aber in einer sehr groben und vorläufigen Form kann man doch vier Wandlungsepochen unterscheiden. In jeder dieser Epochen veränderte sich die europäische Öffentlichkeit in ihren soeben erwähnten Besonderheiten: in der Verflechtung zwischen den nationalen Öffentlichkeiten und der Entstehung explizit europäischer öffentlicher Foren, in der Debatte über das europäische Selbstverständnis, im Bezug der europäischen Öffentlichkeit zur Macht und im Zugang des Durchschnittsbürgers zur europäischen Öffentlichkeit. Diese Besonderheiten werden im folgenden als roter Faden dienen. Dabei soll bewußt nicht nur die Zeit seit dem Zweiten Weltkrieg behandelt werden, da die Eigenart der europäischen Öffentlichkeit erst in der längeren Perspektive des 19. und 20. Jahrhunderts erkennbar wird.

In einer ersten Wandlungsepoche der europäischen Öffentlichkeit entstand die klassische bürgerliche Öffentlichkeit im späten 18. und frühen 19. Jahrhundert. Zuerst in Großbritannien, Frankreich und in Deutschland, später im südlichen und östlichen Europa entwickelte sich eine Öffentlichkeit, in der organisatorisch ungebundene Privatleute über allgemeine politische Themen miteinander räsonnierten. Diese frühe europäische Öffentlichkeit hatte allerdings auch ihre Grenzen. Sie war auf eine schmale bürgerlich-adlige Schicht beschränkt, sah sich nur in Ausnahmesituationen einer kleinbürgerlichen und proletarischen Öffentlichkeit gegenüber. Die Träger dieser Öffentlichkeit waren zwar organisatorisch meist nicht eingebunden, hatten aber trotzdem ihre kulturellen und wirtschaftlichen Interessen. Der politische Einfluß dieses öffentlichen Diskurses war, von einzelnen Persönlichkeiten abgesehen, meist begrenzt. Das Gewicht dieser Öffentlichkeit als Gegenöffentlichkeit zu den herrschenden Monarchen war in der Regel schwach. Staatliche Zensur und Kontrolle lastete meist schwer auf der Öffentlichkeit. Der öffentliche Raum blieb in hohem Maß durch die Repräsentation der monarchischen Machthaber besetzt. Trotzdem ist diese Epoche für die Genese der politischen Öffentlichkeit in Europa, vor allem für die öffentliche Kommunikation, wichtig. Besonders die Öffentlichkeit während der Französischen Revolution diente als Modell. Diese Öffentlichkeiten waren nationale Öffentlichkeiten, aber die internationale Verflechtung dieser »république des lettres« war eng, da Sprachbarrieren noch keine große Bedeutung besaßen. Das Latein und vor allem das Französische waren in dieser schmalen Schicht der Träger der damaligen Öffentlichkeit weit verbreitet. Nationale Sprachen spielten noch nicht die vorherrschende Rolle, da die Identifizierung mit der Nation noch schwächer war. Wie öffentlich freilich diese internationale Verflechtung der »république des lettres« tatsächlich war, müßte noch genauer untersucht werden. Private Reisen und Gespräche, private Korrespondenzen waren tragende, aber eben meist nicht öffentliche Elemente dieser europäischen Verflechtungen. In dieser Epoche entwickelten sich tiefgehende Unterschiede zwischen einzelnen nationalen Öffentlichkeiten: in England und Frankreich eine schon eher autonome Öffentlichkeit, in Deutschland eine staatlich eingeengte und geprägte Öffentlichkeit. Weitere innereuropäische Unterschiede wären herauszuarbeiten. Diese scharfen innereuropäischen Kontraste waren sicher ein Hindernis für die Entwicklung einer europaweiten Öffentlichkeit. Eine gemeinsame europäische Aufklärungskultur entstand trotzdem in dieser Zeit. Krzysztof Pomian sieht diese Zeit sogar als eine der drei wichtigen Europäisierungsphasen in der Geschichte an.

In den nationalen Öffentlichkeiten Europas wurden auch europäische Themen diskutiert. Erste Anfänge einer europäischen Öffentlichkeit wurden darin sichtbar. Die Erfahrung anderer, nichteuropäischer Zivilisationen und daher die Beschäftigung mit dem europäischen Selbstverständnis gehörten in die öffentliche Diskussion des Zeitalters der europäischen Expansion und der persönlichen Erfahrung anderer Zivilisationen durch zahlreiche Europäer. Diese Debatte war breit, bezog sich auf europäische Kultur, Gesellschaft und Wirtschaft. Vor allem die Vorstellung einer dauerhaften europäischen kulturellen, militärischen, politischen und wirtschaftlichen Überlegenheit über alle anderen Zivilisationen kristallisierte sich in dieser Zeit allmählich heraus. Allerdings blieb die Debatte über das europäische Selbstverständnis meist politikfern und abgehoben von politischen Entscheidungen.

Diese öffentlichen Debatten über das europäische Selbstverständnis tangierten die Masse der Europäer nicht. Die Durchschnittseuropäer waren in lokale und regionale Öffentlichkeiten eingebunden. Ihre Beteiligung an der Öffentlichkeit war weitgehend auf den lokalen Rahmen, auf lokale oder kleinräumig regionale Feste, Riten, Treffpunkte, Märkte, Gerichtssitzungen im eigenen Dorf oder in der nächsten kleinen Stadt beschränkt. Nur die Kirchen, vor allem die Wallfahrten, boten transregionale und transnationale Erfahrungen und auch eine Art von überlokaler Öffentlichkeit an, aber ganz beschränkt auf die Religion. Im ganzen spielten europäische Identifizierungen in der Öffentlichkeit für die Masse der Europäer noch keine Rolle.

Eine zweite Wandlungsepoche der europäischen Öffentlichkeit, die sich sehr grob abzeichnet und vermutlich weiter zu unterteilen sein wird: Im Verlauf des 19. Jahrhunderts und in der ersten Hälfte des 20. Jahrhunderts verloren die nationalen Öffentlichkeiten in Europa allmählich ihre bürgerlich-adlige Exklusivität und weiteten sich schrittweise aus, schlossen allmählich mehr Frauen, nichtbürgerliche Schichten, Minderheiten ein. In einem unter Historikern und Soziologen kontrovers bewerteten Prozeß wurde das räsonnierende Individuum der frühen bürgerlichen Öffentlichkeit durch Medien, Parteien und Verbände ergänzt, verstärkt oder überlagert, die sich in der repräsentativen Öffentlichkeit zwischen die Bürger und die Ebene der zentralen Entscheidungen und Institutionen schoben. Die Bewertung dieses Prozesses müßte ebenso diskutiert werden wie seine Ursachen, also die Alphabetisierung, die Verstädterung, die schrittweise Durchsetzung des allgemeinen Männer- und später des Frauenwahlrechts, die Entstehung von Massenparteien und Massenorganisationen in vielen Bereichen, die Durchsetzung neuer Medien, der Massenpresse, später auch des Rundfunks, des Films und der Schallplatte. Die innereuropäischen Unterschiede in der Öffentlichkeit verschärften sich in dieser Periode eher noch weiter und steigerten sich während der Zwischenkriegszeit zum tiefen Kontrast zwischen den demokratischen Öffentlichkeiten des Westens und des Nordens und den inszenierten Öffentlichkeiten in den Diktaturen in Deutschland, in Ost- und in Südeuropa, auch den geheimen Gegenöffentlichkeiten in den Widerstandsbewegungen. Die europaweite Öffentlichkeit, soweit sie sich überhaupt herausgebildet hatte, spaltete sich also noch schärfer in rivalisierende, sich gegenseitig abschottende und sich bekämpfende nationale oder ideologische Öffentlichkeiten.

Eine entscheidende weitere Veränderung in dieser Epoche hatte mit der öffentlichen Rolle der Intellektuellen zu tun. Besonders in der Nachwirkung der Revolution von 1848 verstärkte sich in den meisten europäischen Ländern das öffentliche Gewicht der Intellektuellen spürbar, da mit der wachsenden Durchsetzung von Verfassungen das Recht der Meinungsfreiheit allmählich und stückweise, sicher nicht überall, verwirklicht wurde und da auch ein zunehmend breiterer Markt für Bücher, Zeitungsartikel, Theaterstücke von Intellektuellen entstand. Es gehört zur Widersprüchlichkeit der europäischen Öffentlichkeit, daß die europäischen Intellektuellen durch Reisen, durch Auslandsaufenthalte europaweite Netze knüpften, freilich gleichzeitig in der Regel nationalen Loyalitäten folgten.

In dieser Epoche entwickelten sich vielfältige neue europäische Foren. Vor dem Ersten Weltkrieg gehörten dazu nicht nur die zahlreichen internationalen politischen Kongresse über Sozialreform, Hygiene, Verkehr, Stadtplanung, die internationalen Sozialistenkongresse, sondern auch die Weltausstellungen, die Olympiaden, die internationale Fachöffentlichkeit der Wissenschaft, der internationalen wissenschaftlichen Fachpresse und der internationalen wissenschaftlichen Kongresse. Nach dem Ersten Weltkrieg kamen vor allem der Völkerbund, das Internationale Arbeitsamt in Genf (ILO), aber auch die eher technischen Organisationen wie Post- oder Telefongesellschaften, internationale wirtschaftliche Kartelle hinzu. Man kann allerdings die Entstehung dieser europäischen Foren nicht ohne weiteres als Entwicklungsschub einer europäischen Öffentlichkeit interpretieren. Die organisierte internationale Öffentlichkeit wurde in den Augen der Zeitgenossen in der Regel nicht als europäische, sondern als internationale Foren gesehen, auch wenn de facto diese institutionalisierte internationale Öffentlichkeit meist völlig von Europäern dominiert war. Darüber hinaus war in diesen internationalen Foren von einer gemeinsamen europäischen Identität meist wenig zu spüren. Schon vor dem Ersten Weltkrieg und noch viel stärker danach waren diese Foren von den Rivalitäten zwischen europäischen Nationalstaaten gekennzeichnet. Nur die europäischen Bewegungen der Zwischenkriegszeit waren im engeren Sinn Foren europäischer Öffentlichkeiten, geprägt von europäischer Identität. Auch all das wäre freilich noch genauer zu untersuchen.

Im späten 19. Jahrhundert und erneut seit dem Ersten Weltkrieg intensivierte sich die öffentliche Debatte über das europäische Selbstverständnis. Sie besaß zwei weitgehend getrennte Stränge. Auf der einen Seite verstärkte sich die Debatte über die europäische Zivilisation wieder. Es scheint allerdings, daß diese Debatte nicht so sehr in den soeben geschilderten organisierten europäischen Foren, sondern weiterhin in einer »weichen«, nicht organisierten Form der europaweiten Öffentlichkeit stattfand. Vor allem die aufsteigenden USA, deren Bevölkerung und Wirtschaftskraft vor dem Ersten Weltkrieg erstmals die großen europäischen Nationen überholte, gaben den Anstoß zu einer Debatte über die europäische Kultur, Wirtschaft, Gesellschaft und über Vorzüge und Kosten der Modernität.

In dem Krisengefühl, das nach dem Ersten Weltkrieg die Debatte über Europa bestimmte, entstand auch eine neue, explizite Identifizierung mit Europa, ein Gefühl, Europäer zu sein. Diese Identifizierung überschnitt sich mit der seit dem Ersten Weltkrieg langsam aufdämmernden Erkenntnis, daß die Überlegenheit der europäischen Zivilisation zu Ende ging und einer Welt neuer Supermächte Platz machte, zu denen Europa nicht gehörte. Diese Debatte über die europäische Zivilisation blieb allerdings weiterhin meist auf Distanz zu politischen Entscheidungen, teils, weil es weiterhin kein politisches europäisches Entscheidungszentrum gab, teils, weil viele Debattenteilnehmer generell eine Distanz zur Politik wollten.

Auf der anderen Seite verstärkte sich am Ende dieser Epoche, in der Zwischenkriegszeit, die Debatte über die politische Einheit Europas, die auch schon im 18. und frühen 19. Jahrhundert geführt worden war. Die Einheitspläne blieben auch nicht mehr in der Peripherie der Politik hängen, sondern wurden erstmals von Regierungen – am spektakulärsten von Briand und Stresemann in ihrem Projekt einer Zollunion – aufgegriffen, aber noch nicht realisiert. Darüber hinaus wurden während des Zweiten Weltkriegs angesichts der NS-Besetzung großer Teile Europas die klassische Idee der europäischen Friedenssicherung durch eine Balance der europäischen Großmächte aufgegeben und im europäischen Widerstand gegen das NS-Regime erstmals Konzepte von supranationalen Institutionen entwickelt.

Die Entstehung der institutionalisierten Foren der europäischen Öffentlichkeit, aber auch die beiden Stränge der Debatte über Europa tangierten allerdings weiterhin den Durchschnittsbürger wenig. Europa und europäische Öffentlichkeit blieben auch in dieser Epoche eine Angelegenheit der Eliten und Intellektuellen.

Eine dritte Epoche der Geschichte der europäischen Öffentlichkeit kann man für die Zeit nach dem Zweiten Weltkrieg ansetzen. Für sie gibt es noch keine griffige Bezeichnung. In dieser Epoche schwächte sich die Monopolstellung der Druckmedien rasch ab. Das Fernsehen trat seinen Siegeszug an. Professionalisierungsprozesse prägten Öffentlichkeit und Kommunikation, etwa im Bereich der Meinungsbefragung. Die Bildungsexpansion, d.h. das Ende des immer noch verbreiteten Analphabetismus in Süd- und Osteuropa, aber vor allem auch die starke Zunahme von Europäern mit mittleren oder höheren Abschlüssen veränderten die Einstellung zur Rolle des Bürgers in der Öffentlichkeit und prägten diese Epoche ebenso wie die endgültige Durchsetzung des Frauenwahlrechts, die neue Macht der Gewerkschaften, später auch der Nichtregierungsorganisationen. Die innereuropäischen Unterschiede der Öffentlichkeiten verschwanden in dieser Epoche sicher nicht, sie verhärteten sich sogar in der Ost-West-Teilung des Kontinents, aber sie dürften sich mit der Stabilisierung der Demokratie zuerst in ganz Westeuropa und dann im Umbruch von 1989-91 in Ostmitteleuropa, wenn nicht in ganz Osteuropa doch abgemildert haben. Welche Rolle die Entstehung von internationalen Medienkonzernen in Presse, Fernsehen und Buchproduktion dabei spielte, ist noch wenig geklärt.

Die öffentliche Debatte über Europa veränderte sich in dieser Epoche in verschiedener Hinsicht grundlegend: Der Strang der Debatte über die politische Einheit Europas und über supranationale europäische Institutionen wurde dominierend. Wichtiger noch: Zum ersten Mal in der Geschichte bekam die europäische Öffentlichkeit einen eindeutigen institutionellen Bezug, konnte sie politische Entscheidungen eines europäischen Machtzentrums kritisieren, kommentieren, kontrollieren. Die Chance, daß sich die europäische Öffentlichkeit zu einer politischen Gegenöffentlichkeit entwickelte, entstand erstmals seit den 1950er Jahren, als mit der Montanunion und der EWG supranationale europäische Institutionen eingerichtet wurden. Allerdings wurde diese Chance nur zögernd aufgegriffen, da das Brüsseler Zentrum nur wirtschaftliche Fragen entschied, die auch nur einen Teil der Europäer in sechs bzw. neun Ländern betrafen. Deshalb wurde sich die europäische Öffentlichkeit dieses neuen Machtzentrums nur allmählich bewußt.

Der andere Strang der öffentlichen Debatte über Europa, die Debatte über europäische Zivilisation, schwächte sich hingegen in dieser Epoche ab. Sie war in der unmittelbaren Nachkriegszeit noch sehr lebhaft, beschäftigte sich angesichts der neuen Bedeutung der Supermächte intensiv mit den Chancen Europas als einer dritten Kraft zwischen Kapitalismus und Sozialismus, zwischen USA und UdSSR. Diese Diskussion verlor sich aber dann in den 1950er und 1960er Jahren, teils angesichts des Kalten Krieges und der schieren Aussichtslosigkeit einer gesamteuropäischen Vision, teils angesichts der Umorientierung auf die Zukunft und der neuen Bedeutung von Modernisierungsvorstellungen, die mit dem bisherigen Verständnis von europäischer Zivilisation nur schwer vereinbar waren, teils aber auch angesichts des rein wirtschaftlichen, kleineuropäischen Starts der europäischen Integration, den viele Intellektuelle in Europa mit Enttäuschung und Verachtung aufnahmen.

Gleichzeitig entstanden mehr institutionalisierte Foren der europäischen Öffentlichkeit, von den Europameisterschaften im Sport bis hin zum Karlspreis und den Treffen europäischer Bürgermeister und zum European Consortium for Political Sciences. Diese europäischen Foren wurden teils neu gegründet, teils entstanden sie aus internationalen Foren, deren europäisches Profil schärfer gezogen wurde. Allmählich entstanden auch europäische Parteienverflechtungen und ein Netz europäischer Verbände. Allerdings blieb ein wesentlicher Unterschied zu den nationalen Öffentlichkeiten bestehen. Nur in einem engen Kreis von Politikern, Europaparlamentariern, Experten, Verbandsvertretern, höheren Beamten entstand eine europäische Expertenöffentlichkeit. Europäische Medien und auch wirklich europäische Intellektuelle waren weiterhin eine Seltenheit.

Der europäische Bürger blieb außerhalb dieser europäischen Öffentlichkeit. Er wurde zwar in Umfragen mehr als früher nach seinen Ansichten über Europa befragt, beobachtet, analysiert. Aber öffentlich beteiligt war er nur in wenigen Ausnahmen. Daher blieb die Unterstützung der europäischen Integration in der Bevölkerung zwar breit und ohne nennenswerte Ablehnung, aber auch eigentümlich diffus, abgehoben von politischen Alltagsfragen, Alltagsinteressen und Alltagskontroversen.

Eine letzte Wandlungsepoche, die aus der kurzen zeitlichen Distanz nicht leicht einzuschätzen ist, setzte in den 1980er Jahren ein. Eine stärkere Verflechtung der nationalen Öffentlichkeiten ist auch in dieser Epoche bisher nicht klar erkennbar. Obwohl sich der europäische Wirtschaftsmarkt seit dem Binnenmarkt spürbar stärker verflocht und die räumliche Mobilität der Europäer innerhalb Europas deutlich zunahm, blieben die nationalen Öffentlichkeitskulturen jeweils weiterhin stark voneinander getrennt. Die technische und wirtschaftliche Verflechtung nahm zwar auch in den Medien zu. Mit der Satellitenübertragung konnten die Europäer nicht nur die eigenen nationalen, sondern auch andere europäische Fernsehprogramme empfangen. Internationale Programme und Sender wie Radio Luxemburg, Arte, Euronews entstanden. Internationale Medienkonzerne drängten sich zunehmend in die nationalen Zeitungs- und Fernsehmärkte, verstärkt durch die Deregulierung der Fernsehanstalten, besonders stark in Ostmitteleuropa nach dem Umbruch von 1989-91. Aber neue europaweite Medien entstanden kaum. Europaweit wirksame Intellektuelle oder europaweite politische Initiativen von Intellektuellengruppen blieben eine Rarität. Manche Versuche scheiterten.

Gleichzeitig verstärkte sich die entstehende europäische Öffentlichkeit. Die Fachöffentlichkeit von Europapolitikern und Experten, Vertretern von Verbänden und Organisationen, entwickelte sich auf der europäischen Ebene weiter. Mehr Personen nahmen daran Teil. Sie blieb allerdings geräuschlos, unauffällig, geriet selten in das Rampenlicht der allgemeinen Öffentlichkeit, wurde keine politische Gegenöffentlichkeit, die das europäische Parlament in seiner Rolle als Kontrollorgan gestützt hätte. Der einzelne europäische Bürger kam mit dieser Fachöffentlichkeit nur selten in Kontakt.

Eine andere Art der europäischen Öffentlichkeit entstand im Rahmen der nationalen und lokalen Medien und Foren, in denen die Bedeutung europäischer Themen kontinuierlich zunahm. Der Vertrag von Maastricht und der Euro wurden während der 1990er Jahre weit intensiver diskutiert als das Europäische Währungssystem oder die Einheitliche Akte während der späten 1970er und der frühen 1980er Jahre. Die nationalen und lokalen Öffentlichkeiten wurden stärker europäisiert. Diese lokalen und nationalen Debatten über Europa stellten sich als der Königsweg zur Entstehung einer allgemeinen europäischen Öffentlichkeit heraus. Gleichzeitig blieben allerdings diese Debatten über Europa weiterhin voneinander stark abgeschottet. Deutsche diskutierten überwiegend nur mit Deutschen, Franzosen nur mit Franzosen, Dänen nur mit Dänen. Die europäische Öffentlichkeit funktionierte weiterhin anders als die nationalen Öffentlichkeiten. In dieser Epoche wandelte sich die öffentliche Debatte über Europa und die Beteiligung der europäischen Bürger. Die Politik der EU geriet weit stärker als zuvor in den Sog der politischen Alltagskontroversen, war nicht mehr abgehoben, schwer angreifbar, scheinbar neutral wie zuvor, sie näherte sich der Normalität des Meinungsstreits lokaler und nationaler Politik an. Das hatte mit drei grundlegenden Veränderungen in dieser Epoche zu tun. Erstens verlor die EU mit dem Ansteigen der Arbeitslosigkeit in Europa seit den 1980er Jahren ihre bisher stärkste Legitimation: Es erschien nicht mehr so zweifelsfrei sicher, daß sie für alle Bürger mehr Wohlstand schuf. Andere Ziele wie Friedenssicherung und friedliches, vorurteilsfreies Zusammenleben, Sicherung von Demokratie und Menschenrechten, soziale Sicherheit, außenpolitische Verantwortlichkeit traten stärker in den Vordergrund, auch wenn die EU dafür kaum Entscheidungskompetenzen besaß. Diese Themen waren umstrittener. Zweitens hat der Umbruch von 1989-91 die EU tief geprägt. Die Prognose einiger Auguren, daß der Kalte Krieg die europäische Integration geschaffen hätte und sie daher am Ende des Kalten Krieges wieder verschwinden würde, war zwar eine Fehlprognose, aber mit dem Ende der Sowjetunion kamen auf die Europäische Union erstmals gesamteuropäische Verpflichtungen zu, die in West- wie Osteuropa zu lebhaften Diskussionen über die Ziele und auch über die geographischen Grenzen Europas führten. Drittens veränderten sich die Kompetenzen der EU grundlegend. Sie blieb nicht nur ein Abbruchunternehmen nationaler Zollschranken, sondern schuf in stärkerem Maß als früher neue, eigene Institutionen bzw. verstärkte das politische Gewicht europäischer Institutionen. Sie erweiterte ihre eigenen Kompetenzen über die Schaffung eines bloßen Wirtschaftsmarktes hinaus in die Bereiche der inneren und äußeren Sicherheit, der Außenpolitik, der sozialen Sicherheit, der Immigration, der Kultur und Bildung. Der einzelne Bürger spürte ihre Aktivitäten im Alltag deutlicher als zuvor. Auch deshalb wurde die Debatte über Europa lebhafter und die Politik der EU umstrittener.

In der Folge dieser Wandlung veränderte sich der politische Strang der Debatte über Europa. Erst jetzt wurden sich die Europäer außerhalb des engeren Zirkels von Europapolitikern und Europaexperten der Macht und der Kompetenzen des Entscheidungszentrums in Brüssel bewußt. Politische Milieus, die bisher die europäische Integration für ein politisches Leichtgewicht oder für eine Technokratenallianz gehalten hatten, wurden mobilisiert und begannen, über Europa zu diskutieren. Die Expertendebatten über die europäische Integration wurden vielseitiger, auch Ablehnungen häufiger, Zustimmungen informierter und pragmatischer. Die Debatte wurde mit der Ausweitung der Kompetenzen der EU breiter, fand nicht nur über Themen der Wirtschaftsintegration, sondern auch über soziale Grundrechte und Gleichstellung von Frauen, innere Sicherheit, Immigration und Asyl, Bildung und Kultur, Friedenssicherung durch militärische Intervention statt. Vielen Debattenteilnehmern wurde der Bedarf an einer kritischen, der langen europäischen Tradition entsprechenden Öffentlichkeit auf der europäischen Ebene bewußt.

Anders als in der Epoche zuvor, setzte wieder eine öffentliche Debatte über die europäische Zivilisation und Kultur ein, die einen Versuch neuer Selbstorientierung angesichts der Auflösung der früheren Grenzen zum sowjetischen Imperium und zur Dritten Welt darstellte. Diese Debatte über die europäische Zivilisation knüpfte nicht einfach an die älteren an. Die früheren Vorstellungen einer Überlegenheit Europas ließen sich nicht mehr halten. Neue Maßstäbe wie wirtschaftliche Leistungsfähigkeit, Menschenrechte, Massenbildung entstanden, die den älteren Debatten meist fremd gewesen waren oder entrüstet zurückgewiesen worden wären. Auch die vielen Konstruktionen der europäischen Geschichte, die in dieser Debatte seit den 1980er Jahren – oft von Nichthistorikern – entwickelt wurden, hatten andere Inhalte als die älteren Geschichtskonstruktionen. Internationale Offenheit und Toleranz hatten einen hohen Rang in dieser Debatte über das europäische Selbstverständnis. Das Fremde, Außereuropäische wurde nicht mehr wie früher nur außerhalb

Europas, sondern in Europa selbst durch die Immigration von Nichteuropäern aus der islamischen Welt, aus Afrika, Indien, China, der Karibik erlebt. Die Debatte über die europäische Zivilisation richtete sich zum Teil auch darauf, neben einer europäischen Wirtschaftsunion auch eine europäische Werteunion zu schaffen, eine Herausforderung für Intellektuelle und weniger für Politiker und Wirtschaftsexperten.

Schließlich veränderte sich in dieser Epoche auch die Beteiligung der europäischen Bürger an der europäischen Öffentlichkeit. Die grundlegenden Entscheidungen wurden nicht mehr so ausschließlich in engen Zirkeln von Politikern und Experten getroffen wie zuvor. Die europäischen Bürger wurden daran stärker beteiligt, teils in Referenden über europäische Verträge, teils in Wahlkämpfen, und zwar nicht nur in den Wahlen zum europäischen Parlament, sondern auch in den nationalen Wahlkämpfen. Die europäische Politik registrierte diese Veränderung. Das Europa der Bürger wurde ein Konzept, das viele Entscheidungen von der europäischen Sozialcharta 1989 bis zur Aufnahme bestimmter Grundrechte im Amsterdamer Vertrag 1997 und der europäischen Grundrechtscharta von Nizza 2000 prägte. Die Erfindung und der Erfolg des wichtigsten europäischen Symbols, der blauen Fahne mit den zwölf Sternen, zeigt in die gleiche Richtung. Auch Anzeichen einer Europäisierung der Zivilgesellschaft waren erkennbar, auf die wir gleich zurückkommen. Diese Politisierung der europäischen Themen in der Öffentlichkeit war nicht einfach von oben gemacht und erfunden. Die Bürger spürten die Auswirkungen des europäischen Binnenmarktes und der Entscheidungen der Europäischen Kommission stärker als früher in ihrem Alltag, erwarteten gleichzeitig auch viel von der EU. Diese Politisierung der europäischen Themen hat freilich die Zustimmung zu europäischen Entscheidungen verändert und oft gesenkt. Entscheidungen von europäischen Institutionen wurden nicht mehr ohne weiteres gebilligt. Auch die Skepsis gegenüber der EU nahm zu. Für ihre Akzeptanz in der Öffentlichkeit mußte die EU mehr als früher werben und kämpfen. Die erste Ablehnung der Maastrichter Verträge in Dänemark und der äußerst knappe Ausgang des Referendums in Frankreich, die Ablehnung des Vertrags von Nizza in Irland haben diese neue Situation schlagartig beleuchtet.

Anzeichen für die Entstehung einer europäischen Öffentlichkeit

Zusammenfassend kann man sagen, daß es in den letzten Jahrzehnten zwar sicher keine voll funktionierende europäische Öffentlichkeit entstand, aber doch wenigstens fünf Anzeichen für eine entstehende, allerdings auch besondere, europäische Öffentlichkeit zu erkennen sind.

Ein Strang der Entstehung der europäischen Öffentlichkeit reicht weit in die Geschichte zurück: die lange öffentliche Selbstverständigungsdebatte über Europa, die sich um die Werte und Strukturen Europas, um seine Besonderheiten im Vergleich mit anderen Zivilisationen drehte. Sie wurde vor allem mit der europäischen Expansion in der frühen Neuzeit und der Begegnung mit vielen anderen Zivilisationen lebhaft, bestand aber auch schon im Mittelalter. Diese Debatte fand sicher nur in einer schmalen Schicht von gebildeten Europäern statt. Sie hatte auch ihr Auf und Ab. Sie war intensiv in der frühen Neuzeit, wie Jürgen Osterhammel gezeigt hat. Sie ebbte im frühen 19. Jahrhundert mit dem Aufkommen des europäischen Nationalismus und dem europäischen Überlegenheitsdenken ab. Im späten 19. Jahrhundert setzte sie mit der Verunsicherung der Europäer durch die USA wieder ein und blieb bis in die 1950er und 1960er Jahre hinein lebhaft, verlor dann an Schwung. Erst in den 1980er Jahren belebte sie sich wieder. Trotz ihres schmalen Publikums und ihrer historischen Schwankungen ist sie eine erste wichtige Wurzel der europäischen Öffentlichkeit und bis heute ein wichtiger Bestandteil.

Ein anderer wichtiger Bestandteil der europäischen Öffentlichkeit sind die europäischen Expertenöffentlichkeiten der europäischen Politiker und Beamten, vor allem aber der immer

177

zahlreicher werdenden Europaexperten in den Sozial- und Geisteswissenschaften, ihre vielfältigen Foren, Kongresse, round tables, Vorträge, Institute, Verbände und Zeitschriften. Es sieht ganz so aus, als ob diese Expertenöffentlichkeiten seit den 1970er und 1989er Jahren eine starke Wachstumsphase erlebten. Die Zahl der Experten wuchs und die Institutionalisierung nahm zu. Ihre Geschichte ist allerdings bisher noch nicht geschrieben.

Ein weiteres wichtiges Anzeichen ist die allmähliche Entstehung einer europäischen Zivilgesellschaft, einer neuen Welt der europäischen Organisationen, der europäischen Verbände, Parteien, Gewerkschaften, Nichtregierungsorganisationen, kirchlichen Plattformen und Sportverbände. Diese Organisationen sind wichtige Plattformen und Akteure der europäischen Öffentlichkeit. Auch ihre Geschichte ist noch kaum geschrieben.

Noch ein Anzeichen für das Aufkommen einer europäischen Öffentlichkeit: die Entwicklung der öffentlichen Europasymbole. Auch sie haben eine längere, kaum bekannte Geschichte, die noch auf ihren Historiker wartet. In der ersten Hälfte des 20. Jahrhundert waren die Figur Europa in den Karikaturen, die Europakarten, einzelne europäische Städte wie Paris, vor allem aber auch die Antike wichtige Symbole für öffentliche Kritik an Europa und eine öffentlichen Identifizierung mit Europa. Seit den 1950er Jahren wurden neue politischere Europasymbole geschaffen wie etwa die Europäische Menschenrechtskonvention, die Uminterpretation Karls des Großen von einem nationalen Heros zu einem Europasymbol, die europäische Uminterpretation von Städten wie Straßburg, Riten wie das Niederreißen von europäischen Schlagbäumen an den Grenzen. Diese Europasymbolik war allerdings noch kaum mit Macht verbunden. Vor allem seit den 1980er Jahre begann – wie schon häufiger erwähnt – eine gezielte öffentliche Symbolpolitik der EU, zu der die Fahne, aber auch erfolglose Symbole wie die europäische Hymne und die beiden Europatage, demnächst sehr sichtbare Symbole wie die Euroscheine, aber auch wenig bekannte Symbole wie die europäischen Gebäude in Brüssel oder Straßburg, schließlich auch die kaum bekannte europäische Sozialcharta von 1989, und die vielleicht öffentlichkeitswirksamere Grundrechtscharta von Nizza gehören.

Ein letztes Anzeichen für eine europäische Öffentlichkeit ist die Zunahme der europäischen Themen in den nationalen Medien vor allem im Verlauf der 1990er Jahre. Auch dafür fehlen bisher historische Untersuchungen und auch Gegenwartsanalysen sind selten, die Methoden noch grob und wenig diskutiert. Man hat jedoch als Beobachter den Eindruck, daß die Europathemen in den neunziger Jahren nicht nur wegen der drei Vertragsentscheidungen – Maastricht, Amsterdam und Nizza – in den nationalen Öffentlichkeiten nach vorne rückten, sondern weil auch die alltäglicheren Entscheidungen der Europäischen Union aufgrund ihrer wachsenden Kompetenzen – die Politik der neuen Europäischen Zentralbank und der Eurokurs, die Verwaltung des Kosovo, die Bekämpfung von Tierseuchen – immer mehr in der Öffentlichkeit berichtet und diskutiert werden. Sie wurden auch in den Wahlkämpfen zunehmend wichtig, nicht nur in den Europawahlen, bei denen die Beteiligung sank, sondern auch in den nationalen Wahlkämpfen, bei denen Beitrittsentscheidungen zur Union oder zu einer der Säulen der Union, etwa zu Euroland oder zur Schengenzone, eine größere Rolle spielten.

Es ist derzeit schwer zu sagen, was aus diesen Anzeichen entstehen wird, ob sie sich zu einer wirkungsvollen europäischen Öffentlichkeit entwickeln wird, die in anderen Formen eine ähnliche Bedeutung für die Mobilisierung, die Kritik, die Initiative wie die nationalen Öffentlichkeiten haben wird oder ob die europäische Öffentlichkeit auf Dauer eine schwächere Öffentlichkeit bleiben wird. Die historische Chance zu einer wirkungsvollen europäischen Öffentlichkeit besteht allerdings.

Die Unionsbürgerschaft

Die Sicherung von Grundrechten war schon direkt nach dem Zweiten Weltkrieg ein wesentlicher Bestandteil der europäischen Einheitspläne, sogar eindeutiger als die europäische Öffentlichkeit, die europäische Zivilgesellschaft und die Identifizierung der Bürger mit Europa. Nur die Kontrolle durch ein Parlament oder zumindest die Anhörung durch eine Parlamentarierversammlung gehörte schon so früh zu den europäischen Integrationsplänen. Die europäischen Politiker und die Europabewegungen wollten von Anfang an nicht nur einen europäischen Wirtschaftsmarkt, sondern auch eine europäische politische Demokratie schaffen. Die Menschen- und Bürgerrechte gehörten für die Europäer zusammen mit der parlamentarischen Kontrolle der Regierung seit der Aufklärung zum Kern jeder Demokratie.

Allerdings tauchte in den Anfängen des Aufbaus Europas der Begriff der Unionsbürgerschaft, der »European citizenship«, der »citoyenneté européenne« noch selten auf. Er bedeutet sicher auch mehr als nur die Sicherung von Menschen- und Bürgerrechten durch ein internationales europäisches Gericht: gleiche politische Partizipationsrechte aller Unionsbürger; gleiche und volle Freizügigkeitsrechte aller Bürger, nicht nur aller Arbeitskräfte; ein gemeinsamer diplomatischer Schutz außerhalb der Union und das Symbol eines gemeinsamen Passes; gemeinsame Unionsbürgerpflichten; vor allem auch ein europäisches Gericht, das seine Urteile zum Grundrechtsschutz durchsetzen kann, nicht nur ein unverbindlicher internationaler Gerichtshof.

Die Geschichte der europäischen Grundrechte seit dem Zweiten Weltkrieg besitzt ihre Besonderheiten. Sie verlief anders als die Geschichte der nationalstaatlichen Bürgerrechte. Die europäischen Grundrechte entstanden anders als man es sich bei den nationalen Bürger- und Menschenrechten vorstellt. Sie durchliefen andere Epochen. Ihr Verhältnis zu den nationalstaatlichen Grundrechten veränderte sich von Grund auf. Die Geschichte der Grundrechte in der Europäischen Union verlief nicht so, wie wir es aus der Geschichte der europäischen Nationalstaaten gewohnt sind. T. H. Marshall hat vor rund fünfzig Jahren eine Einteilung in Epochen vorgeschlagen, an der sich seitdem jede Geschichte der Grundrechte orientiert. In seinen Augen entstanden zuerst im 18. Jahrhundert die bürgerlichen Grundrechte, also etwa das Recht auf Unversehrtheit der Person, das Recht auf ein faires und öffentliches Gerichtsverfahren, das Recht auf individuelles Eigentum; danach im 19. Jahrhundert die politischen Partizipationsrechte, vor allem das allgemeine Wahlrecht; erst in der zweiten Hälfte des 20.Jahrhunderts die sozialen Grundrechte im engeren Sinn, bei ihm vor allem die Grundrechte auf staatliche Leistungen und Absicherungen. In den meisten und in den wichtigsten europäischen Ländern dürfte die Entwicklung der Grundrechte tatsächlich diesen Weg gegangen sein. Dagegen verlief die Geschichte der Grundrechte in der Europäischen Union genau umgekehrt. Sie setzte ein mit einigen sozialen Grundrechten im weiteren Sinn, mit den Grundrechten auf Freizügigkeit und auf Niederlassungsfreiheit im gesamten Raum der EWG, auf Gleichheit des Entgelts für Männer und Frauen im EWG-Vertrag von 1957. Diese sozialen Grundrechte waren für die Schaffung eines europäischen Wirtschaftsmarktes unumgänglich. Erst danach folgten die politischen Grundrechte. Das Wahlrecht wurde 1979 mit den ersten Direktwahlen zum Europäischen Parlament eingeführt, noch später das Kommunalwahlrecht für alle Unionsbürger an dem Ort in der Union, an dem sie wohnten. Die meisten übrigen politischem Rechte folgten erst 2000 in der europäischen Charta der Grundrechte. Bürgerliche Grundrechte wurden bislang kaum europäisiert, sondern bisher im wesentlichen den Nationalstaaten überlassen.

Die Geschichte der Grundrechte war zudem im Aufbau Europas eher noch erratischer, noch weniger linear als in den europäischen Nationalstaaten. Sie begann mit einem großen Entwurf, geriet dann in eine Phase der Resignation und Stagnation, kam erst in jüngster Zeit in einem neuen Anlauf auf das große Anfangskonzept zurück. Sie wäre auch unvollständig, wenn man sie auf die Europäische Union und ihre Vorläufer beschränken würde und die Geschichte des Europarats unberücksichtigt ließe. Drei Epochen kann man in der Geschichte der europäischen Grundrechte unterscheiden.

In der ersten Epoche zwischen 1949 und 1954 wurden fast gleichzeitig zwei Anläufe zu einer europäischen Grundrechtscharta gestartet. Auf der einen Seite entwickelten die Regierungen und Parlamentarier der Mitgliedsländer der Montanunion den Plan einer Europäischen Politischen Gemeinschaft (EPG), die eng mit dem Projekt einer Europäischen Verteidigungsgemeinschaft (EVG) verbunden war. Dahinter stand ein supranationales Konzept der europäischen Integration. Die Kompetenzen der europäischen Institutionen sollten sich vor allem auf drei Gebiete erstrecken: auf die Einrichtung eines europäischen Wirtschaftsmarktes, auf eine gemeinsame Außenpolitik und schließlich auf eine gemeinsame Verteidigungspolitik und eine gemeinsame Armee. Im Vertrag der EPG war auch ein Grundrechtsschutz durch das Gericht der EPG vorgesehen, gestützt auf die europäische Konvention der Menschenrechte. Dieser Europäische Gerichtshof wäre eine supranationale Instanz mit Vorrang vor den nationalen Rechtsprechungen gewesen. Diesem Projekt schlossen sich zwar nur die sechs Mitgliedsstaaten der Montanunion, also Frankreich, Italien, die Beneluxländer und die Bundesrepublik an. Es war aber als ein offenes, erweiterbares, europäisches Projekt gedacht. Das Projekt scheiterte mit der Ablehnung der EVG im französischen Parlament 1954. Im Rahmen der Montanunion und der späteren EWG bzw. EG war damit für fast vier Jahrzehnte die Politik einer europäischen Grundrechtscharta beendet.

Andererseits erarbeitete und verabschiedete der Europarat zur gleichen Zeit die Europäische Menschenrechtskonvention, die seit 1953 in Kraft ist. Sie wurde 1950 von zehn westeuropäischen Demokratien unterzeichnet (Die Bundesrepublik wurde erst 1951 Mitglied des Europarats). Diese Europäische Menschenrechtskonvention wird durch den Straßburger Menschenrechtsgerichtshof geschützt, durch einen internationaler Gerichtshof, den jeder Bürger eines Mitgliedslandes des Europarats gegen seine Regierung und Verwaltung anrufen kann. Der Europarat, dem von Anfang an neben den Mitgliedsländern der Montanunion auch Großbritannien, Irland und ein Großteil der skandinavischen Länder (außer Finnland) angehörten, vertrat ein ganz anderes Konzept der europäischen Integration als die Montanunion: Er war entschieden nicht supranational. Seine Organe, der Ministerrat und die Beratende Versammlung aus Parlamentariern, konnten ausschließlich Empfehlungen verabschieden, die für die beteiligten Regierungen nicht bindend waren. Er stand damit ganz in der Tradition des gescheiterten Völkerbundes der Zwischenkriegszeit. Sein Ziel war die politische und wirtschaftliche Einigung Europas. Er war aber zur Schaffung eines gemeinsamen europäischen Wirtschaftsmarktes, der ohne Souveränitätsverzichte nicht zustande kommen konnte, ebensowenig geeignet wie zur Schaffung von entscheidungsfähigen europäischen politischen Institutionen. Auch die Europäische Menschenrechtskonvention hatte daher rein völkerrechtlichen Charakter. Der Straßburger Gerichtshof, der sie schützen sollte, verfügte über keine Zwangsmaßnahmen. Sein Erfolg beruhte letztlich auf der freiwilligen Akzeptanz seiner Rechtsprechung durch die Mitglieder des Europarats, denen höchstens mit Ausschluß gedroht werden konnte. Nach dem Scheitern des Projekts einer EPG schien die Europäische Menschenrechtskonvention, also die rein völkerrechtliche internationale Sicherung der Menschenrechte mit ihrer begrenzten Durchsetzungskraft, die einzige realistische Chance einer transnationalen Grundrechtssicherung in Europa zu sein.

Das blieb fast vierzig Jahre lang so. In der zweiten Phase der Geschichte der europäischen Grundrechte zwischen 1954 und 1989-91 gab es nur eine europäische Grundrechtscharta, die Europäische Menschenrechtskonvention des Europarats. Der Geltungsbereich der Europäischen Menschenrechtskonvention erweiterte sich, da nach und nach fast alle demokratischen oder demokratisch gewordenen Länder des europäischen Westens dem Europarat beitraten. Die Europäische Menschenrechtskonvention wurde 1961 ergänzt durch eine Charta der sozialen Grundrechte des Europarats. Diese Charta war zwar nur deklarativ, konnte vor dem Straßburger Gerichtshof nicht eingeklagt werden, aber sie war immerhin ein international einflußreiches Modell für die Entwicklung sozialer Grundrechte. Die Europäische Menschenrechtskonvention wurde in dieser Epoche ein wichtiger Orientierungspunkt vor allem für Länder ohne eigene Verfassung wie Großbritannien und für die neutralen Länder wie Schweden, die Schweiz und Österreich, die in ihrer außenpolitischen Neutralitätspolitik internationalen Gerichtsinstanzen wie dem Straßburger Gerichtshof einen sehr hohen Wert zuschrieben. Die Bedeutung des Straßburger Gerichtshofs stieg noch weiter, als 1989 die ersten osteuropäischen Länder einen Gaststatus im Europarat erhielten und man hoffte, über den Straßburger Gerichtshof die Menschenrechtssituation in Osteuropa verbessern zu können. Darüber hinaus wurde die Europäische Menschenrechtskonvention nicht nur vom Straßburger Gerichtshof benutzt. Sie diente auch dem Europäischen Gerichtshof in Luxemburg als Verweisungstext. Im Maastrichter Vertrag wurde sie später als Bestandteil der europäischen grundrechtlichen Normen erwähnt.

In der EWG und später der EG entwickelte sich der europäische Grundrechtsschutz in dieser Epoche dagegen kaum. Es gab auch keine starken Zwänge zu mehr Grundrechtsschutz, da die Entscheidungen der europäischen Institutionen den einzelnen Bürger in der Regel nicht direkt betrafen. Nur drei grundrechtliche Regelungen waren, wie schon erwähnt, in den Römischen Verträgen von 1957 enthalten: gleiches Entgelt für Männer und Frauen; Freizügigkeit auf dem Territorium der Europäischen Gemeinschaft für alle Bürger und Niederlassungsfreiheit auf dem Territorium der Europäischen Gemeinschaft.

In dieser Epoche der Stagnation der Grundrechte in der EG gab es allerdings doch zwei wenig beachtete, folgenreiche Entwicklungen. Seit den späten sechziger Jahren begann der Europäische Gerichtshof in Luxemburg seine Grundrechtsprechung aufzunehmen. Durch sie übernahm er die Rolle eines Integrationsmotors. Er hielt sich dabei nicht immer strikt an den Text der europäischen Verträge, sondern bezog auch andere sinnvolle Nor-

men in seine oft recht kühne Rechtsprechung ein. Die Grundrechtsprechung des Europäischen Gerichtshofs in Luxemburg
wurde allerdings in der breiteren Öffentlichkeit lange Zeit weit
weniger wahrgenommen als die Rechtsprechung des Straßburger Gerichtshofs. Häufig wurde der Unterschied zwischen beiden Gerichtshöfen sogar völlig übersehen. Eine zweite Entwicklung dieser Epoche: Die Staats- und Regierungschefs der EU
verabschiedeten 1989 eine eigene europäische Charta der sozialen
Grundrechte der Arbeitnehmer und setzten damit das Signal zur
Aufnahme einer Grundrechtspolitik durch die EG. Der entscheidende Anlaß für die Charta der sozialen Grundrechte wurde
in der Folgezeit immer wieder wichtig für ähnliche Entscheidungen. Die Mobilisierung der europäischen Öffentlichkeit für eine
Reform der EG im Projekt des Binnenmarkts war auf klare
Grenzen gestoßen, da viele Gewerkschaften von der weiteren
Durchsetzung eines europäischen Marktes erhebliche Nachteile
für die Arbeitnehmer befürchteten. Diese Ängste vor einer weiteren Öffnung der nationalen Märkte hoffte die EG durch eine solche Charta der sozialen Sicherung entkräften zu können. Allerdings war auch diese Charta rein deklarativ und konnte nicht
vor dem Europäischen Gerichtshof in Luxemburg eingeklagt
werden. Dahinter stand das Selbstverständnis der Europäischen
Gemeinschaft in dieser Zeit. Sie betrachtete sich immer noch primär als eine Wirtschaftsgemeinschaft und beschränkte ihre Aktivitäten daher ganz auf diejenigen sozialen Grundrechte, die negative Folgen der Schaffung eines europäischen Marktes abpolstern
sollten. Eine weitergehende Grundrechtspolitik lag damals noch
nicht in der Absicht des Europäischen Rats oder der Europäischen Kommission.

In der dritten Phase, die mit dem Umbruch von 1989-91 begann,
veränderte sich die Grundrechtspolitik der EU grundlegend. Am
Anfang der 1990er Jahre war die europäische Grundrechtspolitik
noch ganz der Schaffung eines europäischen Wirtschaftsmarktes
untergeordnet und beschränkte sich auf Grundrechte, die diesen
Markt stützten, wie die Freizügigkeit und die Niederlassungsfreiheit, oder die ihn abfederten, wie die wirtschaftliche Gleichheit

von Männern und Frauen oder die deklarativen sozialen Grundrechte. Am Ende der 1990er Jahre dagegen betrieb die EU eine Grundrechtspolitik im vollen Sinn. Allerdings ging diese Veränderung in so kleinen Schritten vor sich, daß sie in der Öffentlichkeit kaum als tiefer Umbruch wahrgenommen wurden. Zuerst entschied sich die Europäische Union, in den Maastrichter Vertrag 1992 eine Unionsbürgerschaft aufzunehmen, die allerdings noch weitgehend eine Leerformel blieb. Im Amsterdamer Vertrag nahm die EU zwei weitere Grundrechte auf, die umfassende Gleichheit von Männern und Frauen und das Recht auf Nichtdiskriminierung, und erweiterte die Grundrechtszuständigkeit des Europäischen Gerichtshofs in Luxemburg. Der Gipfel der europäischen Staats- und Regierungschefs 1999 in Köln faßte einen Grundsatzbeschluß zu einer europäischen Grundrechtscharta, nachdem schon vorher zwei Sachverständigenkommissionen, die Pintasilgo-Kommission 1995/96 und die Simitis-Kommission 1999 unterschiedliche Vorschläge für eine solche Charta gemacht hatten. Der Gipfel setzte einen Konvent unter dem Vorsitz von Roman Herzog ein, der eine moderne Grundrechtscharta ausarbeitete. Der Gipfel der europäischen Staats- und Regierungschefs in Nizza nahm 2000 diese europäische Charta der Grundrechte an, allerdings nur als Deklaration, nicht als justiziable, durch die Rechtsprechung des Europäischen Gerichtshof abgesicherte Charta. Man erwartet jedoch, daß der Europäische Gerichtshof die Charta trotzdem zur Grundlage seiner Rechtsprechung machen wird. Die EU hörte damit endgültig auf, eine Art Zollverein zur Schaffung eines gemeinsamen Marktes zu sein. Sie nahm die ursprüngliche Idee wieder auf, den gemeinsamen Wirtschaftsmarkt nicht als Endzweck anzusehen, sondern als einen Weg zu einer politischen Union mit Grundrechtsschutz zu nutzen. Diesem Ziel kam die EU im Jahr 2000 ein wesentliches Stück näher.

Damit bestanden zwei unterschiedliche Grundrechtschartas in Europa nebeneinander, die sich ergänzen: die europäische Charta der Grundrechte der EU, die Menschenrechte, Bürgerrechte, soziale Grundrechte enthält, auf die Mitgliedsländer beschränkt ist, mit einer für alle Mitgliedsländer obligatorischen Rechtsprechung des Gerichtshofs in Luxemburg so gut geschützt ist wie die nationalen Grundrechte und in einer Arbeitsteilung mit dem nationalen Grundrechtsschutz steht; daneben die Europäische Menschenrechtskonvention, die sich ganz auf Menschenrechte konzentriert, den Anspruch erhebt, in ganz Europa gültig zu sein und durch ein freiwilliges internationales Gericht gesichert wird. Beide Grundrechtschartas und beide Gerichte haben nebeneinander ihren Sinn. Das Straßburger Gericht wird erst dann erheblich an Bedeutung verlieren, wenn der Großteil der Länder im östlichen Europa Mitglieder der EU geworden ist.

Aus der Grundrechtscharta der EU ergab sich eine ganz neue Besonderheit der Geschichte der europäischen Grundrechte. Das Verhältnis zu den nationalen Grundrechten kehrte sich um. Bis zu den neunziger Jahren waren die europäischen Nationalstaaten und die Rechtsprechung ihrer Gerichtshöfe der eigentliche Motor der Grundrechtsentwicklung in Europa. Für neue Grundrechte, zuerst die sozialen Grundrechte, später auch die Grundrechte auf gesunde Umwelt, auf Information, auf kulturelle Teilhabe, waren die Nationalstaaten das entscheidende Diskussions-, Experimentier- und Erfahrungsfeld. Einige Länder wie Spanien, Portugal, die Niederlande und Italien verabschiedeten moderne Verfassungen oder Verfassungsreformen, die allerdings in den anderen europäischen Ländern nur begrenzt wahrgenommen wurden. Mit der neuen europäischen Charta entstand eine neue Situation. Die EU besaß nun die modernste Grundrechtscharta. Sie wurde das Experimentierfeld neuer Grundrechte und der neuen Sicherung alter Grundrechte. Da diese Grundrechtscharta für alle Mitgliedsstaaten gilt, wird sie auch weit mehr Beachtung finden als moderne Verfassungen einzelner europäischer Nachbarstaaten. Die EU gewann mit dieser Grundrechtscharta einen vorher kaum vorstellbaren neuen Modernitätsvorsprung vor den Nationalstaaten. Allerdings unterscheidet sie sich von den nationalen Staatsbürgerschaften in einem wesentlichen Punkt: Sie besteht fast nur aus Rechten. Pflichten dagegen haben die Unionsbürger bisher gegenüber der Union nicht, weder Steuerpflicht noch Militärdienstpflicht noch Schulpflicht noch Beitragspflicht zu öffentlichen Sozialleistungen. Wie immer man das beurteilen mag: Mit einer europäischen Verfassung wird die EU in Zukunft die Chance haben, diesen Modernitätsvorspung zu halten oder sogar noch auszubauen.

Für den grundsätzlichen Wandel der Europäischen Union und für die Aufnahme eines modernen Grundrechtskatalogs in die europäischen Verträge am Anfang des 21. Jahrhunderts gibt es unterschiedliche Gründe und Bedingungen. Die Macht und die Kompetenzen der Europäischen Union nahmen während der 1990er Jahre vor allem in den Bereichen der Polizei, der Immigration, der Sozialpolitik, der Sicherheitspolitik rasch zu, entwickelten sich »fast mit Lichtgeschwindigkeit«, wie es Javier Solana formulierte. Die Entscheidungen der Union berührten auch immer mehr die Rechte der Bürger. Ein wirkungsvoller Grundrechtsschutz wurde daher immer dringender. Grundrechte mußten in die europäischen Verträge aufgenommen werden, um die Rechte der europäischen Bürger vor den Akten der Europäischen Kommission und des Europäischen Rats zu sichern. Dieser Grundrechtsschutz konnte letztlich wirkungsvoll nur dem Europäischen Gerichtshof in Luxemburg übertragen werden, da die nationalen Gerichtshöfe den Bürger immer nur vor den Akten ihrer eigenen Regierung und für das begrenzte Territorium ihres Landes schützen können und zudem keineswegs überall das herausragende Prestige und Gewicht des deutschen Verfassungsgerichts besitzen. Eine europäische Rechtsprechung, die die europäische Charta der Grundrechte nutzt, sollte die Kompetenzen der nationalen Gerichtshöfe nicht einschränken, sondern eine Arbeitsteilung zwischen ihnen und dem Europäischen Gerichtshof in Luxemburg einführen. Die nationalen Gerichtshöfe sollten die Bürger eines Landes vor den Akten der nationalen Regierung und Verwaltung, der Europäische Gerichtshof in Luxemburg die europäischen Bürger vor den Akten der Europäischen Kommission und des Europäischen Rats schützen.

Eine europäische Grundrechtscharta wurde darüberhinaus auch wichtig für die Identifikation der Bürger mit der EU. Sie wurde nicht zufällig in einer Situation beraten, in der die Bindung der Europäer an das Projekt der Europäischen Integration auf den ersten Blick schwächer wurde, sich auf jeden Fall änderte. Die Unterstützung für die europäische Integration sank in den meisten Mitgliedstaaten während der 1990er Jahre unverkennbar. Noch 1990 sahen fast drei Viertel der europäischen Bürger in der EU eine gute Sache, 1999 dagegen nur noch knapp die Hälfte. Die Wahlbeteiligung an den Europawahlen fiel parallel dazu. Es gab verschiedene Gründe für diesen Niedergang der Unterstützung. Europa war für die europäischen Bürger weniger als in der Anfangszeit eine wirtschaftliche Attraktion. Angesichts von europäischen Arbeitslosenziffern, die weit höher lagen als in den USA und Japan, aber auch höher als in den Nichtmitgliedsländern Schweiz und Norwegen, hatte die EU viel vom Nimbus des Wohlstandsprojekts verloren. Darüber hinaus änderte sich, wie schon erwähnt, die Einstellung der europäischen Bürger zur Union, weil sich ihre Politik grundlegend wandelte. Viele europäische Entscheidungen betrafen anders als früher unmittelbar den Alltag der europäischen Bürger, von der Währung über den Führerschein über den Schutz vor Tierseuchen bis zum internationalen Austausch für Studenten. Solche praktischen Entscheidungen der Politik sind immer umstritten und es ist normal, daß die Bürger darauf mit geteilter Meinung reagierten. So war beispielsweise das Ende der Mark in Deutschland kein leichter Abschied, da sie für die meisten Deutschen, vor allem für die Ostdeutschen, ein Symbol der Identität mit dem eigenen Land war. Schließlich hatte die veränderte Einstellung zur EU auch mit dem Ende des sowjetischen Imperiums und dem Ende seiner Bedrohlichkeit zu tun.

Die Politik in Brüssel versuchte, diesen Niedergang der Zustimmung aufzuhalten. Eine Brüsseler Gegenstrategie, die schon in den 1980er Jahren entwickelt wurde, war die Politik der Symbole. Die europäischen Symbole sollten die Identifikation der Europäer mit der Union wecken. Diese Politik hatte freilich Grenzen. Nur mit Symbolen ließ sich keine europäische Identität erreichen. Symbole ersetzen nicht Vorteile. In den 1990er Jahren verfolgte deshalb die EU daneben eine andere Politik, die dem europäischen Bürger handfeste, greifbare Vorteile über einen Schutz seiner Grundrechte anbieten sollte. Die Union konnte damit Anwalt der Rechte des europäischen Bürgers werden, das Bild einer fernen, schwer verständlichen Bürokratie korrigieren und die Identifizierung der europäischen Bürger mit der Union stärken. Dabei konnte sie sich auf Ansätze zur einer europäischen Identität stützen, mußte sie keineswegs völlig neu schaffen. Sie wird sich allerdings auch der Frage stellen müssen, ob Identitäten nicht nur durch moderne Grundrechte, sondern auch durch Bürgerpflichten entstehen.

Die europäische Charta der Grundrechte ist zudem mehr als nur eine Wiederholung der Verfassungen der Mitgliedsstaaten. Man sollte nicht vergessen, daß bestimmte europäische Grundrechte in nationalen Verfassungen gar nicht enthalten sein können, weil sie Rechte sind, die sich auf transnationale europäische Räume beziehen. Dazu gehört das Recht der europäischen Bürger auf Freizügigkeit und freie Berufsausübung in der gesamten Europäischen Union, das Recht der europäischen Bürger auf freien Zugang zu den Bildungseinrichtungen in der gesamten Europäischen Union, das Recht des europäischen Bürgers auf Nichtdiskriminierung wegen seiner nationalen Zugehörigkeit in jedem anderen Mitgliedsland der europäischen Union. Diese europäischen Grundrechte können nur in einem europäischen Grundrechtskatalog festgelegt und nur durch einen europäischen Gerichtshof wirkungsvoll gesichert werden. Darüber hinaus enthalten keineswegs alle Verfassungen der EU-Mitgliedsländer moderne Grundrechtskataloge. Großbritannien hat sogar bislang überhaupt keine Verfassung und damit auch keinen Grundrechtskatalog.

Schließlich hat die Entstehung der europäischen Grundrechtscharta auch mit ihrer Außenwirkung zu tun. Grundrechte sind Bestandteil des europäischen Modells, zu dem daneben auch die Friedenssicherung im Innern Europas, die Stabilisierung der Demokratie, die Schaffung eines großen europäischen Wirtschaftsmarktes und die soziale Sicherung gehören. Diese Außenwirkung spielt einerseits für die Erweiterung der EU eine wichtige Rolle. Die europäische Grundrechtscharta setzt klare Prinzipien für die Verhandlungen mit neuen Mitgliedern. Sie wissen dadurch genauer, was für einer Europäischen Union sie beizutreten beabsichtigen. Sie gibt andererseits auch der neuen internationalen Verantwortung der Europäischen Union und der geplanten Außenpolitik der Europäischen Union eine Grundorientierung. Die Europäische Union kann eine überzeugende Menschenrechtspolitik nach außen weit besser betreiben, wenn sie in ihren Verträgen einen justiziablen Grundrechtskatalog besitzt.

5. Es hätte schließlich noch einen fünften Grund für die Einführung einer europäischen Grundrechtscharta geben können. Die öffentliche Beratung des europäischen Grundrechtskatalogs hätte zu einem wichtigen Kraftstoß für die unabhängige europäische Öffentlichkeit werden können, die die europäischen Entscheidungsträger beobachtet, kritisiert, berät, kontrolliert und die sich – wie im Kapitel 9 dargestellt – überwiegend als europaweite Debatte über die gleichen Themen in den verschiedenen nationalen Öffentlichkeiten entwickelte. Die Debatte über die Einführung des Euro war ein Beispiel dafür. Sie fand überall in der Europäischen Union in nationalen Zeitungen, Radios, Fernsehen, Buchveröffentlichungen statt und war trotz aller nationalen Verschiedenheiten eine zweifelsfrei europäische Debatte über ein gemeinsames europäisches Interesse. Eine breite öffentliche europäische Grundrechtsdebatte hätte ähnlich wirken können. Diese Chance hat die EU nicht genutzt. Die Debatte beschränkte sich daher auf eine besonders in Deutschland sehr lebhafte Expertendebatte. Man kann hoffen, daß die Grundrechtssprechung des europäischen Gerichtshofes in Luxemburg ein weiterer Anstoß für die Entwicklung einer europäischen Öffentlichkeit sein wird.

Die europäische Zivilgesellschaft

In den letzten Jahren hört man häufig die Kritik, daß die europäische Zivilgesellschaft, an sich ein wesentliches Element einer Demokratisierung der EU, bisher zu schwach geblieben ist. Europa wird von den europäischen Bürgern nicht als Solidargemeinschaft mit Rechten und Pflichten aufgefaßt. Die Zivilgesellschaft in Europa, in der viele Aufgaben nicht durch den Staatsapparat, sondern durch sozial und politisch engagierte Bürger und durch nichtstaatliche Organisationen übernommen werden, steht bisher meist ohne jeden Bezug zu Europa. Nichtregierungsorganisationen blieben bisher in der Regel nationale Organisationen. Der Rahmen, in dem europäische Bürger ihre überlokalen und überfamiliären Rechte und Pflichten formulieren, blieb ebenfalls der Nationalstaat. Was immer der einzelne Bürger an persönlichen Leistungen oder an finanziellen Beiträgen zu Sozialversicherungen, zu privaten Absicherungen, zu Menschenrechtsbewegungen, zu karitativen Organisationen und Aktionen beiträgt, geht so gut wie nie an europäische Organisationen. Selbst ursprünglich international angelegte Projekte wie Rotes Kreuz, Caritas, Diakonisches Werk sind überwiegend nationale oder internationale, jedoch nicht explizit europäische Organisationen. Viele dieser Organisationen konzentrieren sich auch in ihrer politischen Intervention auf die nationale Ebene und unterhalten in Brüssel nicht einmal Büros. Aus diesem Grund besteht die Gefahr, daß sich die europäische Öffentlichkeit einseitig als pure Öffentlichkeit von Interessenvertretern und Berufspolitikern entwickelt, daß höchstens Experten beteiligt werden, aber mit dem Netz von Nichtregierungsorganisationen zu wenig Verbindungen entstehen, sie dadurch eine Öffentlichkeit ohne Zivilgesellschaft bleibt. Damit fehlten der europäischen Öffentlichkeit nicht nur bestimmte soziale Themen; auch ein wichtiger Weg zu einer bürgernahen Öffentlichkeit bliebe auf der europäischen Ebene verschlossen. Ob diese Gefahr wirklich besteht oder ob nicht schon seit dem späten 19. Jahrhundert internationale, de facto europäische Nichtregierungsorganisationen entstanden, wäre genauer zu untersuchen.

Eine Zivilgesellschaft besteht normalerweise aus der ganzen Vielfalt von gesellschaftlichen Organisationen, die von Interessenverbänden und Berufsorganisationen bis zu karitativen Organisationen, von Gewerkschaften bis zu den Kirchen, von Menschenrechtsorganisationen bis zu Sportverbänden, von Genossenschaften, Städteverbänden bis zu Stiftern reichen. Die Zivilgesellschaft nimmt weder öffentliche staatliche Aufgaben wahr noch arbeitet sie gewinnorientiert, unterscheidet sich daher von öffentlichen Institutionen ebenso wie von Wirtschaftsunternehmen. Sie wird manchmal auch als dritter Sektor neben dem Staat und den Wirtschaftsunternehmen bezeichnet. Sie steht dem Bürger näher, behandelt ihn nicht nur als Staats- bzw. Unionsbürger oder als Kunde, sondern baut auf seinen Aktivitäten als Mitglied solcher Organisationen auf. In keinem der anderen Sektoren ist der Bürger so aktiv und Bürgeraktivität so zentral. Die Zivilgesellschaft ist bis zu einem gewissen Grad autonom gegenüber dem Staat bzw. der EU und gegenüber den Wirtschaftsunternehmen, auch wenn sie vielfach von der Finanzierung und von den Humanressourcen der anderen beiden Sektoren abhängt und Regierungen wie Unternehmen viel zur Aktionsfähigkeit der Zivilgesellschaft beitragen. Man kann mit guten Gründen davon ausgehen, daß Demokratien ohne Zivilgesellschaft nicht auskommen und umgekehrt eine eigenständige Zivilgesellschaft auch nur in der Demokratie entsteht. Der Zusammenhang mit der Marktwirtschaft ist eng, auch wenn marktwirtschaftlich organisierte Gesellschaften sehr verschiedenartige Zivilgesellschaften hervorgebracht haben, die schwedische Gesellschaft andere als die spanische oder deutsche. Für dieses Kapitel ist vor allem wichtig, daß Zivilgesellschaften massiv bei staatlichen Entscheidungen mitwirken. Das ist der Grund, warum sie für die Demokratisierung der EU so zentral sind.

Zivilgesellschaft ist in Europa keineswegs etwas Neues. Sie gewann allmählich ihre heutigen Konturen mit der Herausbildung des modernen Staates und mit der Entstehung von privaten

Unternehmen. Sie war ein selbstverständliches und zentrales Element jeder nationalstaatlichen Demokratie, wurde allerdings von oben gesteuert und kontrolliert, auch von europäischen Diktatoren für die Machtübernahme und den Machterhalt ausgenutzt. Sie besitzt ihre enorme Bedeutung nicht nur auf der nationalen, sondern vor allem auch auf der lokalen Ebene, allerdings mit großen Unterschieden zwischen den einzelnen europäischen Nationalstaaten, zwischen dem Norden und Süden. Der Begriff der Zivilgesellschaft existierte schon seit der Antike, gewann aber erst seit der Aufklärung die heutigen Konturen, verschwand danach aus der europäischen politischen Sprache. Er wurde erst wieder durch die Bürgerbewegungen in Ostmitteleuropa während der 1980er Jahre eingeführt, ist seit den 1990er Jahren in den wichtigsten europäischen Sprachen üblich, blieb freilich immer auch umstritten. Die Entstehung einer Zivilgesellschaft in der EU ist also keineswegs etwas Neuartiges, sondern steht in einer langen europäischen Tradition der gesellschaftlichen Organisation von Politik und auch in einer langen sprachlichen Tradition in Europa. Auf diesen historischen Traditionen kann die Zivilgesellschaft in der EU aufbauen. Es wäre höchst erstaunlich, wenn die EU aus dieser europäischen Tradition herausgefallen und ohne Zivilgesellschaft geblieben wäre.

Wie weit hat sich in den vergangenen Jahrzehnten eine europäische Zivilgesellschaft entwickelt, die auf die Entscheidungen der EU einwirkt? Ist dieses Element der Demokratisierung der EU schon eine fertige Säule, auf der nur weitergebaut werden müßte oder ist sie einer der wunden Punkte des Demokratiedefizits der EU? Die Antworten unterscheiden sich in der Regel ganz erheblich von den Antworten zur Entwicklung der europäischen Öffentlichkeit, der Unionsbürgerschaft und der Identifizierung mit der EU. Von einer schwachen oder gar völlig fehlenden europäischen Zivilgesellschaft spricht niemand, der die Situation einigermaßen kennt und mit dem Begriff ungefähr das meint, was soeben angesprochen wurde. Die Zivilgesellschaft ist tatsächlich das Element der Demokratisierung der EU, das schon seit längerem am weitesten entwickelt ist.

Allerdings besaß die europäische Zivilgesellschaft bis heute auch eine Reihe von Besonderheiten, die sie von den meisten nationalen Zivilgesellschaften unterscheidet, wobei eine solcher Vergleich angesichts der tiefen Unterschiede zwischen den nationalen Zivilgesellschaften immer problematisch ist. Trotzdem kann man die Besonderheiten der europäischen Zivilgesellschaft herausstellen.

Die wirtschaftlichen Interessenverbände in der europäische Zivilgesellschaft besitzen bis heute eine ungewöhnlich große Macht. Der europäische Agrarverband, COPA, sicherte sich seit der Schaffung des Agrarmarkts in den 1960er Jahren einen festen Einfluß auf die EU. Er ist in der Union, die immer noch einen Großteil ihres Etats für Agrarsubventionen ausgibt, mächtiger als die Agrarverbände in den meisten Nationalstaaten, in denen die Agrarsubventionen weit hinter anderen Ausgaben zurückstehen. Der Unternehmerverband UNICE besitzt ebenfalls seit den 1960er Jahren einen außergewöhnlich großen, institutionalisierten Einfluß im Wirtschafts- und Sozialausschuß der Europäischen Kommission. Die besonders starke Macht dieser und anderer wirtschaftlicher Interessenverbände hat mit der Entstehungsgeschichte der EU zu tun. Sie war lange primär eine Wirtschaftsunion, die gleichzeitig einen deregulierten europäischen Waren- und Dienstleistungsmarkt durchsetzte und einen hoch regulierten Agrarmarkt schuf. Sie war deshalb primär für Wirtschaftsverbände wichtig. Aus demselben Grund blieben umgekehrt breite Spektren der Zivilgesellschaft auf der Ebene der Union schwach oder waren gar nicht präsent, die Gewerkschaften ebenso wie viele Berufsverbände, karitative Organisationen ebenso wie die Kirchen. Die EU besitzt daher teilweise den Ruf, ein Projekt der Wirtschaft, von Landwirten und Unternehmern zu sein.

Allerdings wird dieser Ruf der europäischen Zivilgesellschaft nicht gerecht. Einerseits milderte die Einseitigkeit der europäischen Zivilgesellschaft, die auf die supranationalen europäischen Institutionen von der EWG bis zur EU Einfluß nahm, im Lauf der Zeit ab. Andererseits gab es immer eine stark entwickelte, weit über den Raum und die Kompetenzen der EWG hinausreichende europäische Zivilgesellschaft, gleichgültig ob man sich die UEFA, eine seit den 1960er Jahren denkbar straff geführte und erfolgreiche europäische Organisation, oder den seit 1951 bestehenden Rat der europäischen Gemeinden und Regionen oder die 1959 gegründete Konferenz der europäischen Kirchen ansieht. Diese europäische Zivilgesellschaft hatte allerdings in der Frühphase der europäischen Integration nur wenig Verbindung mit der EWG, da sie meist ganz Europa oder ganz Westeuropa umfaßte und sich mit wirtschaftlichen Fragen nicht befaßte. Je stärker sich jedoch die EG und die EU in ihrer Geographie und ihren Kompetenzen ausweiteten, desto mehr hatten die EU und die europäische Zivilgesellschaft miteinander zu tun.

Die europäische Zivilgesellschaft blieb bisher in hohem Maß eine geräuschlose Interessenten- und Expertengesellschaft, die die politische Öffentlichkeit nur selten mobilisierte und daher bei den europäischen Bürgern meist auch nur einen schattenhaften Eindruck hinterließ. Sie wurde deshalb nicht selten auch unterschätzt. Der Grund für diese Geräuschlosigkeit lag auf der einen Seite darin, daß die Europäische Union lange Zeit vor allem eine Wirtschaftsunion war. Auf der anderen Seite spielte aber auch eine große Rolle, daß die Verwaltung in der EU, also die Europäische Kommission, weit unabhängiger war und weniger kontrolliert wurde als die Verwaltungen in den europäischen Nationalstaaten. Die Einwirkungen der europäischen Zivilgesellschaft auf diese starke Verwaltung blieben deshalb eher im Schatten der Öffentlichkeit. Sie wandte sich bisher weniger an das Europäische Parlament und an den Europäischen Rat, auf die häufig nur mit einer Mobilisierung der Öffentlichkeit Einfluß hätte genommen werden können. Die Europäische Kommission hat diese Geräuschlosigkeit der europäischen Zivilgesellschaft eher noch weiter gefördert: Sie besaß zwar einen gut bezahlten, aber kleinen Beamtenapparat, war daher auf Expertise von außen angewiesen. Die Expertise aus der Zivilgesellschaft, von Verbänden ebenso wie von unabhängigen Experten, wurde deshalb von der Europäischen Kommission sehr geschätzt. Die Vorbereitung von

Entscheidungen wurde häufig ausgelagert und an Expertengremien vergeben. Auch diese Expertenberichte kamen selten an die breite Öffentlichkeit und waren ein weiteres Element der geräuschlosen Zivilgesellschaft der Europäischen Union.

Die europäische Zivilgesellschaft blieb darüber hinaus bürgerferner als die nationalen Zivilgesellschaften. Funktionäre und Repräsentanten spielten eine größere Rolle als in den nationalen und lokalen Zivilgesellschaften, Mitglieder eine deutlich geringere Rolle. Die Breite der gesellschaftlichen Ideen, Denkweisen und Interessen in Europa kam oft nur kanalisiert, entfärbt und homogenisiert in Brüssel an. Die Zivilgesellschaften ganzer Nationen fielen in bestimmten Bereichen heraus, da sie in Brüssel nicht präsent waren. Das hat sicher damit zu tun, daß die zivilgesellschaftlichen Organisationen auf der europäischen Ebenen oft als Föderationen von nationalen Verbänden entstanden und häufig selbst keine Mitgliedsorganisationen waren, oder sich von Lobbyisten in Brüssel vertreten ließen, die wiederum nicht selten für mehr als nur eine Organisation arbeiteten. Diese Verbindungsbüros und Lobbyagenturen haben in der Regel keine Kontakte zu den einzelnen Mitgliedern vor Ort. Der europäischen Zivilgesellschaft fehlt daher häufiger als den nationalen Zivilgesellschaften die lokale Verankerung.

Schließlich fiel es der europäischen Zivilgesellschaft offensichtlich nicht leicht, das allgemeine europäische Interesse auszumachen und zu klären, welchen Beitrag der jeweilige Verband oder die jeweilige Organisationen für das europäische Interesse leistet. Die europäische Zivilgesellschaft präsentierte sich in der Regel eher als gesellschaftliches Einzelinteresse oder nationales Interesse. Der Diskurs über das europäische Interesse wurde in der europäischen Zivilgesellschaft seltener geführt als in den nationalen Zivilgesellschaften. Sicher war dieser Diskurs in den nationalen Zivilgesellschaften oft nicht zweckfrei. Dahinter standen häufig ebenfalls Einzelinteressen. Aber es zeichneten sich doch bestimmte politische Werte und Orientierungen ab, die keineswegs bedeutungslos waren. Europäische politische Werte und Grundorientierungen wurden dagegen in der europäischen Zivil-

gesellschaft weniger in die Öffentlichkeit getragen. Intellektuelle, die in den nationalen Zivilgesellschaften solche prinzipiellen
Debatten anstießen oder gegeneinander führten, gab es auf der
europäischen Ebene kaum. Die wenigen Intellektuellen mit europäischer Statur scheuten sich oft, sich über ein europäisches Interesse zu äußern.

Die Geschichte der europäischen Zivilgesellschaft lief anders
ab als die Geschichte der nationalen Zivilgesellschaften, die in
sich verschieden sind, aber doch in der Regel eine längere und
andere Geschichte besitzen. Die Geschichte der Zivilgesellschaft
auf der europäischen Ebene ist allerdings in ihren Gesamttrends
bisher wenig untersucht, vor allem nicht durch Historiker. Schon
im 19. und frühen 20. Jahrhundert gab es eine Vielzahl von transnationalen zivilgesellschaftlichen Organisationen in Europa, die
teils von nationalen Zivilgesellschaften, teils von Regierungen,
teils von Wirtschaftsunternehmen gegründet wurden. Dazu gehören wirtschaftliche Clearing-Stellen ebenso wie wissenschaftliche
Dachorganisationen, Sportorganisationen ebenso wie kirchliche
Verbände, karitative Verbände ebenso wie Frauenorganisatio-
nen, das internationale Arbeitsamt ebenso wie Europabewegungen. Es ist allerdings umstritten, ob man diese Organisationen
schon damals als europäische Zivilgesellschaft ansehen soll und
ob daher eine europäische Zivilgesellschaft längst vor der Schaffung von supranationalen europäischen Institutionen entstand.
Auf der einen Seite wird tatsächlich argumentiert, daß diese Zivilgesellschaft eine wichtige Vorstufe der europäischen Integration
war und diese von Bürgern initiierten Organisationen sogar früher an den Aufbau Europas gingen als die Regierungen. Die europäische Integration ist daher nicht nur eine Leistung von oben,
von den Regierungen, sondern schon davor eine Leistung von
unten, von den Bürgern. Auf der anderen Seite wird diese europäische Zivilgesellschaft des späten 19. und frühen 20. Jahrhunderts
eher skeptisch eingeschätzt. Diese Organisationen waren besonders nach dem Ersten Weltkrieg in der Regel nicht von gemeinsamen europäischen Zielen inspiriert, sondern dienten meist als
Bühnen für erbitterte nationale Rivalitäten zwischen den europä-

ischen Großmächten. Sie waren eher Kriegs- als Zivilgesellschaften. Darüber hinaus waren sie meist nicht als wirklich europäische Plattformen gedacht, sondern als Weltforen und Weltorganisationen, die zwar in der Mehrheit von Europäern getragen waren, aber in der Regel auch Nord- und Lateinamerika und die europäischen Kolonialgesellschaften einschlossen, sich deshalb auch nicht als europäische Organisationen verstanden. Eine Reihe dieser Organisationen diente zudem auch rein hegemonialen Interessen. Vor allem fehlte ein Ziel, das für die europäische Zivilgesellschaft ganz entscheidend ist: die massive Einflußnahme auf eine supranationale Instanz. Diese Debatte ist keineswegs zu Ende geführt. Man wird aber davon ausgehen müssen, daß nur ein Teil, wahrscheinlich sogar nur ein schmaler Teil der internationalen Organisationen in ihren Zielen und ihrer Zusammensetzung als Vorläufer der europäischen Zivilgesellschaft der zweiten Hälfte des 20. Jahrhunderts angesehen werden kann. Wie gewichtig diese Vorläufer damals waren, bleibt zu untersuchen.

In der zweiten Hälfte des 20. Jahrhunderts unterschied man drei Epochen der europäischen Zivilgesellschaft. Die erste, wenig umstrittene Epoche war die Zeit von den späten 1940er Jahren bis zur Mitte der 1960er Jahre, die Epoche der Gründung und des Experimentierens mit europäischen Institutionen, die Gründung der OEEC, des Europarats, der Montanunion, der gescheiterten EVG und schließlich der EWG. Diese Epoche brachte zwei ganz gegenläufige europäische Zivilgesellschaften hervor: auf der einen Seite die enthusiastische, geographisch oft ganz Europa umfassende Europabewegung, die aber sehr bald im Niedergang begriffen war und auf der andere Seite völlig pragmatische, interessengebundene, auf den kleinen Raum der EWG beschränkte, aber zukunftsträchtige Wirtschaftsverbände. Stärker als in späteren Epochen wurde die europäische Zivilgesellschaft damals von oben initiiert, durch Initiativen der Regierungen angestoßen oder durch die Einrichtung der europäischen Institutionen herausgefordert.

Die europäische Zivilgesellschaft entstand damals unter besonders schwierigen Bedingungen, da Politik und Gesellschaft auch auf nationaler und auf europäischer Ebene besonders stark geteilt war. Europa war politisch noch tief in ein linkes und ein rechtes politisches Lager gespalten. Das Verhältnis zu dem aufsteigenden Kommunismus und umgekehrt das Verhältnis zu den noch ungebrochenen oder erst gerade beseitigten rechten Diktaturen trennte diese beiden Lager damals weit stärker voneinander als in späteren Epochen. Diese Spaltung behinderte auch die Entwicklung der europäischen Zivilgesellschaft in allen Bereichen, in denen die unterschiedlichen Lager hätten integriert werden müssen, in Gewerkschaften ebenso wie in Wohlfahrts- und Berufsverbänden. Darüber hinaus war damals der Gegensatz zwischen den kirchlichen Konfessionen selbst in Ländern, die schon seit Jahrhunderten zwei- oder mehrkonfessionnell waren wie die Schweiz, Deutschland, die Niederlande und Großbritannien, erheblich schärfer als heute. Auch dieser Gegensatz behinderte die Entstehung einer europäischen Zivilgesellschaft besonders im karitativen und gewerkschaftlichen Bereich. Schließlich teilten auch die nationalen Gegensätze Europa damals noch tief. Das Mißtrauen zwischen den europäischen Nationen war nach drei Jahrzehnten der Kriege, Besatzungen, Resistenzen noch viel wacher und gereizter als später. Die Versöhnungspolitik, die einzelne weitsichtige europäische Politiker und einige Angehörige der europäischen Zivilgesellschaft begannen, besaß in der Mehrheit der Eliten und in der großen Masse der Bevölkerung noch wenig Anklang. Diese nationalen Spannungen dürften in der Nachkriegszeit das stärkste Hindernis für eine Zivilgesellschaft auf der europäischen Ebene gewesen sein. Es bedurfte entweder eines außerordentlichen Enthusiasmus oder eines reinen Interessenkalküls, um trotzdem mit dem Aufbau europäischer Organisationen zu beginnen.

Eine zweite Epoche der europäischen Zivilgesellschaft begann mit den 1970er Jahren, teilweise auch schon in den 1960er Jahren. In dieser Zeit entwickelten sich die Interessenorganisationen weiter, die sich an die EWG bzw. später die EG wandten und dort wirtschaftspolitischen Einfluß nahmen. Diese Organisationen differenzierten sich aus, wurden zahlreicher und wirkungsvoller. Die Entwicklung ist wenig neu im Vergleich zu der früheren Epoche, darf aber nicht unterschätzt werden. Seit den 1970er Jahren entstanden viele zivilgesellschaftliche Organisationen jenseits der rein wirtschaftlichen Interessenvertretung. Zahlreiche wissenschaftliche Kooperationen begannen in dieser Zeit. Der europäische Fußballverband UEFA gründete seit den 1960er Jahren eigene europäische Wettbewerbe, die sehr populär wurden. Die Zivilgesellschaft mit kulturellen Zielen intensivierte sich. Selbst die Europabewegung scheint in dieser Zeit nochmals an Schwung gewonnen zu haben. Schließlich unterschied sich diese Epoche von der vorhergehenden vor allem auch dadurch, daß die Gründung von zivilgesellschaftlichen Organisationen in der Regel aus einer anderen Richtung kam als in der Zeit zuvor. In den späten 1940er und in den 1950er Jahren waren es häufig die Regierungen, die hinter den Initiativen zu europäischen Zusammenschlüssen von wissenschaftlichen oder halböffentlichen Organismen standen. Seit den 1970er Jahren veränderte sich das, die Regierungen verloren an Bedeutung, die Initiative kam häufiger aus der Zivilgesellschaft selbst.

Diese Ausweitung und Veränderung der europäischen Zivilgesellschaften hatte zahlreiche Gründe, die teils direkt mit der Entwicklung der EWG, teils aber auch mit der allgemeinen Entwicklung der europäischen Gesellschaft und Politik zusammenhingen. Der allmähliche Aufbau der EWG in den 1960er Jahren, die immer mehr die Entscheidungen über wichtige außenwirtschaftspolitische Bereiche übernahm, machte für immer mehr Interessenverbände den Aufbau von europäischen Dachverbänden interessant. Daneben haben aber auch allgemeine gesellschaftliche Entwicklungen die Veränderung der europäischen Zivilgesellschaft beeinflußt. Mit der rapiden Verbesserung der Fremdsprachenkenntnisse in den jüngeren Generationen, die nicht mehr unter der Abkapselung der Weltkriege zu leiden gehabt hatten, verbesserten sich die Möglichkeiten in der internationalen Zusammenarbeit ebenso wie mit der Kommunikationsrevolution, dem automatischen Telefon und dem Fax seit den 1980er Jahren, und mit der Transportrevolution, dem Automobil und dem Flugzeug. Die enorme Zunahme des Reisens, der Geschäftsreisen, des Tourismus, des Konsumgüterimports, vor allem aber auch des Jugendaustauschs und der Städtepartnerschaften, ließ andere Europäer ebenfalls weniger fremd erscheinen, verbesserte jedenfalls die persönliche Vertrautheit mit anderen Ländern. Vor allem veränderte sich die Einstellung der Europäer zu anderen Nationen. Das in zwei Weltkriegen aufgebaute Mißtrauen wurde allmählich abgemildert und abgelöst von einem Vertrauen in die europäischen Nachbarn, zumindest zwischen Schlüsselnationen in Europa. Ohne diese kulturellen Veränderungen hätte sich die europäische Zivilgesellschaft jenseits der reinen Interessenvertretung kaum so stark entwickelt. Die Initiativen aus den Zivilgesellschaften selbst wären weit schwächer geblieben. Schließlich gehörte die europäische Zivilgesellschaft ganz ohne Zweifel auch zu den Instrumenten der Entspannungspolitik, des Brückenbaus zwischen den Blöcken in Europa, auch der Einflußnahme auf die osteuropäischen Gesellschaften, der schwierigen Schaffung eines europäischen politischen Raums. Die Geographie der europäischen Zivilgesellschaft sah daher ganz verschieden aus, blieb bei manchen Interessenverbänden auf die sechs Länder der EWG beschränkt, umfaßte in manchen wissenschaftlichen und kulturellen Organisationen ganz Europa.

Ein dritte Epoche schließlich sind die 1980er und 1990er Jahre. Diese jüngste Epoche läßt sich allerdings nicht immer zeitlich exakt von den früheren Epochen abgrenzen. In diesen Jahren veränderten sich die vorher schon sehr gewichtigen Interessenverbände in der EU. Die Zahl der Interessenorganisationen nahm nochmals stark zu. Die Lobby professionalisierte sich. Die großen europäischen Dachorganisationen verloren an Bedeutung gegenüber speziellen Interessenverbänden und der Lobby einzelner Großunternehmen. Diese Entwicklung hat das große Gewicht der wirtschaftlichen Interessenverbände eher noch erhöht. Sie wurde zum großen Teil durch die Einführung des Binnenmarktes ausgelöst, die zahllose Verordnungen erforderte und deshalb eine Herausforderung auch für die wirtschaftliche Interessenvertretung in der EU war. Es scheint, daß sich zudem in dieser Zeit die wirtschaftliche Interessenvertretung in Brüssel über Europa hinaus internationalisiert hat und auch amerikanische und asiatische Wirtschaftslobbyisten in Brüssel zu arbeiten begannen.

Die europäische Zivilgesellschaft wurde zudem in den 1980er und 1990er Jahren vielfältiger. Neben den wirtschaftlichen Interessenorganisationen kamen jetzt stärker als zuvor Organisationen im allgemeinen Interesse von Umwelt, Menschenrechten, Minderheiten oder karitativen Zielen, Interessenorganisationen von freien Berufen, kulturelle Organisationen und nicht zuletzt verstärkt auch Gewerkschaften nach Brüssel. Die einseitige Orientierung der europäischen Zivilgesellschaft auf wirtschaftliche Interessen milderte sich weiter ab.

Diese grundlegende Veränderung der europäischen Zivilgesellschaft hing zum großen Teil mit der starken Ausweitung der Kompetenzen und Aktivitätsbereiche der EU jenseits der Schaffung eines einheitlichen Wirtschaftsmarkts und jenseits der europäischen Wirtschaftspolitik zusammen. Die wachsende Bedeutung der EU in der Umweltpolitik, der Einwanderungspolitik, der Sozialpolitik, der inneren Sicherheit, der Außenpolitik, der Verteidigungspolitik, der wissenschaftlichen Forschung, der Verkehrspolitik, der Qualitätssicherung und Normierung von vielen Produkten, der Regionalpolitik, der Entwicklung von europäischen Menschen- und Bürgerrechten und ganz allgemein im öffentlichen Recht hat eine enorme Vielfalt von Interessenverbänden und Organisationen dazu bewogen, sich auf der europäischen Ebene zu plazieren, europäische Verbände zu gründen oder Büros einzurichten. Eine gründliche Analyse dieser Prozesse fehlt noch. Sie werden recht unterschiedlich eingeschätzt. Darüber hinaus haben einzelne Generaldirektionen der Europäischen Kommission zum Teil zielgerichtet europäische Zivilgesellschaft geschaffen, Plattformen auf europäischer Ebene eingerichtet oder Kongresse veranstaltet. Auch die Wirkung dieser Nachhilfe der Europäischen Kommission wird unterschiedlich bewertet, ist bisher auch noch nicht eingehend untersucht worden. Sicher hat die Entwicklung der europäischen Zivilgesellschaft jenseits der Interessenverbände auch mit der generellen

Mobilisierung der Öffentlichkeit in den 1980er und 1990er Jahren durch die neuen europäischen Verträge, durch Referenden und Wahlkämpfe, durch den Eintritt der EU in den Alltag der Europäer zu tun.

Für Interessenverbände, aber auch für Organisationen, die über Umwelt-, Grundrechts- oder karitative Themen arbeiteten, wurde darüber hinaus in den 1980er und 1990er Jahren das Europäische Parlament wichtiger, da es gegenüber der Kommission an Einfluß gewann. (Auch hier fehlt eine gute Untersuchung.) Dagegen scheint der Europäische Rat nicht in gleicher Weise an Bedeutung für die europäische Zivilgesellschaft gewonnen zu haben, da er geheim tagt und für Interessenvertreter auf der europäischen Ebene nur schwer zugänglich ist. Daher blieb die nationale Ebene der Interessenvertretung selbst dann wichtig, wenn es um Entscheidungen des Europäischen Rats ging. Ihm gegenüber blieb die europäische Zivilgesellschaft tatsächlich schwach, obwohl der Europäische Rat ein äußerst wichtiges legislatives Organ der EU ist.

Es ist nicht ganz klar, was diese Veränderungen der 1980er und 1990er Jahre für die Demokratisierung der EU bedeuteten. Skeptiker argumentieren, daß sich in diesem undurchschaubaren Konglomerat von Organisationen, Verbänden und Lobbyisten aus verschiedenen Nationalitäten nicht nur enorme Effizienzverluste ergaben, sondern auch Partizipationsverluste, da der einzelne Bürger über diese europäischen Verbände weit weniger Einfluß nehmen kann und nimmt als über nationale Verbände. Optimisten sehen in dieser Entwicklung einen wichtigen Schritt zu einer vollständigeren, weniger einseitigen europäischen Zivilgesellschaft, die für eine Demokratisierung der EU zwingend nötig ist, auch eine wichtige Erfahrung für das Erlernen transnationaler Demokratie, die ihre eigenen Regeln hat. Auf jeden Fall ist trotz dieser Ambivalenzen die europäische Zivilgesellschaft das Element der Demokratisierung der EU, das sich am weitesten entwickelt hat. Voll entwickelt ist sie allerdings sicher noch nicht.

Zusammenfassung

In diesem Buch werden zwei Demokratisierungen einander gegenübergestellt: die Geschichte der langen, oft rückfälligen, aber in den letzten Jahrzehnten außerordentlich erfolgreichen Demokratisierung der europäischen Nationalstaaten und die Geschichte der jungen, aber immer noch defizitären Demokratisierung der Europäischen Union. Das Buch dreht sich um die Frage, wie man die Demokratisierung und das Demokratiedefizit der EU einordnen soll, ob sie nur eine Wiederholung der nationalstaatlichen Entwicklung auf der europäischen Ebene ist oder ob sie anderen Regeln folgt und deshalb auch anders durchgesetzt werden muß. Das Buch kommt zu fünf Ergebnissen:

Die Demokratisierung der Europäischen Union ließe sich nicht verstehen ohne ein erstes Ergebnis: Die Demokratisierung der europäischen Nationalstaaten seit der Französischen Revolution bestand nicht nur aus einer Vielfalt höchst unterschiedlicher nationaler Umbrüche, Rückschläge, Erfolge, Eigenarten. Sie hatte auch ihre europäische Geschichte. Schon die Französische Revolution war nicht nur eine Revolution in Frankreich, sondern auch in Europa. Sie entstand aus der gemeinsamen europäischen Aufklärung und der gemeinsamen europäischen Krise des Ancien Régime. Sie besaß in Europa breite Auswirkungen in der internationalen Öffentlichkeit und starke Nachwirkungen vor allem in der Durchsetzung von Verfassungen. Sie wurde auch von den Revolutionsgegnern in europäischen Allianzen und als europäisches Ereignis bekämpft.

Auch die Revolution von 1848 war ein europäisches Ereignis. Sie fand in einer Reihe von europäischen Ländern gleichzeitig statt und war auch in Ländern ohne Revolution spürbar. Sie war noch mehr als die Französische Revolution von einer raschen Zirkulation von Nachrichten und Ideen geprägt. Sie hatte in Europa ähnliche Abläufe, Ursachen, Trägerschichten und Ziele und scheiterte in ähnlichen Zeiträumen und aus ähnlichen Gründen, vor allem auch an einer europäischen Allianz der Revolutionsgegner.

Sie besaß auch gemeinsame Nachwirkungen in der Politisierung der Öffentlichkeit, dem Aufstieg der Intellektuellen, aber auch in dem verhängnisvolle Beginn des nationalen Zeitalters in Europa.

Der Umbruch von 1918/19 war ebenfalls ein europäisches Ereignis. Er bedeutete in manchen Ländern wie Frankreich und Großbritannien Öffnung und Erweiterung der Demokratie, in manchen Ländern wie etwa Deutschland und den Nachfolgestaaten der Habsburger Monarchie die erstmalige Durchsetzung einer Demokratie im vollen Sinn, in wieder anderen Ländern wie etwa Spanien oder Rußland eine Abwehr des Demokratisierungsdrucks durch antidemokratische Diktaturen. Auch dieser Umbruch entstand aus einer gemeinsamen Krise, ausgelöst durch den Ersten Weltkrieg und endete in einem gemeinsamen Fiasko, in dem wie Dominosteine eine Demokratie nach der anderen fiel und schließlich zwischen 1940 und 1944/45 nur noch eine kleine Minderheit der Europäer in einer Demokratie lebte.

Der Umbruch zur Demokratie 1945-57, ganz ohne revolutionäre Ereignisse, aber mit besonders dauerhaften Folgen, war ebenfalls ein europäischer Umbruch. Er entstand aus der Befreiung Europas von der NS-Besatzung. Er wurde stabilisiert durch die glanzvollste wirtschaftliche Prosperitätszeit der europäischen Geschichte und durch die Erfindung des modernen Wohlfahrtsstaates in Europa. Dieser europäische Umbruch zur Demokratie war weit mehr als die früheren Demokratieumbrüche international geplant und wurde durch zielgerichtete Erziehung und Wirtschaftshilfe durchgesetzt. Sein Erfolg wurde auch durch ein ganz neues Instrument abgesichert, die supranationale europäische Integration, durch die intensive wechselseitige Kontrolle von demokratischen Nationalstaaten.

Schließlich war auch der Umbruch von 1989-91 ein gemeinsamer europäischer Umbruch. Auch er entstand aus einer gemeinsamen europäischen Krise, die allerdings nur im östlichen Teil Europas zum Regimezusammenbruch führte. Er war geprägt von einem gemeinsamen Modell der westlichen Demokratie und des marktwirtschaftlichen Wohlstandes. Dieser Umbruch wurde in einer bisher nie dagewesenen internationalen Informationszirkulation und Medienpräsenz durchgesetzt und in gemeinsamen Symbolen wie dem Fall der Mauer erlebt. Dieser Umbruch eröffnete erstmals die realistische Chance auf eine völlig Demokratisierung Europas und auf ein Ende der verhängnisvollen Zersplitterung Europas durch antagonistische Nationalismen.

Dieses Buch beschränkte sich auf die großen Demokratiedurchbrüche. Auch die höchst wichtigen, aber unspektakulären und langsamen Demokratisierungprozesse zwischen den großen Durchbrüchen verliefen häufig in transnationalen Verflechtungen und Transfers. Sie sind aber auf europäischer Ebene noch zu wenig untersucht. Die Demokratisierung der EU hatte lange historische Wurzeln in dieser europäischen Dimension der Demokratisierung der Nationalstaaten. Ohne die gemeinsame europäische Geschichte der Demokratie gäbe es auch kein gemeinsames Modell, dem die Demokratisierung der EU folgen könnte. Dafür ist wichtig, daß sich dieses Modell allmählich von revolutionären Demokratiedurchbrüchen mit viel Gewalt und mit starken Rückschlägen zu gewaltfreien Umbrüchen mit breitem und dauerhaftem Erfolg verwandelte.

Ein zweites Ergebnis: Es gibt allerdings auch einen Zusammenhang zwischen der erfolgreichen Demokratisierung der Nationalstaaten und dem Demokratiedefizit der Europäischen Union. Während des Aufbaus der EG lag die demokratische Legitimation vor allem bei den erfolgreichen nationalstaatlichen Demokratien nach dem Umbruch von 1945-57. Sie beanspruchten eine Art Monopol der demokratische Kontrolle der EWG und EG. Die supranationalen europäischen Institutionen brauchten – so schien es vielen – keine eigene Demokratisierung, weil sie von demokratisch legitimierten Regierungen eingerichtet und geleitet wurden. Gleichzeitig erschien es auch riskant, die in Westeuropa soeben erfolgreich errungene und wiedererrungene demokratische Kultur für ein Experiment einer europäische Demokratie mit ungewissem Ausgang einzusetzen. Die bürokratisierten europäischen Institutionen ermutigten auch lange Zeit nicht zu einem solchen Experiment, da sie von den europäischen demokratischen Traditionen wenig zu erkennen gaben.

Ein drittes Ergebnis: Der Zusammenhang zwischen dem Demokratieerfolg der Nationalstaaten und dem Demokratiedefizit der europäischen Institutionen wurde im Verlauf der letzten beiden Jahrzehnte immer schwächer. Auf der einen Seite waren die nationalen Demokratien, vor allem die nationalstaatlichen Parlamente, immer weniger in der Lage, die wachsende Machtkonzentration in Brüssel zu kontrollieren. Die Macht der EU wird in der Regel unterschätzt. Heute besteht, so schätzt man, die nationale parlamentarische Gesetzgebung bereits zu einem Drittel aus Gesetzesanpassungen an das von der Union gesetzte und beschlossene Europarecht. Eine wirkliche Beratung und Einflußnahme durch die nationalstaatlichen Parlamente ist dabei nicht mehr möglich. Sie fallen als Kontrollorgane de facto aus. Ein altes europäisches Prinzip, nach dem jede Macht direkt kontrolliert werden muß, geriet damit immer mehr in Gefahr. Der Zwang zu einer direkten demokratischen Kontrolle des Brüsseler Machtzentrums wurde immer augenfälliger.

Auch das Prinzip der »checks and balances«, die Konkurrenz zwischen Europäischer Kommission und Europäischem Rat, den beiden Zentren der Macht, und die Autonomie des Europäischen Gerichtshofs – ein Prinzip, das immer auch ein wichtiges Element der nationalstaatlichen Demokratien war – reichte zur Kontrolle der anwachsenden Macht der EU immer weniger aus. Es sichert auch nicht die Partizipation der Bürger.

Andererseits gab es auch Anzeichen für eine Demokratisierung der Union. Dadurch wurde es leichter, die Forderung nach einer Demokratisierung aufzustellen. Fünf Wege zu einer stärkeren Kontrolle durch Demokratisierung der Europäischen Union zeichneten sich in den vergangenen Jahrzehnten ab: stärkere Rechte des Europäischen Parlaments bei der Gesetzgebung, bei der Kontrolle des Budgets und bei der Ernennung des Präsidenten und/oder der Kommissare der Europäischen Kommission; die Entwicklung einer europäischen Öffentlichkeit; der Aufbau einer Unionsbürgerschaft; die Entstehung einer europäischen Zivilgesellschaft; und dahinter stehend eine stärkere Identifizierung der Bürger mit der Europäischen Union.

Dazu ein viertes Ergebnis: Die Demokratisierung der Europäischen Union ist in den vergangenen Jahrzehnten nicht stehengeblieben oder gar unterblieben. Sie kam schrittweise voran, wenn auch nicht mehr. In allen fünf Wegen der Demokratisierung gab es Anzeichen für eine Verstärkung. Sie waren nach dem Umbruch von 1989-91, den manche Auguren als den Anfang vom Ende der Europäischen Union ansahen, vielfach noch deutlicher als davor.

Das europäische Parlament erhielt besonders in den 1990er Jahren mehr Anhörungs- und Mitspracherechte, auch mehr Vetomacht. Die europäische Öffentlichkeit verstärkte sich. Vor allem die europäischen Experten- und Fachöffentlichkeiten haben sich stark weiterentwickelt. Europäische Themen, die Europäische Union, aber auch andere europäische Organisationen wurden in den europäischen Medien etwas häufiger behandelt, wobei dieser Trend nicht unumstritten ist. Technische Voraussetzungen für eine europäische Öffentlichkeit haben sich deutlich verbessert: einzelne europaweite Medien, aber auch der direkte Zugang zu den Fernsehprogrammen anderer Länder und die direkte Lektüre der ausländischen Zeitungen im Internet, vor allem aber die starke Ausweitung der Fremdsprachenkenntnisse der Europäer. Die Unionsbürgerschaft hat vor allem seit den 1990er Jahren erheblich an Substanz gewonnen, auch wenn sich bisher noch keine Wertvorstellungen der europäischen Bürger von ihren Rechten und Pflichten als Europäer entwickelt haben. Der Begriff der Unionsbürgerschaft wurde in den europäischen Verträgen verankert, die justiziablen Grundrechte in den Verträgen ausgeweitet, mit der europäischen Charta von Nizza ein unerwartet weitreichender, wenn auch noch nicht justiziabler Katalog von Grundrechten beschlossen. Auch die europäische Zivilgesellschaft hat sich erheblich weiterentwickelt. Die wirtschaftliche Interessenvertretung weitete sich aus und professionalisierte sich. Die europäische Zivilgesellschaft diversifizierte sich gleichzeitig und entwickelte sich jenseits der wirtschaftlichen Interessen besonders rasch. Die Initiativen zum Ausbau der Zivilgesellschaft kamen in wachsendem Maß aus der Zivilgesellschaft selbst, weniger von oben, aus den Regierungen oder aus der EU. Auch die Identifizierung mit der EU veränderte sich. Die europäische und nationale Identität wurden ähnlicher. Eine europäische und nationale Doppelidentität wurde dadurch leichter möglich. Die direkte Identifizierung der Bürger mit der Union hat sich zwar in den 1990er Jahren eher etwas abgeschwächt, aber die Erwartungen der Europäer sind in vielen Bereichen unverändert hoch.

Insgesamt gibt es daher durchaus Anzeichen für ein wachsendes Potential der Demokratisierung der Europäischen Union. Von einer vollen Demokratisierung kann man freilich sicher nicht sprechen. Der Weg dorthin ist noch lang.

Ein fünftes Ergebnis: Die Demokratisierung der EU folgte allerdings in allen diesen Aspekten der Demokratisierung auf etwas anderen Wegen und baute auf anderen Voraussetzungen auf als die europäischen Nationalstaaten. Sie würde gründlich mißverstanden, wenn ihre Geschichte immer nur am nationalstaatlichen Maßstab gemessen und jede Abweichung sofort als Demokratiedefizit interpretiert werden würde. Vieles in der Demokratisierung der EU war und ist anders. Die Demokratisierung setzte bisher nicht an einem Staat an, sondern an supranationalen Institutionen. Die Demokratietheorie der klassischen Staatsrechtslehre läßt sich deshalb auf die Demokratisierung der EU nicht unbedingt anwenden. Das europäische Parlament, der institutionelle Kern jeglicher Demokratisierung, sah und sieht sich nicht nur einem Machtzentrum, sondern zwei Machtzentren gegenüber, der Europäischen Kommission und dem Europäischen Rat, die es kontrollieren und mit denen es im Rahmen der Verträge kooperieren soll. Es ist schon deshalb in einer komplizierten Situation. Gleichzeitig spielt der Europäische Gerichtshof eine gewichtigere Rolle als in den meisten Nationalstaaten üblich. Die wichtigen Anstöße zur Demokratisierung der Europäischen Union kamen darüber hinaus nicht aus sozialen Bewegungen, hinter denen einen massive Identifizierung der Bürger mit der Union stand, sondern entstanden umgekehrt als ein Angebot der EU an die europäischen Bürger.

Die politische Öffentlichkeit, ein wesentliches Element jeglicher Demokratisierung, sah in den vergangenen Jahrzehnten in der EU ebenfalls anders aus als in den meisten europäischen Nationalstaaten. Sie baute nicht auf einer einheitlichen Sprache, sondern auf vielen Amtssprachen und mehreren Verkehrssprachen auf. Die allgemeine politische europäische Öffentlichkeit bestand in hohem Maße aus einer Verflechtung verschiedener, eigenständiger nationaler Öffentlichkeiten, nicht aus einer eigenen homogenen europäischen Öffentlichkeit. Sie stützte sich nicht so stark wie die nationalen Öffentlichkeiten auf institutionalisierte Foren, Medien, Organisationen, sondern auf eine schwerer durchschaubare transnationale Diffusion von Ideen und Gegenideen. Sie entwickelte sich besonders rasch in der Form von Fach- und Expertenöffentlichkeiten. Sie war lange Zeit eher ein Kommunikationsraum als eine auf ein Machtzentrum bezogene Öffentlichkeit. Sie besaß daher ihre eigene Dynamik.

Die Unionsbürgerschaft hatte bislang ebenfalls einen anderen Charakter als die nationalen Staatsbürgerschaften. Sie baute nicht wie die meisten Nationalstaaten der zweiten Hälfte des 20. Jahrhunderts auf einer Solidarität durch den Sozialstaat auf, sondern bestand im wesentlichen aus Grundrechten und dem Anspruch darauf in der ganzen Union. Das Konzept einer Unionsbürgerschaft entstand in der politischen Realität erst spät, erst in den 1990er Jahren. Vor der europäischen Grundrechtscharta von 2000 stützte sie sich sogar überwiegend nur auf einige wenige Grundrechte, die für die wirtschaftliche Integration Europas zwingend nötig waren. Die Unionsbürgerschaft enthielt anders als die nationalstaatlichen Staatsbürgerschaften auch kaum Pflichten, weder eine Steuerpflicht noch eine Wehrpflicht noch eine Schulpflicht noch Sozialstaatspflichten. Sie wird schließlich auch nicht ergänzt durch eine europäische Sicherung von bürgerlichen Rechten und nur durch eine partielle Sicherung der politischen Rechte, partiell da die europäischen Bürger an ihrem Wohnort, wenn er nicht in ihrem Heimatland liegt, nur das Wahlrecht bei Europawahlen und Kommunalwahlen, nicht bei nationalen Wahlen besitzen.

Die europäische Zivilgesellschaft nahm ebenfalls andere Formen an als in den europäischen Nationalstaaten. Sie war stärker auf wirtschaftliche Interessenvertretung orientiert. Sie hielt sich noch stärker als die Interessenvertretung in den Nationalstaaten aus der öffentlichen Mobilisierung der Bürger heraus, arbeitete in einer größeren Distanz zum Bürger. Sie entwickelte kaum einen Diskurs über das europäische Interesse. Sie richtete sich vor allem an die Europäische Kommission, weniger an das Europäische Parlament, kaum an den Europäischen Rat, der weiterhin ein Bereich der nationalen Zivilgesellschaften blieb.

Dahinter steht schließlich auch eine andere Identifizierung der Bürger mit der EU. Sie war bislang in Umfragen weniger entschieden als die Identifizierung mit Nationalstaaten, wurde in manchen Mitgliedsländern sogar nur von einer Minderheit getragen. Sie war bisher weniger emotional, eher an politische Zielsetzungen gebunden. Sie hing weniger mit Symbolen, mit historischen Mythen, mit politischen Riten und Erinnerungsorten zusammen. Viel über die Inhalte dieser Identifizierung mit der EU wissen wir auch nicht, denn sie ist gleichzeitig verbunden mit großen Erwartungen an die Europäische Union. Sie hat sich ähnlich wie die nationalen Identitäten stark gewandelt und läßt sich heute leichter in einer multiplen Identität mit der nationalen Identität verbinden als um die Mitte des 20. Jahrhunderts.

Insgesamt kann die Demokratisierung der Europäischen Union heute auf drei historischen Voraussetzungen aufbauen: Sie stützt sich auf eine lange, rund zweihundertjährige europäische Tradition der großen nationalen Demokratieumbrüche und unspektakulären Demokratisierungsprozesse. Diese Tradition ist allerdings keine lineare Entwicklung zu immer mehr Demokratie, sondern eine erratische Geschichte mit gefährlichen Rückschlägen. Die Geschichte enthält daher auch viele Warnzeichen gegen eine zu naive Vorstellung von Demokratisierung. Sie wird weiter erschwert durch einen enormen historischen Machtzuwachs der Europäischen Union, die heute längst nicht mehr nur ein technokratisches Unternehmen zur Herstellung eines gemeinsamen europäischen Wirtschaftsmarktes ist, sondern in einer Vielfalt von Bereichen in den Alltag der Europäer eingreift. Diese wachsende Macht fordert zu mehr demokratischer Kontrolle auf, die die mitgliedstaatlichen Demokratien nicht mehr leisten können. Schließlich baute die Demokratisierung der Europäischen Union auch auf den schon vorhandenen ermutigenden historischen Tendenzen zu mehr Demokratie in der Union selbst auf, in dem wachsenden Einfluß des europäischen Parlaments, in der stückweisen Entstehung einer europäischen Öffentlichkeit, in großen Schritten zum Aufbau einer Unionsbürgerschaft, in der Entwicklung einer europäischen Zivilgesellschaft und in der Identifizierung der Europäer mit der Union. Mehr als erste Schritte sind das freilich nicht.

Anmerkungen

[1] Georg Friedrich Rebmann, Vollständige Geschichte meiner Verfolgungen und meiner Leiden [1796], in: Werke und Briefe, (Hg.) v. Werner Greilin/ Wolfgang Ritschel, Bd.2, Berlin 1990, S. 94f., zit. n. Reichardt (1998), S. 330.

[2] Ernst Moritz Arndt, Über zukünftige ständische Verfassungen in Teutschland [1814], in: Ausgewählte Werke, (Hg.) v. G. Salomon, 3 Bde., München 1921, Bd.1, S. 265f., zit. nach Reichardt (1998), S. 333.

[3] Lorenz von Stein, Geschichte der sozialen Bewegung in Frankreich von 1789 bis auf unsere Tage (1842-50), (Hg.) v. Gottfried Salomon, 3 Bde., München 1921, Bd. 1, S. 266, zit. nach Reichardt, S. 333f.

[4] Charles H. Pouthas, Die Komplexität von 1848 [1949], in: Stuke/Forstmann, Die europäischen Revolutionen, S. 29.

[5] Alexis de Tocqueville, Erinnerungen [1850], Stuttgart 1954, S. 52.

[6] Eric Hobsbawm, The age of revolutions 1789-1848, New York 1962, S. 361-362.

[7] Roger Price, 1848. Kleine Geschichte der europäischen Revolutionen, Berlin 1992, S.9 (engl. The Revolutions of 1848, London 1988).

[8] Pouthas, Die Komplexität, in: Stuke/Forstmann, Die europäischen Revolutionen, S. 29; Eric Hobsbawm, Die Blütezeit des Kapitals. Eine Kulturgeschichte der Jahre 1848-1875, Frankfurt 1975, S. 26; Theodor Schieder, Staatensystem als Vormacht der Welt 1848-1918, Frankfurt 21982 (= Propyläen Geschichte Europas, Bd. 5), S. 18.

[9] Christophe Charle, Vordenker der Moderne. Die Intellektuellen im 19. Jahrhundert, Frankfurt 1997, S. 92f.

[10] Paul Valéry, Die Krise des Geistes (1919), in: Corona 1.1931, S. 531-33.

[11] Klaus Mann, »Die Heimsuchung des europäischen Geistes (1949)«, in: Plädoyers für Europa, Stellungnahmen deutschsprachiger Schriftsteller 1915-1949, (Hg.) Paul Michael Lützeler, Hamburg 1987, S. 304f.

[12] Jean Monnet, Erinnerungen eines Europäers, München 1980, S. 285.

[13] Eurobarometer No. 53, 2000, S. 50ff.

[14] Jean Monnet, Erinnerungen eines Europäers, München 1980, S. 16.

[15] Jean Monnet, Erinnerungen eines Europäers, München 1980, S. 16.

[16] W. Hallstein, Wandlung und Entwicklung des Schuman-Plans (29.03.1951), in: M.Dönhoff/ H.Schmidt (Hg.), Zeit-Geschichte der Bonner Republik 1949-1999, 3. Aufl., Reinbek 1999, S. 31.

[17] Raimond Aron, Crise de l'énergie ou crise de civilisation?, in: P. Ory (Hg.), L'Europe? L'Europe, Paris 1998, S. 857.

[18] Eurobarometer 51. 1999, S. 25ff., 53ff.

[19] Eurobarometer 51. 1999, S. 79.

[20] Simone de Beauvoir, Amerika – Tag und Nacht. Reisetagebuch 1947, Hamburg 1988, S. 77.

[21] Eurobarometer 52. 2000, S. 52ff.

Kommentierte Bibliographie

Diese bibliographischen Kommentare beschränken sich auf deutsch-, englisch- und französischsprachige Literatur, weil nur sie normalerweise in deutschen Bibliotheken zu finden ist. Nur gelegentlich werden auch italienische Arbeiten erwähnt. Mir ist bewußt, daß damit ein wichtiger Teil der Forschung über die Demokratisierung Europas weggelassen wird. Die Überblicksarbeiten, die im folgenden zitiert werden, arbeiten zumindest teilweise die italienische Literatur auf, aber fast nie die Literatur in anderen europäischen Sprachen. Dahinter steht ein großes Problem. Niemand hat einen Überblick über die gesamte Literatur zur Thematik dieses Buches in allen europäischen Sprachen.

Eine Gegenüberstellung der beiden Demokratiserungen in Europa, der Demokratisierung in den Nationalstaaten und der Demokratisierung der Europäische Union, fehlt meines Wissen bisher. Auch eine Geschichte der Wendepunkte der Demokratisierung wurde bisher in europäischer Perspektive noch nicht geschrieben. Die einzelnen Wendepunkte wurden allerdings schon häufiger unter europäischem Blick dargestellt.

Einleitung: Die hier nicht behandelten Epochenumbrüche werden diskutiert: C. S. Maier, Consigning the twentieth century to history: alternative narratives for the modern era, in: American Historical Review June 2000, S. 807-831; E. François/M. Middell/E. Terray/ D. Wierling (Hg.), 1968 – ein europäisches Jahr, Leipzig 1997 (besonders der Essay von Etienne François); C. Fink/Ph. Gassert/D. Junker (Hg.), 1968: the world transformed, New York 1999.

Zu den europäischen Dimensionen der Französischen Revolution: Rolf E. Reichardt schrieb einen guten Überblick zu ihren Wirkungen in anderen europäischen Ländern am Beispiel Großbritanniens, Deutschlands und Italiens (R. E. Reichardt, Das Blut der Freiheit. Französische Revolution und demokratische Kultur, 2.Aufl., Frankfurt 1999 (Schlußkapitel). Jacques Godechot veröffentlichte schon vor fast fünfzig Jahren einen internationalen Überblick (J. Godechot, L'expansion révolutionaire de la France dans le monde de 1789 à 1799, Paris 1956), A. Forrest vor ein paar Jahren einen kurzen Artikel (A. Forrest, Die Revolution und Europa, in: F. Furet/ M. Ozouf (Hg.), Kritisches Wörterbuch der Französischen Revolution, 2 Bde. Frankfurt 1996, Bd. 1, S. 179-192). Zur Wirkung der Französischen

Revolution in einzelnen anderen europäische Ländern wurde eine Reihe von Sammelbänden herausgegeben (M. Gilli (Hg.), Région – Nation – Europe, Paris 1988; H. T. Mason/W. Doyle (Hg.), The impact of the French Revolution on European consciousness, Gloucester 1989; M. Gilli (Hg.), Région, nation, Europe: unité et diversité des processus sociaux et culurels de la Révolution française, Paris 1988; M. Kossock/E. Kross (Hg.), 1789. Weltwirkung einer großen Revolution, Berlin 1989; E. Timm (Hg.), Geist und Gesellschaft. Zur deutschen Rezeption der Französischen Revolution, München 1990; M.Vovelle, Recherches sur la révolution, Paris 1991; H.-A. Steger (Hg.), Die Auswirkungen der Französischen Revolution außerhalb Frankreichs, Neustadt 1991; S. Jüttner (Hg.), Die Revolution in Europa, Frankfurt 1991; M. Middell (Hg.) 200. Jahrestag der Französischen Revolution, Leipzig 1992). Allerdings fehlt noch ein zusammenfassender europäischer Gesamtüberblick. Der europäische Kontext der Französischen Revolution, ohne den man die massive Wirkung der Revolution außerhalb Frankreichs kaum erklären kann, ist bisher selten direkt herausgearbeitet worden. Nur der diplomatie-historische Kontext ist zuletzt von T. C. W. Blanning dargestellt worden (T. C. W. Blanning, The French Revolution and Europe, in C. Lucan (Hg.), Rewriting the French Revolution, Oxford 1991), nicht dagegen der kulturhistorische bzw. gesellschaftshistorische Kontext. Zwar ist die kultur- und mentalitätshistorische Rolle der Aufklärung für die Französische Revolution intensiv untersucht und diskutiert worden, aber in der Regel nur die Rolle der französischen Aufklärung. Ernst Schulin hat ein gute Zusammenfassung dazu geschrieben (E. Schulin, Die Französische Revolution, 3. Aufl., München 1990), Roger Chartier interessante neue kulturhistorische Ideen entwickelt (R. Chartier, Die kulturellen Ursprünge der Französischen Revolution, Frankfurt/M. 1995). Der europäischen Charakter der Aufklärung wurde in der letzten Zeit von einer ganzen Reihe von Historikern herausgestellt (K. Pomian, Europa und seine Nationen, Berlin 1990; U. Im Hof, Das Europa der Aufklärung, München 1993; E. François/H. E. Bödeker (Hg.), Aufklärung/Lumières und Politik. Zur politischen Kultur der deutschen und französischen Aufklärung, Leipzig 1996, besonders die Beiträge von Bödeker und Goulemot; W. Schneiders, Das Zeitalter der Aufklärung, München 1997; B. Stollberg-Rilinger, Europa im Jahrhundert der Aufklärung, Stuttgart 2000); Fania Oz-Salzberger plant ein Buch. Aber die Wirkung auf die Französische Revolution haben diese Historiker meist nicht behandelt. Die Rolle der europäischen Intellektuellen in der

Zeit der Französischen Revolution hat Christophe Charle gut zusammengefaßt (C. Charle, Vordenker der Moderne: Die Intellektuellen im 19. Jahrhundert, Frankfurt/M. 1997). Ähnlich ist der Forschungsstand zum Niedergang des Ancien Régime in Europa. Die
sozioökonomischen und rechtlichen Krisenerscheinungen des Anci-
en Régime gehörten seit Jahrzehnten zu den beliebtesten Themen
der Forschung über die Französische Revolution, konzentrieren sich
aber in der Regel auf Frankreich, ziehen höchstens den Vergleich
zu England. Umgekehrt haben in den letzten Jahren eine Reihe von
Untersuchungen die europäische Krise des Ancien Régime untersucht, aber die Wirkungen auf die Französische Revolution kaum
verfolgt. (S. Woolf, The Poor in Western Europe in eighteenth and
nineteenth centuries, London 1986; B. Wunder, Europäische Geschichte im Zeitalter der Französischen Revolution, Stuttgart 2000).
Die Literatur über die Weiterwirkung der Französischen Revolution ist endlos und hat ihre eigene Geschichte. Besonders anregend:
(F. Furet (Hg.), L'héritage de la révolution française, Paris 1989;
L. Hunt, Symbole der Macht – Macht der Symbole, Frankfurt 1989;
W. Doyle, The Oxford history of the French revolution, Oxford
1989; R. Sédillot, Hat sich die Revolution gelohnt? Göttingen 1989;
Le XXe siècle et la révolution francaise, Paris 1992); für die Weiterwirkung der Französischen Revolution in der Verfassungsentwick-
lung vgl. (M. Kirsch, Monarch und Parlament im 19.Jahrhundert. Der
monarchische Konstitutionalismus als europäischer Verfassungstyp
– Frankreich im Vergleich, Göttingen 1999; M. Kirsch/P. Schiera
(Hg.), Denken und Umsetzung des Konstitutionalismus in Deutschland und anderen europäischen Ländern in der ersten Hälfte des
19. Jahrhunderts, Berlin 1999). Die Revolution von 1848 behandeln in
jüngerer Zeit eine Reihe von Historikern unter europäischem Blick.
Dieter Langewiesche hat dies am gründlichsten getan: D. Langewiesche, Europa zwischen Restauration und Revolution, 1815-1849,
München: Oldenbourg 1985; ders., Wirkungen des »Scheiterns«.
Überlegungen zu einer Wirkungsgeschichte der europäischen Revolutionen von 1848, in: ders. (Hg.), Die Revolutionen von 1848 in
der europäischen Geschichte. Ergebnisse und Nachwirkungen. Beiträge des Symposions in der Paulskirche vom 21. bis 23. Juni 1998,
Historische Zeitschrift, Beiheft 29, München 2000; ders., Die Rolle
der Militärs in den europäischen Revolutionen von 1848/49, in: W.
Bachofer/W. Fischer (Hg.), Ungarn – Deutschland, München 1983;
ders., Gesellschafts- und verfassungspolitische Handlungsbedingun-
gen und Zielvorstellungen europäischer Liberaler 1848, in: W. Schie-

der (Hg.), Liberalismus in der Gesellschaft des deutschen Vormärz, Göttingen 1983). Charlotte Tacke hat in der Einleitung ihres Bandes ebenfalls ein europäische Perspektive gewählt (C. Tacke, 1848. Memory and oblivion in Europe. Brüssel 2000). In seinem Buch über 1848/49 bewegt sich Wolfgang Mommsen sehr souverän im europäischen Raum (W. J. Mommsen, 1848 – die ungewollte Revolution. Die revolutionären Bewegungen in Europa 1830-1849, Hamburg 1998). Die wichtigsten nationalen Revolutionen in Europa mit einer europäischen Übersicht in ein paar Strichen behandelt Manfred Botzenhart (M. Botzenhart, 1848/49: Europa im Umbruch, Paderborn 1989). Der Autor dieses Buches hat ein Plädoyer für einen europäischen Blick auf die Revolution von 1848 geschrieben, das weitere Literaturhinweise enthält und dessen Hauptargumente hier wieder aufgenommen wurden (H. Kaelble, 1848: Viele nationale Revolutionen oder eine europäische Revolution? in: W. Hardtwig (Hg.), Revolution in Deutschland und Europa 1848/49, Göttingen 1998, S. 260-278). Heinz-Gerhard Haupt und Dieter Langewiesche haben in der Einleitung die Revolution 1848 aus europäischem Blick dargestellt. W. Gaethgens und Jörg-Detlev Kühne behandelten die europäische Revolution von 1848 in der Kunst bzw. in den Auswirkungen auf das Recht (W. Gaethgens, Die Revolution von 1848 in der europäischen Kunst, in: D. Langewiesche (Hg.), a. a. O.; J.-D. Kühne, Die Bedeutung der Revolutionen von 1848 für die Rechtsentwicklung in Europa, in: D. Langewiesche (Hg.), a. a. O.); Axel Körners Buch konnte vor Abschluß des Manuskripts nicht mehr eingesehen werden: (A. Korner (Hg.), 1848: A European Revolution? International ideas and national memories of 1848, 2000); ältere Arbeiten mit einem internationalen und/oder gesamteuropäischen Blick auf 1848: (J. Godechot, Les révolutions de 1848, Paris 1971; J. Sigmann, 1848. The Romantic and Democratic Revolutions in Europe, London 1973; P. N. Stearns, The revolutions of 1848, London 1974; H. Stuke/W. Forstmann (Hg.), Die europäischen Revolutionen von 1848, Königstein 1979; P. Jones, The 1848 revolutions, 1981; T. Schieder, »Die Revolution von 1848«, in: ders., Staatensystem als Vormacht der Welt 1848-1918, 2. Aufl., Frankfurt 1982 (= Propyläen Geschichte Europas, Bd.5), S. 11-57; A. Klìma, The bourgeois revolution of 1848-9 in Central Europe, in: R. Porter/M. Teich, Revolution in History, Cambridge 1986; R. Price, 1848. Kleine Geschichte der europäischen Revolutionen, Berlin 1992; J. Sperber, The European Revolutions, 1848-1851, Cambridge 1994); zur zeitgenössischen Debatte über die europäische Einheit: (P. M. Lützeler, Die Schriftsteller und Europa. Von der Romantik bis zur Gegenwart, München 1992, S. 144ff.; B. Duroselle, L'idée d'Europe dans l'histoire, Paris 1965, S. 212ff.; P. Renouvin, L'idée d'Etat-Unis d'Europe pendant la crise de 1848, in: Actes du congrès historique du Centenaire de la Révolution de 1848, Paris 1948, S. 31-45; H. Gollwitzer, Europabild und Europagedanke. Beiträge zur deutschen Geistesgeschichte des 18. und 19. Jahrhunderts, München 1951); zur längeren Wirkung der Revolution von 1848 neben den genannten Arbeiten auch: (C. Charle, Vordenker der Moderne. Die Intellektuellen im 19. Jahrhundert, Frankfurt 1997); für die »ausgefallene« Revolution in England: (G. Rudé, Warum gab es 1830 und 1848 in England keine Revolution? in: Stuke/Forstmann, Die europäischen Revolutionen a. a. O.); wichtige Beispiele einer vergleichenden Revolutionsgeschichte ohne die Revolution von 1848: (R. R. Palmer, The age of the democratic revolution. A political history of Europe and America, 1760-1800, Princeton 1959; C. Tilly, Die europäischen Revolutionen, München 1993; T. Skocpol, States and Social Revolution: A Comparative Analysis of France, Russia and China, Cambridge 1979; T. Skocpol, Social revolutions in the modern world, Cambridge 1994); ein prominentes, allerdings älteres Gegenbeispiel: (E. Labrousse, 1848, 1830, 1789. Wie Revolutionen entstehen, in: I. A. Hartig (Hg.), Geburt der bürgerlichen Gesellschaft: 1789, Frankfurt 1979).

Für den Wendepunkt von 1918/19 gibt es ebenfalls eine Reihe von lesenswerten Untersuchungen aus der europäischen Perspektive, allerdings fast ausschließlich als Handbuchkapitel. Lesenswert immer noch: (K. D. Bracher, Die Krise Europas seit 1917 (= Propyläen Geschichte Europas, Bd. 6), Frankfurt 1991, S. 34ff.; einen guten Überblick enthält: (S. Berstein/P. Milza, Histoire de l'Europe contemporaine, Paris 1992, S. 26ff.); vgl. auch: (C. S. Maier, Recasting bourgeois Europe. Stabilization in France, Germany and Italy in the decade after World War I, Princeton 1988; J. Winter, The experience of World War I, New York 1989; ders., Capital cities at war, Cambridge 1999). Zu diesem Umbruch in einzelnen europäischen Ländern informieren gut: (A. Ernst/E. Wigger (Hg.), Die neue Schweiz? Eine Gesellschaft zwischen Integration und Polarisierung (1910-1930), Zürich 1996; I. Mieck/P. Guillen (Hg.), Nachkriegsgesellschaften in Deutschland und Frankreich im 20. Jahrhundert, München 1998; B. R. Rénaud, Frankreich im 20. Jahrhundert, Teil 1, Stuttgart 1994; W. Loth, Geschichte Frankreichs im 20. Jahrhundert, Stuttgart 1987, S. 33ff.; H. Lademacher, Geschichte der Niederlande, Darmstadt 1983, S. 315ff.; F. Bédarida, A social history of England,

1851-1990, London 1990, S. 182ff.; M. Hildermeier, Geschichte der Sowjetunion 1917-1991, München 1998, S. 63ff.; H. Sundhaussen, Experiment Jugoslawien. Von der Staatsgründung bis zum Staatszerfall, Mannheim 1993); zum neuen europäischen Selbstverständnis seit 1918: (H. Kaelble, Europäer über Europa. Die Entstehung des modernen europäischen Selbstverständnisses im 19. und 20. Jahrhundert, Frankfurt 2001).

Der Umbruch von 1945-57 ist ebenfalls selten auf europäischer Ebene behandelt, auch in den einschlägigen Handbüchern ganz uneinheitlich (wichtig etwa: W. Loth, Die Teilung der Welt. Geschichte des Kalten Krieges 1941-1951, München 51987; J.-B. Duroselle, Europa. Eine Geschichte seiner Völker, Gütersloh 1990; Europäisches Geschichtsbuch, Stuttgart 1992; S. Berstein/P. Milza, Histoire de l'Europe contemporaine, Paris 1992; J. Carpentier/F. Lebrun (eds.), Histoire de l'Europe, Paris 1990; E. Hobsbawm, Das Zeitalter der Extreme. Weltgeschichte des 20. Jahrhunderts, München 1995); vgl. auch (C. S. Maier, Consigning the 20th century to history: alternative narratives for the modern era, in: American Historical Review June 2000, S. 806-831). Interessante Überlegungen zum Umbruch der Nachkriegszeit enthalten Diskussionen zu einzelnen Ländern: (Vgl. L. Niethammer (Hg.), Hinterher merkt man, daß es richtig, daß es schiefgegangen ist. Nachkriegserfahrungen im Ruhrgebiet, Berlin 1983; P. Addison, Now the war is over. A social history of Britain 1945-1950, London 1985; G. Kraiker (Hg.), 1945 – Die Stunde Null?, Oldenburg 1986; E. K. Scheuch, »Der Umbruch nach 1945 im Spiegel der Umfragen«, in: U. Gerhardt u. E. Mochmann, Gesellschaftlicher Umbruch 1945-1990, München 1992; L. Herbst, Westdeutschland 1945-1955. Unterwerfung, Kontrolle, Integration, München 1986; M. Broszat u. a. (Hg.), Von Stalingrad zur Währungsreform. Zur Sozialgeschichte des Umbruchs in Deutschland, München 1988; M. Broszat (Hg.), Zäsuren nach 1945. Essays zur Periodisierung der deutschen Nachkriegsgeschichte, München 1990; U. E. Gerhardt (Hg.), Gesellschaftlicher Umbruch 1945-1990. Re-Demokratisierung und Lebensverhältnisse, München 1992; J. Kocka, Vereinigungskrise. Zur Geschichte der Gegenwart, Göttingen 1995; ders., »1945. Neubeginn oder Restauration?« in: Wendepunkte deutscher Geschichte 1848-1990, C. Stern u. H. A. Winkler (Hg.), Frankfurt/M. 1994; ders., 1945 nach 1989/90, in: Von der Aufgabe der Freiheit. Festschrift für Hans Mommsen, C. Jansen (Hg.), Berlin 1995, S. 599-608; H. Möller, Die Relativität historischer Epochen: das Jahr 1945 in der Perspektive des Jahres 1989, in: Aus Politik und Zeitgeschichte, B18-19, 1995, S. 3-9; N. Frei, Vergangenheitspolitik. Die Anfänge der Bundesrepublik und die NS-Vergangenheit, München 1996; N. Finzsch u. J. Martschukat (Hg.), Different restaurations. Reconstruction and »Wiederaufbau« in the United States and Germany: 1865-1945-1989, Oxford 1996; H. Kaelble, Die Nachkriegszeit in Frankreich und Deutschland (1945-1955/57), in: I. Mieck/P. Guillen (Hg.), Nachkriegsgesellschaften in Deutschland und Frankreich im 20. Jahrhundert, München 1998, S. 123-141); für das außergewöhnliche Wirtschaftswachstum dieser Zeit für Europa als Ganzes immer noch: (P. Bairoch, «Europe's gross national product 1800-1975«, in: Journal of European Economic History 5 (1976); zudem: (W. Abelshauser, »Westeuropa vor dem Marshallplan. Entwicklungsmöglichkeiten und Wirtschaftsordnung in Großbritannien, Frankreich, Westdeutschland und Italien 1945-1950«, in: Der Marshall-Plan und die europäische Linke, O. N. Haberl u. L. Niethammer (Hg.), Frankfurt/M. 1986); zum Sozialstaat in Europa vgl. (G. Ritter, Der Sozialstaat. Entstehung und Entwicklung im internationalen Vergleich, München 1989; P. Flora (Hg.), Growth to limits. The western European welfare states since World War II, 5 vols., Berlin 1986 ff.; G. Esping-Andersen, The Three Worlds of Welfare Capitalism, Princeton 1990; M. G. Schmidt, Sozialpolitik. Historische Entwicklung und internationaler Vergleich, Opladen 1988; J. Alber, Vom Armenhaus zum Wohlfahrtsstaat, Frankfurt/M. 1982).

Der Umbruch von 1989-91 wurde schon früh als ein transnationales Ereignis analysiert, allerdings doch meist begrenzt auf den östlichen Teil Europas. Die anregendsten Arbeiten sind: (K. v. Beyme, Systemwechsel in Osteuropa, Frankfurt 1994; T. G. Ash, Ein Jahrhundert wird abgewählt. Aus den Zentren Mitteleuropas 1980-1990, München 1990; auch: J. Juchler, Osteuropa im Umbruch. Politische, wirtschaftliche und gesellschaftliche Entwicklung 1989-1993, Zürich 1999). Als gesamteuropäisches Phänomen ist allerdings diese Krise sehr selten dargestellt worden. Am weitesten entwickelt sind die schon erwähnten Ideen von Charles Maier, der diese Krise als Teil einer säkularen Entwicklung sieht (C. S. Maier, Consigning the 20th century to history: alternative narratives for the modern era, in: American Historical Review June 2000, S. 806-831). Auch der Vergleich mit früheren Umbrüchen ist bisher nicht sehr häufig gezogen worden. Klaus von Beyme zieht diesen Vergleich sehr anregend in seinem soeben erwähnten Buch. Weitere lesenswerte Ansätze: (M. Hroch, What lessons can be learned from the past to understand the present National Movements in Central and Eastern Europe?

in: The political and strategic Implication of the State Crisis in Central and Eastern Europe, Luxemburg 1993, S. 33-39; E. Jesse, 1917 – 1933-1945 – 1989. Das zwanzigste Jahrhundert als Zeitalter des Totalitarismus, in: G. Heydemann/E. Jesse (Hg.), Diktaturvergleich als Herausforderung, Berlin 1998). Die Ursachen des Zusammenbruchs der UdSSR hat sehr einleuchtend Manfred Hildermeier zusammengefaßt (M. Hildermeier, Entstehung und Niedergang des ersten sozialistischen Staates, München 1998, Kapitel XI). Zur Bedeutung der Person Gorbatschow: (M. Almond, Das Jahr 1989 ohne Gorbatschow. Wenn der Kommunismus nicht zusammengebrochen wäre, in: N. Ferguson (Hg.), Historische Alternativen zum 20. Jahrhundert, Darmstadt: Primus 1999; A. Brown, Der Gorbatschow-Faktor. Der Untergang einer Großmacht, Frankfurt 2000). Vgl. für die Ursachen des Umbruchs in Deutschland: (G. A. Ritter, »Der Umbruch von 1989/90 und die Geschichtswissenschaft«, aus: Sitzungsberichte der Bayerischen Akademie der Wissenschaften 5 (1995); H. Fehr, Unabhängige Öffentlichkeit und soziale Bewegungen. Fallstudien über Bürgerbewegungen in Polen und der DDR, Opladen 1996; K. H. Jarausch/M. Sabrow (Hg.), Weg in den Untergang. Der innere Zerfall der DDR, Göttingen 1999; H. Zwahr, Ende einer Selbstzerstörung. Leipzig und die Revolution in der DDR, Göttingen 1993). Die sozialen Folgen des Umbruchs analysieren für Ostdeutschland: (W. Zapf, Die DDR 1989/90 – Zusammenbruch einer Sozialstruktur?, in: H. Joas/M. Kohli (Hg.), Der Zusammenbruch der DDR, Frankfurt 1993; H. Bertram (Hg.), Die Familie in den neuen Bundesländern – Stabilität und Wandel in der gesellschaftlichen Umbruchsituation. Opladen 1992; R. Hauser/G. Wagner, Die Einkommensverteilung in Ostdeutschland – Darstellung, Vergleich und Determinanten für die Jahre 1990 bis 1994, in: R. Hauser u. a. (Hg.), Sozialpolitik im vereinten Deutschland III, Berlin 1996; M. Heidenreich, Vom volkseigenen Betrieb zum Unternehmen, in: Kölner Zeitschrift für Soziologie und Sozialpsychologie 49. 1993; W. Jäger, Die Überwindung der Teilung. Der innerdeutsche Prozeß der Vereinigung 1989/90 (Geschichte der deutschen Einheit, Bd.3), Stuttgart 1998; C. S. Maier, Das Verschwinden der DDR und der Untergang des Kommunismus, Frankfurt Fischer 1999; G. Casasus et al. (Hg.), L'autre Allemagne, 1990-1995, L'unification en quotidien, Paris 1995; K. H. Jarausch, Die unverhoffte Einheit 1989-1990, Frankfurt 1995; J. Kocka, Vereinigungskrise, Göttingen 1995; G. A. Ritter, Über Deutschland. Die Bundesrepublik in der deutschen Geschichte, München 1998; E. Terray, Ombres berlinoises. Voyage dans une autre Allemagne, Paris 1996 H. A. Winkler, 1989/90: die unverhoffte Einheit, in: C. Stern/H. A. Winkler (Hg.), Wendepunkte deutscher Geschichte 1848-1990, Frankfurt 1994, S. 193-226; D. Geyer, Osteuropäische Geschichte und das Ende der kommunistischen Zeit, Heidelberg 1996). Die aufgeführten Daten über Industriearbeit, Arbeitslosigkeit, Staatsverschuldung, Wachstumsraten und Lebenserwartung können nachgeschlagen werden (Yearbook of Labour Statistics, Genf 1999 und im World Health Report 1999, hg. v. d. World Health Organisation, Genf 1988; Historical statistics 1960-1997. Paris OECD, 1999, S. 45ff., 50ff., 160ff.; UN. Economic Survey in 1991/92, New York 1992, S. 293). Die politische Folgen diskutiert sehr klar für Italien: (M. Kreile, Die Republik Italien 1946-1996, in: Geschichte und Gesellschaft 26. 2000). Einen West-Ost-Vergleich der Werte nach dem Umbruch ziehen (P. R. Abramson/R. Inglehart, Value Change in Global Perspective, Michigan 1995 (angesprochene »Karte« S. 128); A. van den Broek/R. de Moor, Eastern Europe after 1989, in: P. Ester, L. Halman, R. de Moor (eds.), The individualizing society, Tilburg 1994). Zur Entwicklung des politischen Vertrauens in Westeuropa sind die Zeitreihen des Eurobarometers zur Zufriedenheit mit dem Funktionieren der Demokratie trotz der diffusen Frage recht aufschlußreich (Eurobarometer Trends 1974-1994, Luxemburg 1995, S. 19ff.). Viel Material zu den angesprochenen Entwicklung der Gewerkschafts- und Kirchenmitgliedschaften, der Einstellung zur Nation, zur Individualisierung enthält auch: (G. Therborn, European modernity and beyond. The trajectory of European societies 1945-2000, London 1995 (dt.: Die Gesellschaften Europas 1945-2000. Ein soziologischer Vergleich, Frankfurt 2000); H. Mendras, L'Europe des européens. Sociologie de l'Europe occidentale, Paris 1997). Für die Migration zwischen dem westlichen und dem östlichen Europa ist am umfassendsten (H. Fassmann/R. Münz, European East-West Migration 1945-1992, in: International Migration Review 28. 1994).

Supranationalität in Europa seit dem Zweiten Weltkrieg. Über die verschiedenen Interpretationen der Geschichte der europäischen Integration gibt es keine zusammenhängende Debatte, aber für jede dieser Interpretationen lassen sich Arbeiten zitieren. Die These einer einzigartigen Europaeuphorie in der unmittelbaren Nachkriegszeit präsentierten in jüngster Zeit R. Swedberg (R. Swedberg, The Idea of ›Europe‹ and the Origin of the European Union – a Sociological Approach, in: Zeitschrift für Soziologie Jg. 23. 1994). Die meisten Historiker stehen heute dieser These eher skeptisch gegenüber und

223

streichen die national begründeten Motive der Europapolitiker der Gründungszeit heraus. Am schärfsten hat dies Alan Milward getan (A. S. Milward, Entwicklungsphasen der Westintegration, in: L. Herbst (Hg.), Westdeutschland 1945-1955. Unterwerfung, Kontrolle, Integration, München 1986, S. 231-245; A. S. Milward/G. Brennan/ F. Romero, The European Rescue of the Nation State, Berkeley 1992); abgewogener: (R. Hrbek, Nationalstaat und europäische Integration. Die Bedeutung der nationalen Komponente für den EG-Integrationsprozeß, in: P. Haungs (Hg.), Europäisierung Europas? Baden-Baden 1989). Die Perspektive der Entstehung eines europäischen Staates nahmen recht deutlich die Historiker René Girault und Jean-Baptiste Duroselle ein (R. Girault, Das Europa der Historiker, in: R. Hudemann/H. Kaelble/K. Schwabe (Hg.), Europa im Blick der Historiker. Europäische Integration im 20. Jahrhundert: Bewußtsein und Institutionen, München 1995; J.-B. Duroselle, Europa. Eine Geschichte seiner Völker, Gütersloh 1990). In den 1950er Jahren führte der Politologie Karl Deutsch seine damals bahnbrechenden Untersuchungen ebenfalls unter diesem Blickwinkel durch (K. W. Deutsch u. a., Political Community and the North Atlantic area. International organisations in the light of historical experience, Princeton 1957). Die durchdachtesten und anregendsten Arbeiten zur Interpretation der Europäischen Union als Zweckverband schrieb der Soziologie Rainer Lepsius. (M. Rainer Lepsius, Nationalstaat oder Nationalitätenstaat als Modell für die Weiterentwicklung der Europäischen Gemeinschaft, in: R. Wildenmann (Hg.), Staatswerdung Europas?, Baden-Baden 1991; M. Rainer Lepsius, Zwischen Nationalstaatlichkeit und westeuropäischer Integration, in: B. Kohler-Koch (Hg.), Staat und Demokratie in Europa, Opladen 1992, S. 180-192; M. R. Lepsius, Bildet sich eine kulturelle Identität in der Europäischen Union?, in: Blätter für deutsche und internationale Politik 8. 1997). Die meisten Historiker und Sozialwissenschaftler sehen die Europäische Union als Machtzentrum sui generis an, das weder ein Staat noch ein reiner Zweckverband noch ein purer Zollverein noch ein klassischer Vielvölkerstaat ist. Für weitere Literaturangaben: (H. Kaelble, Supranationalität in Europa seit dem Zweiten Weltkrieg. Einleitende Bemerkungen, in: H. Kaelble/H. A. Winkler (Hg.), Nationalismus – Nationalitäten – Supranationalität, Stuttgart 1993, S.189-206).

Die Epochen der Demokratisierung und des Demokratiedefizits in der Europäischen Union. Zu diesem Kapitel gibt es meiner Kenntnis nach keine Überblicksdarstellung, aber eine große Zahl von wichtigen Arbeiten zu einzelnen Aspekten. Darauf wird in den folgenden Kapiteln zurückzukommen sein. Für die Epocheneinteilung sind besonders anregend: (R. Frank, Les contretemps de l'aventure européenne, Vingtième siècle Nr. 60 (1998), S. 82-101; R. Girault, Chronologie d'une conscience européenne au XXe siècle, in: ders., Identité et conscience européennes au XXe siècle, Paris 1994, S. 171-192; A. S. Milward, Entwicklungsphasen der Westintegration, in: L. Herbst (Hg.), Westdeutschland 1945-1955. Unterwerfung, Kontrolle, Integration, München 1986, S. 231-245; G. Trausch (Hg.), Die europäische Integration vom Schumann-Plan bis zu den Verträgen von Rom. Pläne, Initiativen, Enttäuschungen und Mißerfolge, Baden-Baden 1993). Zu den Debatten über die europäische Einheit seit 1945: (P. M. Lützeler, Die Schriftsteller und Europa. Von der Romantik bis zur Gegenwart, München 1992; R. Swedberg, The Idea of ›Europe‹ and the Origin of the European Union – a Sociological Approach, in: Zeitschrift für Soziologie 23. 1994; H. Kaelble, Europäer über Europa. Das europäische Selbstverständnis im 19. und 20. Jahrhundert, Frankfurt 2001; E. du Réau, L'idée d'Europe au XXe siècle. Des mythes au réalités, Paris 1996; B. Schulte, Die Entwicklung der europäischen Sozialpolitik, in: H. A. Winkler/H. Kaelble (Hg.), Nationalismus – Nationalitäten – Supranationalität, Stuttgart 1993, S. 261-287); zur Geschichte der europäischen Institutionen: (W. Loth, Der Weg nach Europa. Geschichte der europäischen Integration 1939-1957, Göttingen 31996); zur der sehr verzweigten und sehr anregenden, neuen Debatte über das Demokratiedefizit und die Möglichkeiten der Demokratie in der Europäischen Union: (H. Abromeit, Democracy in Europe: Legitimising politics in an nonstate policy, Oxford/New York 1998; H. Abromeit/Th. Schmidt, Grenzprobleme der Demokratie: konzeptionelle Überlegungen, in: B. Kohler-Koch (Hg.), Regieren in entgrenzten Räumen, Politische Vierteljahrsschrift 29. 1998; A. Benz, Ansatzpunkt für ein europafähiges Demokratiekonzept, in: B. Kohler-Koch (Hg.), Regieren in entgrenzten Räumen, Politische Vierteljahrsschrift 29. 1998; F. Scharpf, Versuch über Demokratie im verhandelnden Staat, in: R. Czada/ M. G. Schmidt (Hg.), Verhandlungsdemokratie, Interessenvermittlung, Regierbarkeit, Opladen 1993; F. Scharpf, Demokratische Politik in der transnationalen Ökonomie, in: M. Th. Greven (Hg.), Demokratie – eine Kultur des Westens? Opladen 1998; J. Habermas, Braucht Europa eine Verfassung? Eine Bemerkung zu Dieter Grimm, in: J. Habermas, Die Einbeziehung des Anderen, Frankfurt 1996; J. Habermas, Staatsbürgerschaft und nationale Identität, in:

J. Habermas, Faktizität und Geltung, Frankfurt 1992; H. Münkler, Europäische Identifikation und bürgerschaftliche Kompetenz. Vorbedingungen einer europäischen Staatsbürgerschaft, in: Internationale Zeitschrift für Philosophie 2, 1997, S. 202-217; P. C. Schmitter, If the nation-state were to whither away in Europe, what might replace it?, in: S. Gustavsson/ L. Lewin (Hg.), The Future of the Nation-state, Essays on Cultural Pluralism and Political Integration, Stockholm/London 1996, S. 211-24; P. v. Kielmannsegg, »Integration und Demokratie«, in: M. Jachtenfuchs/ B. Kohler-Koch (Hg.), Europäische Integration, Opladen 1996; C. Tomuschat, Das Endziel der europäischen Integration. Maastricht ad infinitum?, in: Deutsches Verwaltungsblatt 19. 1996; H. Wallace/A. R. Young (Hg.), Participation and Policy-making in the European Union, Oxford 1997; H. Wallace, Die Dynamik des EU-Institutionengefüges, in: M. Jachtenfuchs/B. Kohler-Koch (Hg.), Europäische Integration, Opladen 1996; W. Wessels, Support for integration: élite or mass-driven?, in: O. Niedermayer/R. Sinnott (Hg.), Public opinion and internationalized governance, Oxford u. a. 1995, S. 137-162; W. Wessels, Wird das Europäische Parlament zum Parlament? Ein dynamischer Funktionenansatz, in: A. Randelzhofer et al. (Hg.), Gedächtnisschrift für Eberhard Grabitz, München 1995, S. 879-904.; W. Wessels, The European Parliament and EU legitimacy, in: T. Bandoff/M. P. Smith (Hg.), Legitimacy and the European Union, London 1999; C. A. Wurm (Hg.), Western Europe and Germany. The Beginnings of European Integration 1945-1960, Oxford/Washington 1995); zur Geschichte der Europabewegung: (W. Loth, Die Europa-Bewegung in den Anfangsjahren der Bundesrepublik, in: L. Herbst/W. Bührer/ H. Sowade (Hg.), Vom Marshallplan zur EWG. Die Eingliederung der Bundesrepublik in die westliche Welt, München/Wien 1990, S. 63-77; J. Loughlin, Federalist and regionalist movements in France, in: M. Burgess (Hg.), Federalism and Federation in Western Europe, London 1986; C. Webb, Europeanism and European movements, in: M. Kolinsky/W. E. Paterson (Hg.), Social and political movements in Europe, London 1976; A. Landuyr/D. Preda (Hg.), I movimenti per l'unità europea 1970-1986, Bologna 2000); zur Geschichte der europäischen Symbole: (M. Boden, Europa von Rom nach Maastricht. Eine Geschichte von Karikaturen, München 1997; M. Göldner, Politische Symbole der europäischen Integration. Fahne, Hymne, Haupstadt, Paß, Briefmarke, Auszeichnungen. Frankfurt/M. 1988; C. Lager, L'Europe en quête de ses symboles, Bern 1995; P. Nora, Les »lieux de mémoires« dans la culture européenne, in:

Europe sans rivage. Symposium international sur l'identité culturelle européenne, Paris 1988, S. 38-42; M. Pastureau/J.-C. Schmitt, Europe. Mémoire et emblèmes, Paris 1990; S. Salzmann, Mythos Europa. Europa und der Stier im Zeitalter der industriellen Zivilisation, Ausstellungskatalog, Kunsthalle Bremen 1988; W. Schmale, Scheitert Europa an seinem Mythendefizit? Bochum 1996; C. Shore, Inventing homo Europenaus. The cultural politics of European integration, in: Ethnologia europaea 29. 1999 S. 53-66); zur sozialhistorischen Seite der europäischen Integration: (S. Haustein, Verflechtungen der europäischen Länder durch Konsum seit 1945, in: H. Kaelble/J. Schriewer (Hg.), Gesellschaften im Vergleich. Forschungen aus Sozial- und Geschichtswissenschaften, Bern 1998, S. 353-390; H. Kaelble, Europäische Vielfalt und der Weg zu einer europäischen Gesellschaft, in: S. Hradil/S. Immerfall (Hg.), Die westeuropäischen Gesellschaften im Vergleich, Opladen 1997, S. 27-68; M. Kirsch, Entwicklung der Erfahrungsräume von Europäern im Bereich des höheren Bildungswesens seit 1918, in: H. Kaelble/J. Schriewer (Hg.), Gesellschaften im Vergleich. Forschungen aus Sozial- und Geschichtswissenschaften, Bern 1998, S. 391-429); dieses Kapitel ist eng angelehnt an: (H. Kaelble, Demokratie und europäische Integration seit 1950, in: M. Hildermeier/J. Kocka/C. Conrad (Hg.), Europäische Zivilgesellschaft in Ost und West, Frankfurt 2000).

Europäische und nationale Identität: Zur Geschichte der europäischen Identität: (R. Brague, Europe, la voie romaine, Paris 1992; A. Bachou/J. Cuesta/M. Trebitsch (Hg.), Les nintellectuels et l'Europe de 1945 à nos jours, Paris 2000; M.-Th. Bitsch/W. Loth/R. Poidevin, Insitutions européennes et identités européennes, Brüssel 1998; R. Girault (Hg.), Identité et conscience européenne au XXe siècle, Paris 1994, S. 171-201; H. Grebing, Nationale und zivilisatorische Identität in Europa, in: Gewerkschaftliche Monatshefte 46. 1995, S. 110-120; D. Fuchs/H.-D. Klingemann, Eastward Engagement of the European Union and the Identity of Europe, Berlin 2000; H. Kaelble, Europäer über Europa. Die Entstehung des modernen europäischen Selbstverständisses im 19. und 20. Jahrhundert, Frankfurt 2001; H. Kaelble, Europabewußtsein, Gesellschaft und Geschichte: Forschungsstand und Forschungschancen, in: R. Hudemann/H. Kaelble/K. Schwabe (Hg.), Europa im Blick der Historiker. Europäische Integration im 20. Jahrhundert: Bewußtsein und Institutionen (= Historische Zeitschrift, Beih. 21), München 1995, S. 1-29; ders., The History of the European Consciousness, in: P. Nemo (Hg.), The European Union and the Nation-State, Paris 1997, S. 77-98; ders., Europäische und nationale Identität seit dem Zweiten Weltkrieg, in: W. v. Kieseritzky/K.-P. Sick (Hg.), Demokratie in Deutschland. Chancen und Gefährdungen im 19. und 20. Jahrhundert, München 1999, S. 394-419; H. Münkler, Reich, Nation, Europa. Modelle politischer Ordnung, Weinheim 1996; P. Nemo (Hg.), The European Union and the Nation-State, Paris 1996, S. 247-299; J. Osterhammel, Kulturelle Grenzen in der Expansion Europas, in: Saeculum 46. 1995, S. 101-138; L. Passerini, Europe in love, love in Europe. Imagination and politics in Britain between the wars, London 1999; L. Passerini (ed.), Identità culturale europea. Idee, sentimenti, relazione, Scandicci: La Nuova Italia 1998; A. Schmidt-Gernig, Gibt es eine »europäische Identität«? Konzeptionelle Überlegungen zum Zusammenhang transnationaler Erfahrungsräume, kollektiver Identitäten und öffentlicher Diskurse in Westeuropa seit dem Zweiten Weltkrieg, in: H. Kaelble/J. Schriewer (Hg.), Diskurse und Entwicklungspfade. Gesellschaftsvergleiche in Geschichts- und Sozialwissenschaften, Frankfurt/M. 1998; G. Schwan, Europa als Dritte Kraft, in: P. Haungs (Hg.), Europäisierung Europas? Baden-Baden 1989, S. 13-40; B. Stråth (Hg.), Europe and the other and Europe as the other, Frankfurt 2000); vgl. auch (H. Gies, Nation und Europa im Geschichtsunterricht Deutschlands, Bad Schwalbach 1997; F. Pingel (Hg.), Macht Europa Schule? Die Darstellung Europas in den Schulbüchern der Europäischen Gemeinschaft (=Studien zur internationalen Schulbuch-Forschung, Bd. 84) Frankfurt/M. 1995); zur aktuellen Debatte über europäische Identität: (G. Galanty, Inventing Europe. Idea, Identity, Reality, London 1995; P. v. Kielmannsegg, Integration und Demokratie, in: M. Jachtenfuchs/B. Kohler-Koch (Hg.), Europäische Integration, Opladen 1996; M. Kohli, The battle-grounds of European identity, in: European societies 2.2000, S. 113-137; J. Lenoble/N. Dessandre, (eds.), L'Europe au soir du siècle. Identité et démocratie, Paris 1992; M. R. Lepsius, Bildet sich eine kulturelle Identität in der Europäischen Union?, in: Blätter für deutsche und internationale Politik 8. 1997; S. Macdonald (Hg.), Appraoches to European Historical Consciousness, Hamburg 2000; H. Mendras, L'Europe des européens. Sociologie de l'Europe occidentale, Paris 1997; E. Morin. Penser l'Europe, Paris 1987 (dt.: Europa denken, Frankfurt 1991); R. Münch, Das Projekt Europa. Zwischen Nationalstaat, regionaler Autonomie und Weltgesellschaft, Frankfurt 1993; W. Reese-Schäfer, Supranationale und transnationale Identität – zwei Modelle kultureller Integration in Europa, in: Politische Vierteljahresschrift 38. 1997, S. 318-329; J. Rovan, Europa der Vaterländer oder Nation Europa?

In: Merkur 46, 1992, S. 200-209; A. Smith, National identity and the idea of European unity, in: International Affairs 1. 1992, S. 55-76. *Die europäische Öffentlichkeit.* Historische Untersuchungen zur Geschichte der europäischen Öffentlichkeit sind selten: (vgl. K. Pomian, Europa und seine Nationen, Berlin 1990; H. Gerhardt, Stationen internationaler Kommunikation vom 17. bis 19. Jahrhundert, in: L. Erbring (Hg.), Kommunikationsraum Europa, Konstanz 1995; D. Langewiesche, »Mehr als je zieht es mich nach Paris«. Revolution als Medienereignis: 1848 verbreiteten sich die Nachrichten im Nu über alle Grenzen hinweg, in: Freiheit, schöner Götterfunken! Europa und die Revolution 1848/49, Zeitpunkte 1. 1998, S. 92-96; J. Osterhammel, Die Entzauberung Asiens. Europa und die asiatischen Reiche im 18. Jahrhundert, München 1998; A. Ernst, »Sonderweg« und »Sonderfall«. Krise und Kontingenz der gesellschaftlichen Entwicklungen in Deutschland und in der Schweiz am Ende des Ersten Weltkrieges, Phil. Diss. Zürich 1996; J. Schriewer et al. (Hg.), Sozialer Raum und akademische Kulturen. Studien zur europäischen Hochschul- und Wissenschaftsgeschichte im 19. und 20. Jahrhundert, Frankfurt/M. 1993; M. Kirsch, Entwicklung der Erfahrungsräume von Europäern im Bereich des höheren Bildungswesens seit 1918, in: H. Kaelble/J. Schriewer (Hg.), Gesellschaften im Vergleich, Frankfurt/M. 1998, S. 391-431; H. Kaelble, Die europäische Öffentlichkeit in der zweiten Hälfte des 20. Jahrhunderts. Eine Skizze, in: H.-G. Haupt/M. Grüttner (Hg.), Geschichte und Emanzipation. Festschrift für Reinhard Rürup, Frankfurt 1999, S. 651-678 (mit ausführlichen weiteren Hinweisen auf den Forschungsstand). Auch die gegenwärtige europäische Öffentlichkeit ist wenig untersucht, vgl.: (J. Gerhardts, Westeuropäische Integration und die Schwierigkeiten der Entstehung einer europäischen Öffentlichkeit, in: Zeitschrift für Soziologie 22. 1993; G. G. Kopper (Hg.), Europäische Öffentlichkeit: Entwicklung von Strukturen und Theorie, Berlin 1997; P. Wilke, Medienmarkt Europa. Ein vergleichender Überblick, in: H. J. Kleinsteuber et al. (Hg.), EG-Medienpolitik: Fernsehen in Europa zwischen Kultur und Kommerz, Berlin 1990, S. 7-34; K. Eder/K.-U. Hellmann/H.-J. Trenz, Regieren in Europa jenseits öffentlicher Legitimation? Eine Untersuchung zur Rolle von politischer Öffentlichkeit in Europa, in: B. Kohler-Koch (Hg.), Regieren in entgrenzten Räumen. Politische Vierteljahresschrift Sonderheft 29. 1998). Daneben gibt es allerdings viele Untersuchungen über transnationale europäische Debatten, die ein wesentlicher Bestandteil der europäischen Öffentlichkeit waren. So befassen sich die historischen

Untersuchungen über die Geschichte der europäischen Identität, die im vorhergehenden Kapitel angeführt wurden, in der Regel mit öffentlich diskutiertem europäischem Selbstverständnis und behandeln damit wichtige Elemente der europäischen Öffentlichkeit. Zur Grundproblematik der politischen Öffentlichkeit vgl. (J. Gerhards/ F. Neidhardt, Strukturen und Funktionen moderner Öffentlichkeit. Fragestellungen und Ansätze, in: S. Müller-Doohm/K. Neumann-Braun (Hg.), Öffentlichkeit, Kultur, Massenkommunikation, Oldenburg 1991; J. Habermas, Strukturwandel der Öffentlichkeit. Untersuchungen zu einer Kategorie der bürgerlichen Gesellschaft, Frankfurt/M. 1990; G. Eley, Nations, publics, and political culture: placing Habermas in the 19th century, in: C. Calhoun (Hg.), Habermas and the public sphere, Cambridge 1992; J. Landes, Jürgen Habermas, the structural transformation of the public sphere. A feminist inquiry, in: Praxis inter national 12. 1992; N. Fraser, Rethinking the public sphere: a contribution to the critique of actually existing democracy, in: Social Text 25/26. 1990; N. Luhmann, Öffentliche Meinung, in: ders., Politische Planung. Aufsätze zur Soziologie von Politik und Verwaltung, Opladen 1971, S. 9-34; H. Münkler, Die Visibilität der Macht und die Strategien der Machtvisualisierung, in: G. Göhler (Hg.), Macht der Öffentlichkeit – Öffentlichkeit der Macht, Baden Baden 1995; K. Imhof, »Öffentlichkeit« als historische Kategorie und als Kategorie der Historie, in: Schweizerische Zeitschrift für Geschichte 46. 1996, S.3-25; J. Requate, Öffentlichkeit und Medien als Kategorien historischer Analyse, in: Geschichte und Gesellschaft, 25. 1999, S.5-32).

Die Unionsbürgerschaft. Zur Geschichte der europäischen Grundrechte gibt es bisher wie zu erwarten keine Überblicksdarstellung. Zu den Anfängen der Geschichte des Europarats vgl. (M.-Th. Bitsch (Hg.), Jalons pour und histoire du Conseil de l'Europe, Bern 1997). Für die Pläne eines Grundrechtskatalogs im Projekt der Europäischen Verteidigungsgemeinschaft und der Europäischen Politischen Zusammenarbeit muß man ebenfalls allgemeinere Arbeiten zur Geschichte der europäischen Integration konsultieren, die schon am Anfang genannt wurden bzw. dirket die damals geplanten Verträge einsehen. Ein recht neuer und gleichzeitig am stärksten auf Grundrechte orientierter juristischer Kommentar: (H.-W. Arndt, Europarecht. 4. Aufl., Heidelberg 1999 (allerdings noch ohne die europäische Charta der Grundrechte von Nizza 2000); vgl. auch (J. Schwarze (Hg.), Die Entstehung einer europäischen Verfassungsordnung, Baden Baden 2000; T. König/E. Rieger, /H. Schmitt (Hg.),

Europa der Bürger? Voraussetzungen, Alternativen, Konsequenzen. Frankfurt a. M./New York 1998; H. Kaelble, Die Europäische Union braucht Grundrechte, was kann sie aus der Gründungszeit der USA lernen?, in: Merkur 2000; B. Schulte, Die Entwicklung der europäischen Sozialpolitik, in: H. A. Winkler/H. Kaelble (Hg.), Nationalismus – Nationalitäten – Supranationalität, Stuttgart 1993, S. 261-287; ders., Soziale Grundrechte in der Europäischen Union, in: C. Conrad/J. Kocka (Hg.), Staatsbürgerschaft in Europa, Hamburg 2001; D. Schnapper, De la citoyenneté nationale à la citoyenneté européenne, in: Revue de la fédération française démocratique au travail 1999; dies., Qu'est-ce que la citoyenneté? Paris 2000, S. 246-261).

Die europäische Zivilgesellschaft. Zum Begriff der Zivilgesellschaft sehr gut zusammenfassend: (J. Kocka, Zivilgesellschaft als historisches Problem und Versprechen, in: M. Hildermeiuer/J. Kocka/C. Conrad (Hg.), Europäische Zivilgesellschaft in Ost und West, Frankfurt 2000; J. Keane, Democracy and civil society, London 1988; M. Walzer (Hg.), Towards a global civil society, Providence 1995; K. Michalsky (Hg.), Europa und die Civil Society Stuttgart 1991; J. L. Cohen/A. Arato, Civil society and political theory, Cambridge 1992). Die Verwendung des Begriffs ist nicht einheitlich. In der Literatur zur europäischen Integration finden sich auch andere Verwendungen als hier, im Sinn der Zivilität etwa bei E. Richter, Die europäische Zivilgesellschaft, in: (K. D. Wolf (Hg.) Projekt Europa im Übergang. Probleme, Modelle und Strategien des Regierens in der Europäischen Union, Baden Baden 1997). Historische Überblikke über die Geschichte der europäischen Zivilgesellschaft seit den 1950er Jahren: (Th. Fetzer, Die europäische Zivilgesellschaft. Ein Forschungsbericht, in: H. Kaelble/M. Kirsch/A. Schmidt-Gernig (Hg.), Transnationale Öffentlichkeiten und Identitäten im 20. Jahrhundert, Frankfurt 2002; mit vielen weiteren Literaturhinweisen); J. Greenwood, Representing Interests in the European Union, Basingstoke 1997; R. Tiedemann, Aufstieg und Niedergang von Interessenverbänden. Rent-Seeking und europäische Integration, Baden-Baden 1993); gut zusammenfassend für die Neuentwicklungen der 1980er und 1990er Jahre: (R. Eising/B. Kohler-Koch (Hg.), Inflation und Zerfaserung. Trends der Interessenvermittlung in der Europäischen Gemeinschaft, in: W. Streeck (Hg.), Staat und Verbände Politische Vierteljahresschrift, Sonderheft 25. 1994, S. 175-206; G. Kohler-Koch, Interessen und Integration. Die Rolle der organisierten Interessen im westeuropäischen Integrationsprozeß, in: M. Kreile

(Hg.), Die Integration Europas. Politische Vierteljahresschrift 23. 1992; S. Mazey/J. Richardson (Hg.), Lobbying the European community, Oxford 1993); spezieller: (J. Magone, La construzione di una società civile europea, in: A. Varsori (Hg.), Il comitato economica e sociale nella costruzione europea Venezia Marsilio 2000; E. Kirchner/K. Schwaiger, Die Rolle der europäischen Interessenverbände. Eine Bestandsaufnahme der europäischen Verbandswirklichkeit, Baden-Baden 1981; R. H. Pedler/M. P. C. van Schendelen (Hg.), Lobbying in the European Union, Aldershot 1994; H.-E. Platzer, Unternehmensverbände in der EG. Ihre internationale und transnationale Organisation und Politik, Kehl/Straßburg 1985; E. Bussière/M. Dumoulin (Hg.), Milieux économiques et intégration européenne en Europe occidentale au XXe siècle, Arras 1998; M. Dumoulin/A.-M. Dutrieue, La Ligue Européenne de Coopération économique (1946-1981). Un groupe d'étude et de la pression dans la construction européenne, Bern 1993; R. Hrbek (Hg.), Bürger und Europa, Baden-Baden 1994; W. Streeck, Gewerkschaften zwischen Nationalstaat und Europäischer Union, in: D. Messner (Hg.), Die Zukunft des Staates und der Politik, Bonn 1998; J. Visser, Learning to play: The Europeanissation of the trade unions, in: P. Pasture/J. Verberckmoesn, Working-cklass internationalism and the appeal of national identity Oxford 1998; I. Stöckl, Gewerkschaftsausschüsse in der EG. Die Entwicklung der transnationalen Organisation und Strategie der europäischen Fachgewerkschaften und ihre Möglichkeit zur gewerkschaftlichen Interessenvertretung im Rahmen der Europäischen Gemeinschaft, Kehl 1986; A. Hey/U. Brendle, Umweltverbände und EG. Strategien, politische Kulturen und Organisationsformen, Opladen 1994; A. Canavero/J.-D. Durand (Hg.), Il fattore religioso nell'integrazione europea, Mailand 1999; A.-M. Autissier, L'Europe culturelle en pratique, Paris 1999).